헝가리 외교문서로 본 북한의 문예

이 저서는 2014년 정부재원(교육부)으로 한국연구재단의 지원을 받아 연구되었음.(NRF-2014S1A5B5A01016493)

This work was supported by the National Research Foundation of Korea Grant funded by the Korean Government.
(NRF-2014S1A5B5A01016493)

헝가리 외교문서로 본 북한의 문예

초판 1쇄 발행 2016년 1월 31일

편역자 | 김보국
발행인 | 윤관백
발행처 | 도서출판 선인

등록 | 제5-77호(1998.11.4)
주소 | 서울시 마포구 마포대로 4다길 4 곶마루 B/D 1층
전화 | 02)718-6252 / 6257 팩스 | 02)718-6253
E-mail | sunin72@chol.com
Homepage | www.suninbook.com

정가 20,000원
ISBN 978-89-5933-962-4 93300

헝가리 외교문서로 본 북한의 문예

김보국 편역

도서출판 선인

헝가리 국립문서보관소(Magyar Nemzeti Levéltár, National Archives of Hungary) 소장 남북한 관련 외교 기밀문서들은 크게 두 가지로 나누어 볼 수 있다. 소위 '뛰끄(TÜK, Titkos ügykezelésű iratok)'라고 불리는 기밀문서가 그 하나인데, 이 문서들은 주로 정치, 외교, 내무와 관련된 다소 민감한 사항들에 대하여 차별화된 기밀등급을 부여한 자료들이며, 다른 하나는 '일반행정기밀문서(Általános ügykezelésű iratok)'로서 주로 교육, 문화, 경제, 일반 행정 등의 자료들을 그 내용으로 하고 있다. 이 두 종류의 문서들 모두는 기밀자료들이지만, '뛰끄'를 취급하는 담당자는 규정에 접합한 교육을 수료한 자들에 한하기에, 일반적으로 '뛰끄'로 분류된 문서에 많은 이들은 특별한 관심을 가지게 된다('뛰끄'는 헝가리 외교문서에만 있는 자료의 등급이 아니라 대다수의 헝가리 기관에서 차별하여 다루는 기밀문서의 총칭이다). 하지만 실제로 이 두 종류의 문서는 서로 밀접하게 연결되어 있는 상호 보충의 자료들이며, 특히 남북한 관련 자료의 경우 이러한 분류는 남북한의 중요한 사건, 사안에 대한, 혹은 그 관점에 대한 정보와 고려가 부족한 헝가리 관료들에 의해 작성된 것이기에 이들에 대한 가치의 우위를 논하기가 어렵다고 할 수 있다. 예를 들면, 1953년 8월 3일, 북한에서 소위 '간첩' 혐의로 리승엽 외 11인이 군사법정에 서게 된 것과 관련된, 표지 포함 7페이지의 보고서는 국내에서 정치적, 역사적으로 눈여겨볼 만한 자료로 여길 수 있지만 헝가리에서는 '뛰끄'가 아닌 '일반행정기밀문서'에 포함되어 있다.

본서는 작가 한설야의 숙청과 관련된 '뛰끄' 자료를 제외하고는, '일반 행기밀문서'로 분류되어 있는 헝가리 외무성 자료들 중 예술관련 문서들을 일부 수집하여 번역 및 각주로서 해석한 것으로 구성되어 있다. 특히 이 자료들의 해제로서 월북 예술인들의 지금까지 알려지지 않은 자취들을 일부 살펴볼 수 있으며, 이 외에도 본서에 해제한 문서들은 예술을 둘러싼 북한의 이데올로기적 지도 경향 및 북한을 통해 유럽에 전해진 〈춘향전〉의 판본, 무용가 최승희가 정치적 탄압을 받게 된 직접적인 원인을 제공했으나 지금까지 그 내용에 대해서는 알려지지 않은 작품 〈백향전〉의 내용, 그리고 당시 북한 예술가들의 상황 등을 간접적으로 알 수 있는 소중한 자료들이라고 독자 여러분들에게 감히 말씀 드린다. 이 자료집에 실린 내용들은 대부분 처음 공개되는 것이지만 일부는 '한국예술연구소'에서 발행하는『한국예술연구』'제9집'과 '중동유럽한국학회'(CEESOK)에서 발행하는 *CEESOK Journal of Korean Studies* (Vol. 15)에 게재되었음을 미리 밝혀 두고자 한다.

아직도 연구자들의 손길을 기다리고 있는 많은 자료들을 발굴하여 국내에 소개할 수 있도록 독자들의 관심과 성원을 부탁드리며, 박사 후 연구 과정의 지도교수님으로서 많은 조언과 아울러 학자로서 모범을 몸소 보여주신 이희옥 교수님, 선학(先學)의 혜안(慧眼)으로 자료 연구의 길을 열어 주신 진재교 교수님, 그리고 항상 따뜻한 격려와 관심에 인색하지 않고 연구를 지속할 수 있는 힘을 북돋워 주신 마인섭 교수님께 이 지면을 빌어 과함 없는 감사의 인사를 드리고자 한다. 끝으로 어려운 출판 환경에도 불구하고 선뜻 이 책의 출판을 맡아 주신 도서출판 선인의 윤관백 사장님과 지난한 교정 작업을 함께 해주신 출판사 직원 여러분께도 감사의 인사를 빠뜨릴 수는 없을 것이다.

2016년 벽두에, 한양도성을 바라보며

김보국

목차

1957년

1958년

1959년

1960년

1961년

1962년

1963년

일러두기

*** ( ) : 괄호 내의 표현은 번역자가 이해를 돕기 위해 적은 것임. 괄호 안의 내용은 집필자가 직접 쓴 것이며, 원문에는 없는 내용임.

*** / / : 사선부호(/, 슬래시(slash))는 특별하게 가독성을 손상시키지 않는 범위 내에서 원문의 것을 그대로 옮겼음. 원문에서 사선부호는 일반적으로 보충 · 설명 시 적용된 것임. 헝가리 외교문서에서는 보통 괄호 대신 사선부호를 사용함.

*** 헝가리의 원(原) 문서의 일부는 연도별, 사건별로 정리되어 있지 않고 서로 섞여서 정리가 되지 않은 채로 보관되어 있음. 일단 연도별로 정리하여 출판하지만, 부분적으로는 사건별로 정리하는 것이 일목요연하게 사건의 전개를 확인할 수 있을 것임. 따라서 사안별로 연도보다는 사건 중심으로 내용을 파악할 필요가 있음.

*** 원문에는 쌍점(:)과 쌍반점(;)이 과도하게 사용되었으나 국문에서는 최대한 본문에 풀어 썼음. 특히 쌍반점의 경우가 그러함.

*** 번역자의 과문한 탓과 아울러 오역 및 독자의 오독을 최소화하고자 대체로 원문의 표현과 문단을 그대로 살려 옮기는 과정에서 국문번역이 다소 거칠과 투박함.

*** 문건, 신문기사, 글 등은 「 」, 출판된 서적, 신문명은 『 』, 연극 · 영화 · 그림 · 오페라 등은 〈 〉 기호로 표기했음.

*** 인용 표현은 " ", 강조 표현은 ' ' 기호로 표기했음.

*** 헝가리어로 표기한 부분은 최대한 원문의 내용을 그대로 실었기 때문에, 명백한 오타를 제외하고는 현재의 헝가리어 정서법에 맞지 않는 부분이라도 원문 그대로 옮겼음.

*** 원문 내용의 체계적이고 논리적인 이해를 위해서 일부는 문서의 작성기관(발신)과 수신(기관)에 주의를 기울일 필요가 있음.

문서번호: 40.Biz.Pol.1952. 05298
선행자료: 1952. I. 29. 공개전문. 번호 없음.
III. 21. 공개전문. 250.
III. 5. 항공우편

조선, 1952년 3월 21일

제목: 설정식(Szal Csang Szik) 조선 시인의 시, "라꼬시 마챠쉬(Rákosi Mátyás)" 야전병원[1]과 헝가리 근무자들에 대하여/1번 그룹(1. sz. csoport)/

이상의 제목을 한 시(時) 전문(全文)을 우선 타자로 쳐서 전문(電文)의 형태로 보내며, 이후 베이징을 통해 항공으로 조선어로 된 첫 장의 필사본과 4장의 사진들과 함께 이 시인의 원문을 보낼 것임. 시인 그 자신도, 미러이(Mérai)[2] 동지도 /그는 개성(Keszon)에서 이 시인과 아주 친한 친구로 있음/ 이 시의 운명(vers sorsa)에 대해 관심을 가지고 있음. 이 시가 활용 가능한지, 그리고 어디서, 어떤 방법으로 게재되고 출판될 것인지에 대해 알려주길 요청함. 반면 이 시인은 특히 우리의 의사들과도 계속해서 따뜻한 우의를 나누고 있음. 우리 의

1) 한국 전쟁이 발발한 후 헝가리는 국내의 대대적인 모금활동을 통해 북한을 지원했는데, 그 지원의 대표적인 것 중의 하나가 바로 이 야전병원이다. 당시 헝가리 수상의 이름을 따서 설립된 이 병원은 전선이 고착되며 사리원에서 일반 병원으로 운영되었으며 헝가리의 의료진이 철수한 1957년까지는 거의 전적인 헝가리의 지원하에 운영되었다. 현재도 이 병원은 사리원에서 운영되고 있는 것으로 알려져 있다.
2) 미러이 띠보르(Méray Tibor). 한국전쟁에 파견된 헝가리의 종군기자였다. Méray라는 성(姓)이 원문에는 가끔 Mérai로 표기 되어 있다.

사들은 지속적으로 우리를 통해 (헝가리 공사관을 통해) 그에게 약을 /비타민(vitamin)들을/ 보내고 있는데, 왜냐면 이 시인의 건강 상태가 과도한 현재의 업무로 인해 충분하지 못하기 때문임.

/빠쓰또르 까로이(Pásztor Károly)/
공사(Követ)[3]

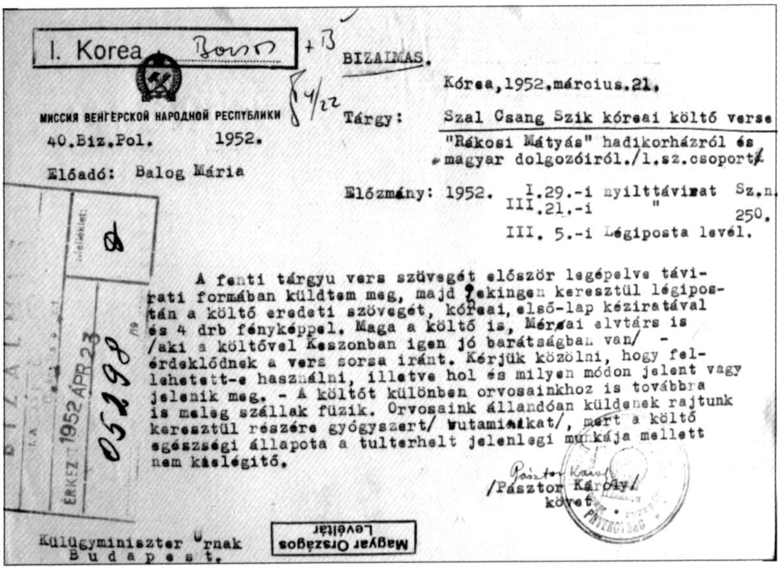
I. Korea Boros +13

МИССИЯ ВЕНГЕРСКОЙ НАРОДНОЙ РЕСПУБЛИКИ

40.Biz.Pol. 1952.

Előadó: Balog Mária

BIZALMAS.

Kórea,1952.március.21.

Tárgy: Szal Csang Szik kóreai költő verse "Rákosi Mátyás" hadikorházról és magyar dolgozóiról./1.sz.csoport/

Előzmány: 1952. I.29.-i nyilttávirat Sz.n.
III.21.-i " 250.
III. 5.-i Légiposta levél.

Melléklet: 8

ÉRKEZETT 1952 ÁPR 23

05298

A fenti tárgyu vers szövegét először legépelve távirati formában küldtem meg, majd Pekingen keresztül légipostán a költő eredeti szövegét, kóreai, első-lap kéziratával és 4 drb fényképpel. Maga a költő is, Mérai elvtárs is /aki a költővel Keszonban igen jó barátságban van/ - érdeklődnek a vers sorsa iránt. Kérjük közölni, hogy fel lehetett-e használni, illetve hol és milyen módon jelent vagy jelenik meg. - A költőt különben orvosainkhoz is továbbra is meleg szállak fűzik. Orvosaink állandóan küldenek rajtunk keresztül részére gyógyszert/ vitaminokat/, mert a költő egészségi állapota a tulterhelt jelenlegi munkája mellett nem kielégitő.

Pásztor Károly
/Pásztor Károly/
követ

Külügyminiszter Urnak
Budapest.

Magyar Országos Levéltár

[01] 문서번호 40.Biz.Pol.1952. 05298

3) 헝가리는 1948년에 세계에서 7번째로 북한을 승인하였다. 재(在) 북한 헝가리 공사관은 1954년에 대사관으로 격상되었다.

문서번호: 05298/biz/I/1952
수신: 헝가리인민공화국 평양 공사관

부다페스트, 1952년 5월 14일

제목: 설정식(Szal Csang Szik) 조선 시인의 시들, 라꼬시 마챠쉬(Rákosi Mátyás) 병원과 헝가리 근무자들에 대하여. 40/biz/pol-1952

지금까지 설정식 조선 시인의 시 일부분만이 〈해방인민(Szabad Nép, 당시 헝가리 공산당의 일간지)〉에 실렸음을 공사 동지에게 알리는 바임. /이에 관해서는 공사관에 알렸음/. 전체 시는 번역 중에 있음. 벤야민 라쓸로(Benjámin László) 동지가 번역을 수행하고 있음. 시의 게재에 관해서는 즉시 공사관에 알릴 것임.

부다페스트, 1952년 5월 14일
/필릭스 빨(Félix Pál)/
과장(osztályvezető)

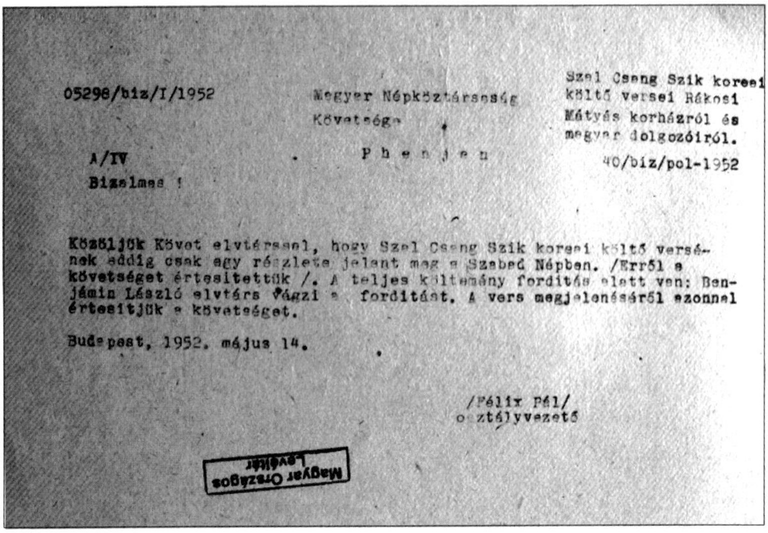

05298/biz/I/1952

Magyar Népköztársaság
Követsége

P h e n j e n

Szel Csang Szik koreai
költő versei Rákosi
Mátyás korházról és
magyar dolgozóiról.

40/biz/pol-1952

A/IV

Bizalmas !

Közöljük Követ elvtárssal, hogy Szel Csang Szik koreai költő versé-
nek eddig csak egy részlete jelent meg a Szabad Népben. /Erről a
követséget értesitettük /. A teljes költemény forditás alatt van: Ben-
jámin László elvtárs végzi a forditást. A vers megjelenéséről azonnal
értesitjük a követséget.

Budapest, 1952. május 14.

/Félix Pál/
osztályvezető

Magyar Országos Levéltár

[02] 문서번호 05298/biz/I/1952

문서번호: 135/biz.pol.-1952
참조번호: 324번 공개전문
첨부: 사진 1매[4)]

조선, 1952년 5월 28일

제목: 문화계 인사들과 "라꼬시 마차쉬(Rákosi Mátyás)" 야전병원에서 대화[5)]

빠쓰또르 공사(公使, követ), 벌로그(Balog) 공사 비서(köv. titkár)와 헤게뒤쉬(Hegedűs) 외교관보(外交官補, attaché)는 5월 1일(노동절)을 '라꼬시(Rákosi)' 병원에서 보냈음. 5월 1일에 상당히 많은 문화계 인사들이 이 병원을 찾음. 이는 주로 어떤 분야의 (노동) 인사들을 초대할 것인지에 대해 /음악, 문학/ 우리가 의견의 일치를 봤을 때, 부분적으로는 이 병원의 헝가리 지도자들과 미리 얘기가 되었던 바에 따라 이루어진 것임.

초대한 인사들 중에서 가장 중요한 인물은 전체 조선에서 가장 뛰어난 작곡가로 여겨지는 작곡가 김순남과 매우 명망 높은 여성시인 김귀련, 시인 임화, 오페라극장의 테너(리스트) 강장일,[6)] 오페라극장

4) 소나무 옆에서 찍은 김순남의 사진 한 장이 이 문서에 첨부되어 있으며, 이는 김순남의 월북 이후 북한에서 촬영한 유일한 사진으로 지금까지 알려져 있다.
5) 한국예술연구소 발행, 『한국예술연구』 제9호(2014년)에 게재된 내용을 수정, 보완한 것이다.
6) 원문에는 'Klang Dzol Il'로 표기되어 있는데 헝가리어 발음으로는 '끌렁 졸 일'이지만 오타로 보이며, 아마도 강장일을 의미하는 듯하다. 참고로 헝가리 외교문서에 등장하는 인명은 일반적으로 본래 발음에 가까운 헝가리어 표기가 다수이다. 하지만 러시

[03] 문서번호 135/biz.pol.-1952에
첨부되어 있는 음악가 김순남의 사진

의 이경팔[7] 바리토너(바리토니스트)임. 이상의 인물들 외에 오페라극장의 25~30명의 단원들이 공연 프로그램으로 무대에 올랐음. 새롭고 좋은 관계를 맺을 수 있었기에 경축행사는 공사관의 관점에서도 아주 큰 성공을 거두었음. 각각의 인사들과 나눈 대화를 아래에 전하고 이 대화에 기초해서 새로운 관계를 더욱 성과 있게 하려면 (본국인 헝가리로부터) 어떤 자료의 전송이 필요한지에 대해서도 알리는 바임.

김순남 작곡가. /사진 첨부/[8] 음악예술가동맹의 부위원장이자 이 동맹의 작곡가 분과 과장임. 현존하는 조선의 가장 위대한 작곡가로 알려져 있음. 12세부터 음악과 작곡을 하였음. 1948년까지 남한에 거주했는데, 그곳에서 작곡가의 과업(창작)으로도 지하 운동을 지원하였음. 선율적으로, 그리고 가사를 봐서도 이 시기부터 아주 훌륭한

아어, 중국어, 영어로 발음되는 인명을 다시 헝가리어 발음과 유사하게 기록한 것도 적지 않기 때문에 동일 인명에 대한 여러 표기가 등장하기도 하고 일관성이 없다는 점을 유의해야 할 것이다.

7) 원문에는 'Li Gjon Pal'로 표기되어 있는데 헝가리 발음으로는 '리견팔'이지만 오타로 보이며, 아마도 이경팔을 의미하는 듯하다.

8) 각주 4) 참조.

그의 운동 작품(사회운동음악, 사회운동가요)들이 시작됨. 몇몇 곡들은 나 자신도 들어본 바 있으며, 이 병원의 부원장인 중령 왕 박사(Wang dr. alezredes)가 그의 작품들에 대해 안내를 해주었는데, 반면 왕 박사는 통역 및 기타 다른 모든 면에서 나에게 큰 도움을 주었고, 음악적으로 매우 교양이 있음. 김순남은 가사와 함께 최고의 곡들의 악보를 모아서 건네주기로 우리와 이야기가 되었음.

아주 많은 그의 작품에서 가끔씩 매우 강한 버르똑(Bartók)[9]의 영향을 느낄 수 있는 것이 그의 작품과 그를 이해하는데 있어 특징이며, 아래에서 드러나기도 하듯 이것이 모든 경우에 있어서 그의 작품의 수준을 높인 것은 아니었음.[10] 특히 일본의 점령하에서 쓴 두 소나타에서 이것을 경험할 수 있음. 그 자신 역시 오늘날은 이미 이 작품들을 형식주의 작품으로 여기고 있음. 일본에서 버르똑과 꼬다이(Kodály)[11]를 알게 되었음.

해방 이후의 더욱 위대한 그의 작품들 중 몇몇을 보낼 것임. 물론 이 작품들을 관련 자료들 및 비평들과 함께 보고할 것임. 이 작품들은 예를 들어, 1949년에 모스크바에서 소개되어 아주 좋은 비평을 받은 제1번 교향곡과 서구의 영향이 느껴진다는 의견이 피력된 /모스크바에서도/ 그의 피아노협주곡 등이 될 것임.

---

9) 버르똑 빌러(Bartók Béla, 1881-1945). 세계적인 헝가리의 작곡가이자 피아니스트. 꼬다이 졸딴(Kodály Zoltán)과 함께 헝가리 민요를 수집하여 집대성한 것으로도 유명하다.

10) 김순남의 높은 작품 수준에는 버르똑의 요소만 있는 것이 아니라는 의미이다.

11) 꼬다이 졸딴(Kodály Zoltán, 1882-1967). 세계적인 헝가리의 작곡가이자 민속음악가, 음악 교육가. 헝가리 민요를 집대성하였으며, 절대음을 부정하는 그의 음악 교육법으로도 유명하다.

현재 진행되고 있는 바, 그는 전쟁 시기에 쓴 그의 작품들을 모스크바로 보냈음. 모스크바의 의견에 기초해서—그리고 자신의 발전에서 연유되는—그가 그의 작품들 일부를 고치거나 새로이 쓸 수 있도록 그의 작품들에 대한 의견을 개진했음.[12] 〈빨치산〉이라는 제목의 오페라와 〈민요 모음곡〉이라는 제목의 작품들은 모스크바에서 아주 좋은 평가를 받았음. 이 작품(악보총보)들의 입수는 매우 어려울 것인데, 왜냐면 분명, 확실하게 이 작품들은 모스크바 판(版)만이 현존하기 때문임. 만약 여기(조선)에서 입수하지 못한다면, 아국(我國)의 모스크바 대사관을 통해 모스크바 판으로부터 우리가 복사를 하는데 그가 동의(기여)할 수 있도록 작곡가 김순남과 얘기할 것임. 최근 그는 인민군을 주제로 한 첫 조선 영화가 제작된 현장인 만주로부터 귀국함. 이 영화의 음악을 그가 작곡함.

김순남을 통하여 향후 우리는 성과 있게 조선의 음악계를 알 수 있을 것이라는 것이 나의 의견임. 이제 맺은 관계의 계속된 확장을 그 자신 역시 재촉함. 그 자신이 제기하고 요청하길, 버르똑과 꼬다이의 작품들과 축일에 소개한 〈디리 부인(Déryné)〉이라는 영화의 음악 자료들, 그리고 헝가리 민요들, 특히 혁명적 성격을 가진 것들 및 이 외에도 현존 작곡가들의 운동 작품들(사회운동음악, 사회운동가요) 또한 가능한대로 보내달라고 함.

버르똑과 꼬다이의 작품들은 공식적으로 (조선의) 음악예술가동맹

12) 자신의 발전에서 연유된다는 의미는, 자신의 작품을 고치거나 새로 썼는데 일부는 모스크바의 의견을 기초로 했고, 일부는 자기 스스로 개발된 음악적 재능으로 그렇게 했다는 의미이다.

조직을 통해 처리하고 싶어 함. 우리에게는 이 큰 중요성을 지닌 계획에 기여를—나의 생각으로는—해야만 하는데, 왜냐면 이것은 큰 규모로 조직되고, 전문적인 형태로 우리의 음악 문화를 알리는 업무를 진척시킬 것이기 때문임. 이 때문에 버르똑과 꼬다이의 작품들, 이와 관련된 비평서들, 참고서적들의 송부를 청함. 가능한 한 많은 소련어, 독일어, 그리고 일부 영어로 된 서적들을 부탁하는데, 조선 사람들은 이러한 (언어들로 된) 것들을 활용할 수 있기 때문임. 이 자료의 조합(수집)이—만약 가능하다면—민족교육성과 음악예술가동맹의 참여(개입)로 이루어질 수 있도록 부탁함. 단지 악보총보만 보내지 말고, 이들의 음반(音盤), 또는 테이프레코드로 녹음한 것들을 부탁하며, 그 이유는 작품들의 대부분을 여기서 즉시 숙지하고 대중적 자산으로 만들기란 한 마디로 불가능하기 때문임. 이 문제에 대해서는 음반이 도움을 줄 것인데, 그것을 활용하여 여기 음악예술가들이 대중들과 함께 가장 훌륭한 우리의 음악 작품들을 접할 수 있을 것이기 때문임. 이것은 물론 바로 그 (향후에 보낼) 악보총보를 통해 이 작품들에 있어서 오케스트라 편곡을 할 수 있다는 가능성을 배제하는 것은 아님.

버르똑, 꼬다이 작품들 외에도 다른 헝가리 음악가들의 작품들도 요청함. 일반적으로 좋은 예술음반들을 많이 보내줄 것을 청함. 여기에도 언급한 해당 장관부서와 동맹의 개입을 요청함. 이 자료들을 단계별로 (조선의) 음악예술가동맹에게—이 자료들이 도착한 후—우리가 건넬 것임. 이 협력은 단방향이 아닐 것이라는 점을 언급해 두고자 하는데, 왜냐하면 김순남은 이미 첫 만남 이후, 하지만 나중에도 아주 진지하고 열성적으로 자신과 다른 작곡가들의 작품을 건네줄 것을 약속했으며, 이는 앞서도 부분적으로 이미 언급한 바 있음. 여기서 말하고자 하는 바는 〈백두산〉이라는 제목의 오라토리오를 입수하도록 노력하겠다는 것인데, 이는 최근에 제작되었으며, 나 자신 또한 들었고, 아주 마음에 들었음. 다른 이들의 의견에 따라서도 이는 아주 성공적인 창작임.

〈군인칸타타〉와 〈루더쉬 머티(Lúdas Matyi) 모음곡〉 이라는 제목의 작품들, 〈군인칸타타〉의 악보총보, 꺼도셔(Kadosa)[13]의 〈스탈린의 맹세(Sztálin esküje)〉라는 작품의 악보총보, 버르똑의 업적(munkásság)을 논하는 소련어로 된 자료 두 권, 그리고 『헝가리 민속음악 보고(寶庫)』라는 제목의 작품을 김순남을 통해 (조선의) 음악예술가동맹에 전함.

공사관으로 써볼취 벤쩨(Szabolcs Bence, 인명)의 『헝가리 음악사』와 『오페라 가이드(operakalauz)』[14]라는 제목의 책을 요청함/책 제목들이 정확하지 않을 수도 있음/. 이 책들이 필요한 이유는 이 분야에서 우리가 올바르게 안내를 해주고, 그들의 관심을 방향 지어 줄 수 있기 때문임.

관련 단체들에게 이 작곡가(김순남)의 업적과 관련된—많지는 않다고 하더라도—자료의 논평을 제안함.

13) 꺼도셔 빨(Kadosa Pál, 1903-1983)은 헝가리 작곡가이다.
14) 원문에는 'operakaluz'라고 되었는데, 이는 'operakalauz'의 오기로 보인다.

임화, 시인. 조선에서 가장 위대한 시인으로 여김. 예를 들면 우리의 (헝가리의) 뻬뙤피(Petőfi)[15]에 그를 비유하는 것처럼, 조선의 시에 있어서 그러한 다른 민족의 시인들과의 연계 속에서 그의 중요성을 언급함. 그의 병환을 감안하여 아주 짧은 시간 동안 그와 이야기를 나눌 수 있었음. 작가동맹의 부위원장이자 조선-소련 친선협회 부회장임. 얘기를 나누던 중, 뻬뙤피의 작품을 안다고 함. 그는 일본어로 그 작품들을 읽었음. 소련어를 말할 줄 알고, 영어는 읽을 줄 앎. 만약 가능하다면 뻬뙤피의 소련어 판을 보내달라고 요청함.[16] 그를 만날 수 있었던 또 다른 기회가 있었는데, 그때는 이미 회복 단계에 있었음. 그가 말한 바, 문학(과 관련된) 질의에 있어서 기꺼이 안내를 해 줄 준비가 되어 있다고 함. 그에게 제2차 (헝가리노동자당) 당 총회 자료를 건넸는데, 그 안에 문화 문제를 다루는 부분을 표시했고, 작가대회에서 리버이(Révai)[17] 동지의 연설, 〈빅토르 휴고와 헝가리(Viktor Hugó és Magyarország)〉라는 제목의 문건 그리고 〈조선에 대해 쓴 헝가리 시인들(Magyar költők Koreáról)〉이라는 제목의 시선집도 전했음. 이와 관련하여 나의 계획은 그와 개성에서 미러이(Mérai)[18] 동지와 아주 좋은 관계에 있는 설정식(Szal Cson Szik)[19] 시인이 이 시들을 조선어로 번역하

15) 뻬뙤피 샨도르(1822?-1849?). 뻬뙤피 샨도르는 헝가리 낭만주의 시기 최고의 시인으로 일컬어진다. 1848년에 발발한 헝가리 해방전쟁(1848-49-es forradalom és szabadságharc)의 상징적 인물이며, 이 해방전쟁 와중에 27세의 젊은 나이로 전사한 것으로 알려져 있다.
16) 실제로 북한에서 '뻬뙤피'의 시들이 소련어를 통한 중역으로 출판된 바 있는데, 헝가리 자료들을 토대로 보면 임화가 번역했을 가능성이 있다.
17) 당시 헝가리의 문화 정책을 이끌던 인물이다.
18) 각주 2) 참조.

게 하는 것임. 이 결과에 대해서는 보고를 하겠음.

김귀련은 유명한 조선의 여성시인임. 현재 군(軍) 라인(군사 노선)에서 일을 하지만 자신의 영역에서 과업을 하고 있음.[20] 군 사령부 제2과에서 일을 하고 있음. 작가동맹의 회원임. 다른 사람들의 경우보다 그녀와 관계를 유지하는 것은 더 어려운데, 그녀는 일본어 외에 다른 외국어는 하지 못하기 때문임. 하지만 그녀는 나에게 도움이 될 것인데, 왜냐면 이미 언급한 바 있는 왕박사가 말하길, 김귀련은 시를 쓰기 위하여 병원 생활과 헝가리 의사의 업무를 알고자 하는 목적으로 오랜 시간을 이 병원에서 보냈기 때문임. 작품은 긴 호흡을 가질 것으로 기대됨.[21] 만약 질적으로 적합하다면, 적절한 영문 번역본으로 보내겠음.

요약하여 언급하고자 하는 바는, 이 인물들과—그리고 다른 이들도 함께—지금 이미 조선의 가장 훌륭한 문학, 음악, 그리고 기타 작품들이 헝가리에서 출판되는 것과 그 수준을 지켜 내어(유지하여) 공공의 보고(寶庫)가 되게 하는 것을 실현시키고자 함. 왜냐면 오늘날—유감스럽게도 언급해야만 함—조선과 관련하여 좋은 문학 작품보다 그렇지 않은 문학 작품들이 더 많이 번역되어 있음. 물론 상황은 그 반대로도 마찬가지임.[22] 이상의 문제 해결로 외무성을 통해

19) 설정식은 이 헝가리 병원에서 심장수술을 받은 바 있다. 그리고 헝가리의 의료진들의 노고에 감사를 표하며 양국의 친선에 대한 시를 쓰기도 했는데, 그 시는 헝가리어로 번역된 바 있다. 앞에 해제한 설정식 관련 외교문서 참조.
20) 군에 몸담고 있지만 자신의 영역, 즉 문학 관련 업무를 하고 있다는 의미이다.
21) 작품이 선을 보이려면 꽤 오랜 시간을 기다려야 할 것 같다는 의미이다.

개진된(felvetett) 요구를 만족시키게끔 최선을 다할 것임. 여기에는 어쨌든 객관적인 어려움들을 염두에 둬야만 하는데, 이 객관적인 어려움들은 가끔 적지 않은 규모로 우리의 과업에 영향을 줄 것임.

빠쓰또르 까로이(Pásztor Károly)
특임공사(rk. követ)

22) 헝가리의 경우도 그렇다는 의미, 헝가리의 문학 작품도 좋은 작품보다 그렇지 않은 작품들이 더 많이 번역되어 있다는 의미이다.

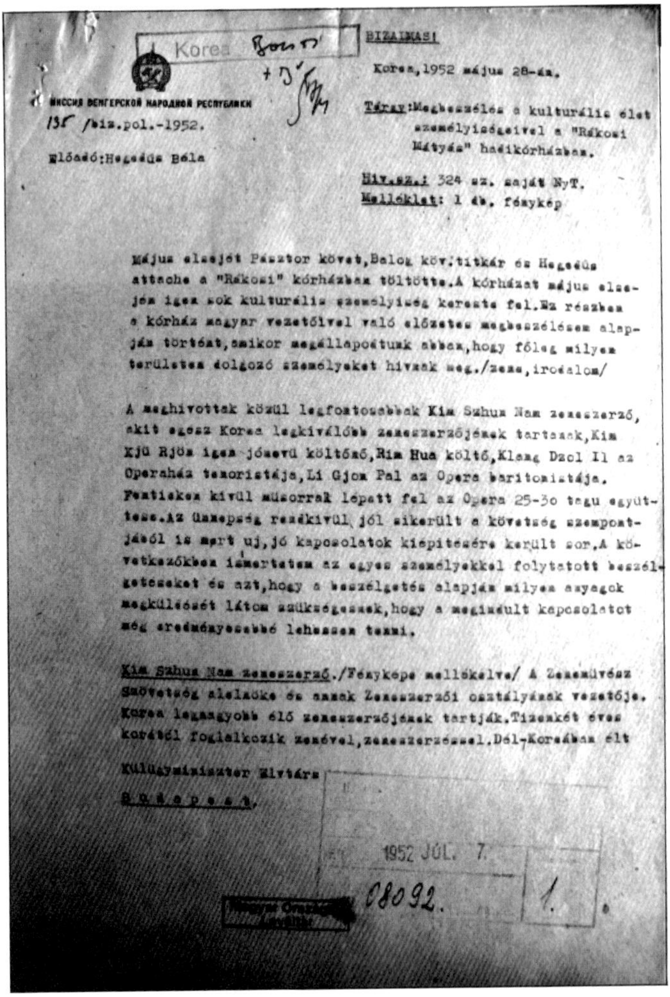
BIZALMAS!

МИССИЯ ВЕНГЕРСКОЙ НАРОДНОЙ РЕСПУБЛИКИ

135 /biz.pol.-1952.

Előadó:Hegedüs Béla

Korea,1952 május 28-án.

Tárgy:Megbeszélés a kulturális élet személyiségeivel a "Rákosi Mátyás" hadikórházban.

Hiv.sz.: 324 sz. saját NyT.

Melléklet: 1 db. fénykép

Május elsejét Pásztor követ,Balog köv.titkár és Hegedüs attache a "Rákosi" kórházban töltötte.A kórházat május elsején igen sok kulturális személyiség kereste fel.Ez részben a kórház magyar vezetőivel való előzetes megbeszélésem alapján történt,amikor megállapodtunk abban,hogy főleg milyen területen dolgozó személyeket hivnak meg./zene,irodalom/

A meghivottak közül legfontosabbak Kim Szhun Nam zeneszerző, akit egész Korea legkiválóbb zeneszerzőjének tartanak,Kim Kjü Rjön igen jónevü költőnő,Rim Hua költő,Kiang Dzol Il az Operaház tenoristája,Li Gjon Pal az Opera baritonistája. Fentieken kivül müsorral lépett fel az Opera 25-30 tagu együttese.Az ünnepség rendkivül jól sikerült a követség szempontjából is mert uj,jó kapcsolatok kiépitésére került sor.A következőkben ismertetem az egyes személyekkel folytatott beszélgetéseket és azt,hogy a beszélgetés alapján milyen anyagok megküldését látom szükségesnek,hogy a megindult kapcsolatot még eredményesebbé lehessen tenni.

Kim Szhun Nam zeneszerző./Fényképe mellékelve/ A Zeneművész Szövetség elnöke és annak Zeneszerzői osztályának vezetője. Korea legnagyobb élő zeneszerzőjének tartják.Tizenkét éves korától foglalkozik zenével,zeneszerzéssel.Dél-Koreában élt

Külügyminiszter Elvtárs

Budapest.

1952 JÚL. 7.

08092.

1.

[04] 문서번호 135biz.pol.-1952
자료 중 일부

문서번호: 08092/biz/I. 1952
수신: 헝가리 인민공화국 평양 공사관

부다페스트, 1952년 7월 23일

제목: 뻬뙤피(Petőfi)[23] 작품집 발송

(조선 주재 헝가리) 공사관의 보고서에서 나열한 음악 자료들을 5월 7일의 문서번호 324번 공사관 전문(電文)에 근거하여 5월 (외교) 행낭을 통해 송부했음. 시인 임화의 요청으로 뻬뙤피 작품집 중 첫 세 권을 소련어로 각각 한 권씩 첨부하여 송부했음.

(본청은) 지속적인 자료 발송에 관한 (조선 주재 헝가리) 공사관의 의견을 예의 주시하고 있음.

부다페스트, 1952년 7월 23일
/필릭스 빨(Félix Pál)/
과장(osztályvezető)

23) 각주 15) 참조.

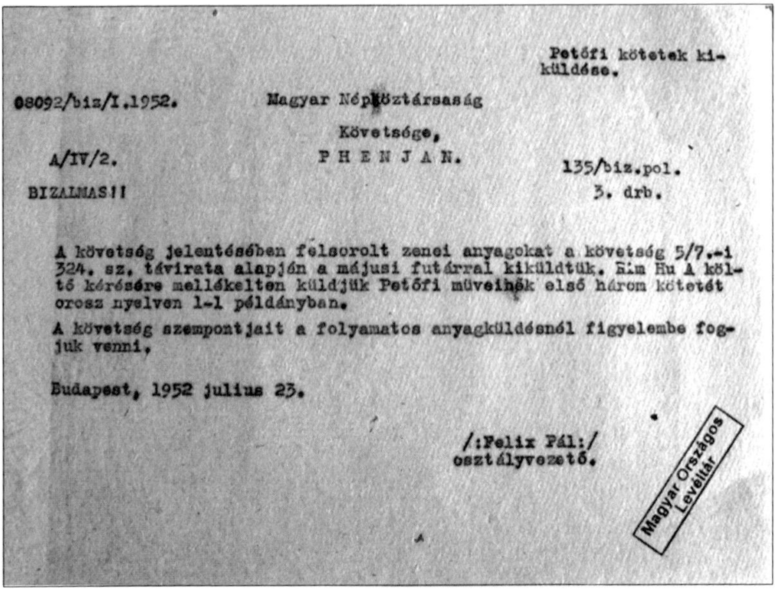

Petőfi kötetek ki-
küldése.

08092/biz/I.1952. Magyar Népköztársaság

Követsége,

A/IV/2. P H E N J A N. 135/biz.pol.

BIZALMAS!! 3. drb.

A követség jelentésében felsorolt zenei anyagokat a követség 5/7.-i 324. sz. távirata alapján a májusi futárral kiküldtük. Kim Hu A költő kérésére mellékelten küldjük Petőfi müveinek első három kötetét orosz nyelven 1-1 példányban.

A követség szempontjait a folyamatos anyagküldésnél figyelembe fogjuk venni.

Budapest, 1952 julius 23.

/:Felix Pál:/
osztályvezető.

[05] 문서번호 08092/biz/I. 1952

문서번호: 250/biz./1952

조선, 1952년 8월 9일

제목: 헝가리 시선집의 조선어 출판

이미 뻬뙤피(Petőfi) 전집의 소련어 판으로부터 일련의 시 번역이 시작된 문화선전성(Kultúra és Propaganda Minisztérium)[24]에서 이 문제와 관련된 얘기를 나눔. 이는 조선 측의 요구로부터 시작된 것임. 이 문제와 관련하여 나의 의견은, 여기 조선에서는 약간의 예외를 제외하고는 우리 헝가리의 시에 대해 많이 알지 못하므로 뻬뙤피 시선집이 조선에 필요한 것이 아니라, 정선(精選, összeállítani)된 헝가리 시(집)의 출판이 더 낫다는 것임. 뻬뙤피 시선집으로 가장 위대한 헝가리 시인의 작품을 소개할 수는 있으나, 이를 통해서 조선 인민들은, 예를 들어 조선 사람들과 관련해서 아주 중요한, 평화를 위한 오늘날 우리 (헝가리) 시인들의 투쟁을 알 수는 없을 것임. 엄선된 작품들에는 뻬뙤피의 시가 응당 첫 번째 자리를 차지할 수 있을 것임. 조선과 연관된 이러한 환경 속에서 한 권의 시집으로도 그들의 투쟁에 도움을 줘야 할 것임. 헝가리 문학의 풍부함은 이러한 시들의 정선을 가능하게 함. 나의 의견은 헝가리 시들이 해방을 위하여 압제자를 상대로 한 투쟁을 두드러지게 보여줘야 함(kellene kidomborítani). 이

24) 원문은 Kultur és Propaganda Minisztérium으로 표기되어 있으나 이는 Kultúra és Propaganda Minisztérium의 오기인 것으로 보인다.

시기는 완전히 독일의 굴레를 벗어 던졌을 때까지임. 독립된 한 장(章)으로 호르티[25] 시절(Horthy-évek)의 쓰디쓴 운명과 파시즘에 대항한 노동자계급의 투쟁을 다루어야 한다고 생각함. 세 번째 장에서는 해방 이후 우리 시들로부터 노동자계급과 농민계급의 상황, 그리고 사회주의 건설을 보여줘야만 하며, 동시에 조선을 주제로 한 헝가리 시들이 주요한 자리를 차지하여야 함.

(번역물의 출판에 관한) 기술적인 제작과 관련하여, 본청의 계획에 따라 여기에서는 계속 자료를 송부하며 번역의 점진적인 과업을 완수할 수 있다는 것이 우리의 생각임. 우리는 문화선전성과 작가동맹(Írószövetség)을 통해 다수의 유명한 작가들을 이 번역 작업에 연결시킬 수 있을 것임. 이미 선집으로 발간되기 이전에 번역된 작품들은 각각의 잡지들과 신문들에 게재할 수 있을 것임.

전쟁의 상황은 미리 짐작하지 못한 많은 어려움을 야기할 수 있으나 조선의 동지들은 번역 계획을 마음에 들어 하며, 실현시킬 수 있을 것으로 여기고 있음. 이러한 것들은, 이 업무의 관점에서 과업과 재정적 희생을 가져 올 만하다고 보며, 출판을 보장함.

/빠쓰또르 까로이(Pásztor Károly)/

특임공사(rk. követ.)

25) 호르티 미끌로쉬(Horthy Miklós)는 오스트리아-헝가리 제국 시절 해군 제독 출신으로서 1920년부터 1944년까지 헝가리 왕국의 통치자였다. 국제적인 정세에 따라 나치의 정책에 동참하고 전쟁에 참여하지만, 자발적이고 적극적인 지지자는 아닌 것으로 평가된다.

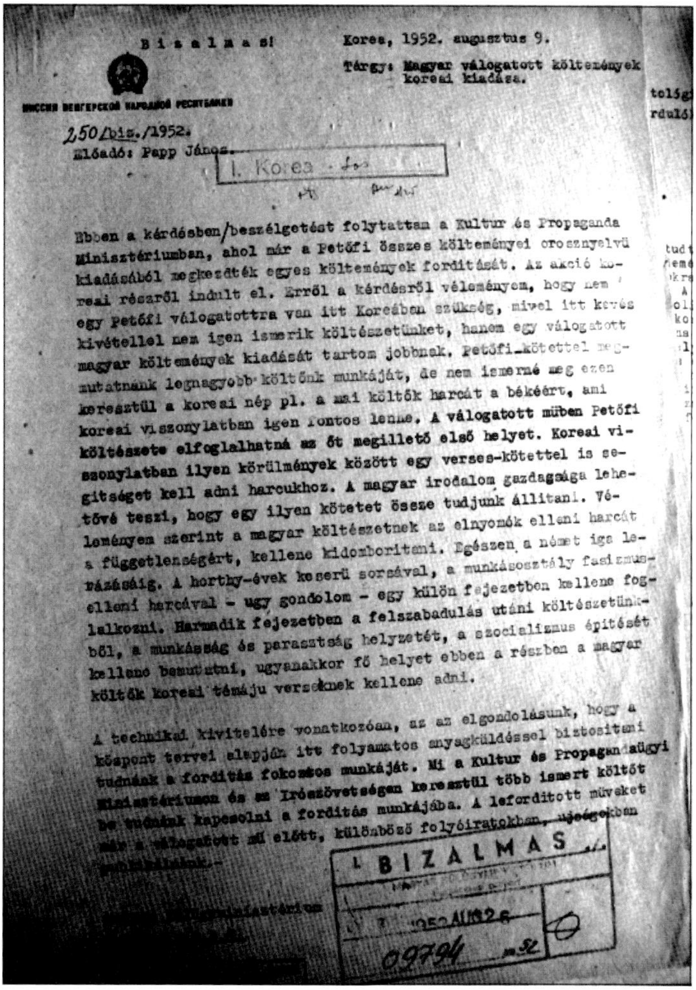

B i z a l m a s!

Korea, 1952. augusztus 9.

Tárgy: Magyar válogatott költemények koreai kiadása.

МИССИЯ ВЕНГЕРСКОЙ НАРОДНОЙ РЕСПУБЛИКИ

250/biz./1952.

Előadó: Papp János.

I. Korea

Ebben a kérdésben/beszélgetést folytattam a Kultur és Propaganda
Minisztériumban, ahol már a Petőfi összes költeményei oroszny elvü
kiadásából megkezdték egyes költemények forditását. Az akció ko-
reai részről indult el. Erről a kérdésről véleményem, hogy nem
egy Petőfi válogatottra van itt Koreában szükség, mivel itt kevés
kivétellel nem igen ismerik költészetünket, hanem egy válogatott
magyar költemények kiadását tartom jobbnak. Petőfi kötettel meg-
mutatnánk legnagyobb költőnk munkáját, de nem ismerné meg ezen
keresztül a koreai nép pl. a mai költők harcát a békéért, ami
koreai viszonylatban igen fontos lenne. A válogatott műben Petőfi
költészete elfoglalhatná az őt megillető első helyet. Koreai vi-
szonylatban ilyen körülmények között egy verses-kötettel is se-
gitséget kell adni harcukhoz. A magyar irodalom gazdagsága lehe-
tővé teszi, hogy egy ilyen kötetet össze tudjunk állitani. Vé-
leményem szerint a magyar költészetnek az elnyomók elleni harcát
a függetlenségért, kellene kidomboritani. Egészen a német iga le-
rázásáig. A horthy-évek keserű sorsával, a munkásosztály fasizmus-
elleni harcával – ugy gondolom – egy külön fejezetben kellene fog-
lalkozni. Harmadik fejezetben a felszabadulás utáni költészetünk-
ből, a munkásság és parasztság helyzetét, a szocializmus épitését
kellene bemutatni, ugyanakkor fő helyet ebben a részben a magyar
költők koreai témáju verseinek kellene adni.

A technikai kivitelére vonatkozóan, az az elgondolásunk, hogy a
központ tervei alapján itt folyamatos anyagküldéssel biztositani
tudnánk a forditás fokozatos munkáját. Mi a Kultur és Propagandaügyi
Minisztériumon és az Irószövetségen keresztül több ismert költőt
be tudnánk kapcsolni a forditás munkájába. A leforditott müveket
már a válogatott mű előtt, különböző folyóiratokban, ujságokban
publikálnánk.-

BIZALMAS

1952 AUG 26

09794

[06] 문서번호 250/biz./1952 자료 중 일부

문서번호: 251/biz./1952

조선, 1952년 8월 9일

제목: 조선어 번역단 형성(Koreai fordítógárda kiépítése)

이미 "조선에서의 문화업무와 그 가능성들"이라는 제목의 보고서에서 이 문제를 다룬 바 있음. 아국(我國, 헝가리) 공사관은 지금까지 약 12편의 단편소설과 한 편의 희곡을 입수하였음. 이 작품들은 문화선전성을 통해서만 입수할 수 있었기에, 작품 입수가 항상 쉬운 것만은 아니었음. 이 작품들 중에는 김일성 동지에 의해 비판받은, 약간의 오류로부터 수정한 「탄갱촌(Bányász, 헝가리어로는 단수의 '광부'를 의미)」이라는 제목의 희곡도 있음. 조만간 미러이(Méray)[26] 동지가 추천한 희곡 작품도 받을 예정임. 단편소설(novella) 중에서 「대동강(Thetongan)」이라는 제목의 작품은 아주 큰 성공을 거둔 중단편(elbeszélés)[27]이며, 이보다 더 짧은 단편들도 있음. 번역은 아주 어려움. 문화선전성이 몇몇 희곡 작품들을 번역할 것이라고 약속했지만,

26) 각주 2) 참조.

27) 헝가리 문학에서 서사문학(epika)의 종류로는 단편소설(novella, 노벨러), 중단편소설(elbeszélés, 엘베씰리쉬), 중편소설(kisregény, 끼쉬레기늬), 장편소설(regény, 레기늬) 등이 있는데 실제 중단편소설(엘베씰리쉬)의 경우 '단편소설'과 동일한 의미로 사용되기도 하며, 단편소설보다 조금 더 다선적인 구성을 지닌 소설로 해석되기도 한다(단편소설과 중단편소설의 구분은 소설의 분량보다는 소설의 구성이 단선적인지, 다선적인지에 따름). 또한 이 중단편소설을 의미하는 '엘베씰리쉬'는 '중단편소설'이라는 장르적 의미 외에 '수필'이나 혹은 '이야기' 자체를 뜻하기도 한다. 상기 헝가리 외교문서에서 「대동강」을 중단편소설로 언급한 것은 이후 3부작으로 이어지는 이 소설의 제1편만이 당시 출판되었기 때문인 것으로 보인다.

그들의 번역가들이 겪는 어려움을 감안하여 우리 자신의 역량으로 이 작품들의 번역을 시작하는 것이 더 낫다고 여김. 이것은 공사관에 큰 부담을 의미하며, 이 문제는 재정과 관련된 것이기도 함. 합당한 재정적 기반이 갖춰진 상태에서만 이 작품들의 번역과 적합한 번역가를 찾아볼 수 있을 것임. 이 문제를 해당 부서인 재무과에 제기해 주기를 요청함. 이러한 (작품들의 번역을) 목적으로 우리가 이후 번역가를 찾을 수 있기를 희망함. 물론 작품 전문 번역가(műfordító)에 대해서는 거론할 만하지도 않음. 단지 초벌번역에 대해서 얘기하는 것이며, 이후 우리 (헝가리) 작가들로 하여금 교정을 거칠 것임(átdolgoztatnánk). 만약 본청이 이 계획을 긍정적으로 여기고(jónak tartja), 우리가 번역가를 찾을 수 있다면, 「탄갱촌(Bányász)」이라는 제목의 희곡 번역과 「대동강(Thetongán)」이라는 제목의 중단편소설을 추천함. /후자는 약 100장, 10×16cm 크기에 해당하는 중단편소설임./

/빠쓰또르 까로이(Pásztor Károly)/

특임공사(rk. követ)

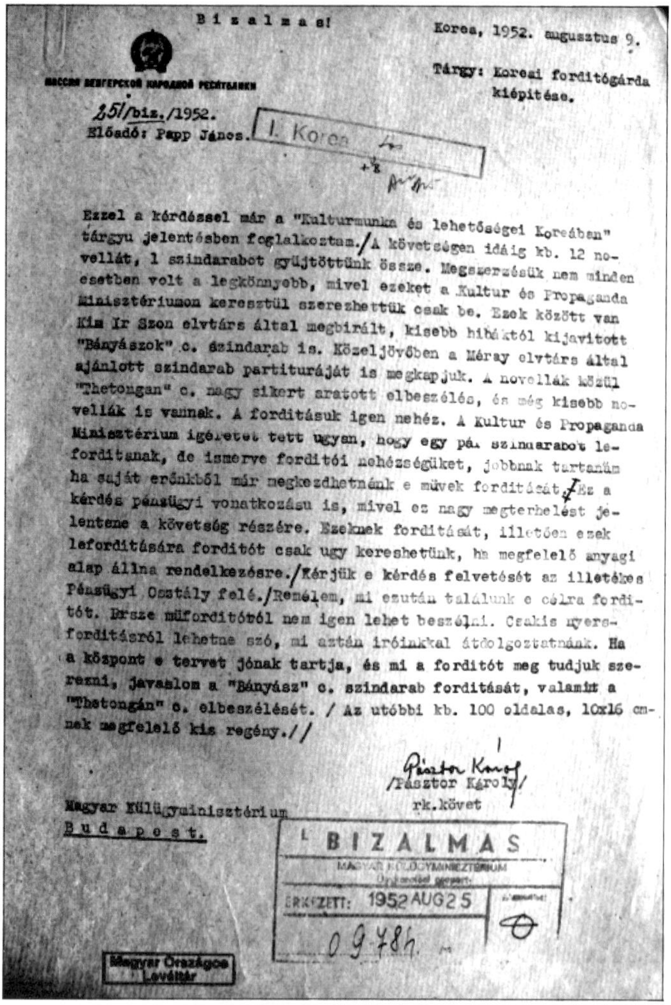

B i z a l m a s!

Korea, 1952. augusztus 9.

Tárgy: Koreai forditógárda kiépitése.

251/biz./1952.
Előadó: Papp János.

I. Korea

Ezzel a kérdéssel már a "Kulturmunka és lehetőségei Koreában" tárgyu jelentésben foglalkoztam./A követségen idáig kb. 12 novellát, 1 szindarabot gyüjtöttünk össze. Megszerzésük nem minden esetben volt a legkönnyebb, mivel ezeket a Kultur és Propaganda Minisztériumon keresztül szerezhettük csak be. Ezek között van Kim Ir Szen elvtárs által megbirált, kisebb hibáktól kijavitott "Bányászok" c. szindarab is. Közeljövőben a Méray elvtárs által ajánlott szindarab partituráját is megkapjuk. A novellák közül "Thetongan" c. nagy sikert aratott elbeszélés, és még kisebb novellák is vannak. A forditásuk igen nehéz. A Kultur és Propaganda Minisztérium igéretet tett ugyan, hogy egy pár szindarabot leforditanak, de ismerve forditói nehézségüket, jobbnak tartanám ha saját erőnkből már megkezdhetnénk e müvek forditását./Ez a kérdés pénzügyi vonatkozásu is, mivel ez nagy megterhelést jelentene a követség részére. Ezeknek forditását, illetően ezek leforditására forditót csak ugy kereshetünk, ha megfelelő anyagi alap állna rendelkezésre./Kérjük e kérdés felvetését az illetékes Pénzügyi Osztály felé./Remélem, mi ezután találunk e célra forditót. Persze müforditóról nem igen lehet beszélni. Csakis nyersforditásról lehetne szó, mi aztán iróinkkal átdolgoztatnánk. Ha a központ e tervet jónak tartja, és mi a forditót meg tudjuk szerezni, javaslom a "Bányász" c. szindarab forditását, valamint a "Thetongán" c. elbeszélését. / Az utóbbi kb. 100 oldalas, 10x16 cm-nek megfelelő kis regény.//

Pásztor Károly
/Pásztor Károly/
rk.követ

Magyar Külügyminisztérium
B u d a p e s t.

BIZALMAS
MAGYAR KÜLÜGYMINISZTÉRIUM
ÉRKEZETT: 1952 AUG 25
09784

Magyar Országos Levéltár

[07] 문서번호 251/biz./1952

문서번호: 317/biz./1952
관련문서번호: 09784

조선, 1952년 9월 22일

제목: 번역단 형성

사안의 중요성을 인지하고 있음. 문서번호 251.sz.biz. 보고[28] 이후 공사관을 중심으로 번역단을 꾸리는 데 착수했음. 이 문제는 현재의 상황에서, 물론 앞서 생각했던 것보다 쉬운 것은 아님. 이 업무로 빠쁘(Papp) 동지가 한 주 내내 다니며, 아래의 번역가들에게 향후 예상 가능한 번역 작업을 맡기기로 얘기를 나누었음.

1./ 소련의 번역가, 그는 항시 공사관에 머물 수 있음.

2./ 소련어가 모국어인 여성 번역가, 그녀는 소설, 희곡을 번역.

3./ 시 번역 작가, 그는 조선작가동맹 회원이며, 유명한 작품 전문 번역가(műfordító)임.

4./ 영어로 희곡을 번역하는 동지.

5./ 불어 번역가, 소설과 희곡을 번역.

이 일주일간의 (번잡스러운) 외근(utazgatás)은 — 나의 생각에는 — 번역단을 조직하느라 자신의 본연의 업무는 수행하지 못한 빠쁘(Papp) 동지의 수고를 헛되게 하지 않았음. 문화 업무에 있어서 (기존의) 신문 기사들로부터 취한 보고서 형식으로부터, 이보다 더 높은

28) '조선어 번역단 형성(Korei fordítógárda kiépítése)'라는 제목의 바로 이전 문서이다.

수준의(komolyabb) 정보로 이어지고, 그리고 문학 관련 출판물들에 대해 지속적으로 송부할 수 있는 방법이 이 번역단을 조직하는 것에 있다고 보았음. 이 방법은 물론 많은 부분에서 (헝가리) 외무성에게 비용을 의미하지 않고, 각각의 (헝가리) 출판사들과 (헝가리) 연극 극장에게 비용을 의미했을 것임. 한 두 작품은 출판이 되지 않을 수도 있을 것이며,[29] 이로 인해 1~2천 포린트(forint)의[30] 비용이 추가(ráfizetés) 되었을 수도 있었을 것이라고 인정하지만, 이런 경우는 아주 적었을 것인데, 왜냐면 번역 작품들은 (조선의) 문화선전성과 작가동맹의 추천으로 우리 측에서 출판을 하려하기 때문임.

이것이 목표였으나, 이를 실현하는 바와 관련하여 그 일부만 달성됨. 이것은 한편으로는 본청의 전문 덕분[31]이고, 다른 한편으로는 전쟁 상황 때문임. 번역가들 중에서는 현재, 이제 단 두 명과 연락을 취하고 있음. 한 명은 지속적으로 관계를 가지고 있던 새로운 번역가이고 /그는 현재 장티푸스를 앓고 있음/, 또 한 명은 프랑스 번역가인데 /그는 매우 바쁨/, 이 프랑스 번역가는 「그의 이름은 라꼬시(Ő neve Rákosi)」[32]라는 제목의 희곡을 번역하고 있으며, 본청은 이를

29) 헝가리 외무성의 전적인 지원으로 번역이 이루어지지 않고, 헝가리 독자층과 관객층을 상대로 책의 판매와 작품의 공연을 하게 되는 헝가리 측의 출판사와 연극극장을 통해 재원을 마련하겠다는 의미이다.

30) 포린트는 지금도 통용되는 헝가리의 화폐단위이며, 이 금액은 당시 환율로 미화 약 85~170달러에 해당한다.

31) 본청의 전문에 대해 비꼬는 표현이다.

32) 라꼬시 마챠쉬(Rákosi Mátyás)는 당시 헝가리의 최고 권력자이다. 본서에서도 여러 차례 언급되는, 헝가리의 전적인 지원으로 북한에서 설립되고 운영되었던 병원이름도 그의 이름을 본 따 '라꼬시 마챠쉬 병원(Rákosi Mátyás kórház)'으로 불리었다. 각주 1) 참조.

허락할 것으로 생각함/사전 허가(előzőtes engedély) 없이도/. 번역단의 와해(szétszéledés)는 상당부분 본청의 전문 덕분인데, 왜냐면 단지 '사전 허가', '시놉시스(szinopszis)'에 대한 보고 이후에만 번역에 대해 허가를 하기 때문임. 이는 이미 허가가 도착하기 이전에 눈앞에 있던 우리 번역가들 대부분을 잃어버리게 되는 결과를 초래했음. 「대동강(Thedongán)」과 「탄갱촌(Bányászok)」[33]이라는 제목의 희곡 번역 중단 이후 번역가는 평양을 떠났으며, 우리와는 아무런 연락선(kapcsolat)이 없기에, 그는 어디로 옮긴다는 소식도 주지 않음. 이와 같은 상황은 영어 번역가의 경우도 마찬가지인데, 찾아간 그의 집이 폐허로 되어 있었기에 평양으로부터 빠져나갔는지, 아니면 죽었는지, 아무런 소식이 없음. 시 번역가는 현재 폐결핵이 걸려서 요양병원에 입원중이며, (항생제) 스트렙토마이신(streptomicin)이 필요함.

이것이 현재 번역단의 상황임. 본청의 전문은 "공사관이 스스로의 역량으로 각각의 문학 작품들을 번역하면 좋을 텐데"라고 적고 있음. 이에 대해 나는 공사관이 여러 가능성들을 인지하여 스스로 어떤 작품이 번역되어야 하는지 결정할 수 있도록, 그리고 그 (번역을 결정한) 작품들을 이 시기에 맡을 수 있을 만한 해당 번역가들에게 즉시 건네는 것을 결정할 수 있도록 "본청이 공사관에게 이러한 목적으로 재정적 위임권을 준다면 좋을 텐데"라고 답변하고자 함. 정확하게는 알지 못하지만, 헝가리에서는(otthon) 각각의 번역가에게 5천에서 1만 포린트[34]까지도 지불하는 것으로 들은 반면, 여기서는 (조선에서는)

33) 헝가리어 표기로는 보고서에서 일관성 없이 어떤 때는 단수(Bányást)로 쓰고 어떤 때는 복수(Bányástok)로 쓰고 있다.

번역에 대해 약 2천 포린트[35]를 지불해야 하고—우선 (헝가리어가 아닌 다른) 외국어로의 번역이라는 점도 사실임을 밝혀 둠—, 그리고 전액을 금액(현금)으로 지불하는 것이 아니라, 중국에서 구매한 물품으로 지불이 이루어지기도 하며, 이는 어쨌든 조선의 작품들을 헝가리에서 출판할 수 있다는 성과를 가져올 것임. 내 의견으로는 (평양의 헝가리) 공사관에서 이 문제를 해결하는 것에 대해서, 그 가능성이 아주 적다고 생각함. 빼쁘 동지는 다시 한 번 1주일의 과업으로 번역단을 구성할 만한 그럴 시간이 없으며, 그 구성될 번역단도 첫 번째 시도만큼 좋은 결과를 가져올 수 없을 것이라고 나는 생각하는데, 그 이유는 현재 평양이 소개된 상태(ki van ürítve)이기 때문임. 그리고 만약 적합한 번역단을 구성한다고 할지라도, 이들로 하여금 시놉시스를 만들게 한다면, 다시금 우리가 허가를 기다리는 동안 이 번역단도 와해될 수 있는 위험이 여전함. 그 번잡스러운 외근(utazgatás)—다시 일 주일이 요구되는—도 별반 가치 있는 것이 못될 것이며(sem éri meg), 현재 차량이 준비되어 있지 않기에 (그 외근이) 가능하지도 않음. 만약 부다페스트의 출판사들이 이 리스크를(kockázatot) 진다면, 지금 있는 번역가들과 함께 다시 한 번 번역을 해 볼 수 있을 것임. 미러이(Méray) 동지가 이 후자의 해결 방안을 제안했음.

/빠쓰또르 까로이(Pásztor Károly)/

임시대리공사(rk. követ)

---

34) 당시 환율로 5,000포린트는 미화 약 427달러에, 10,000포린트는 미화 약 853달러에 해당한다.

35) 당시 환율로 미화 약 85달러에 해당한다.

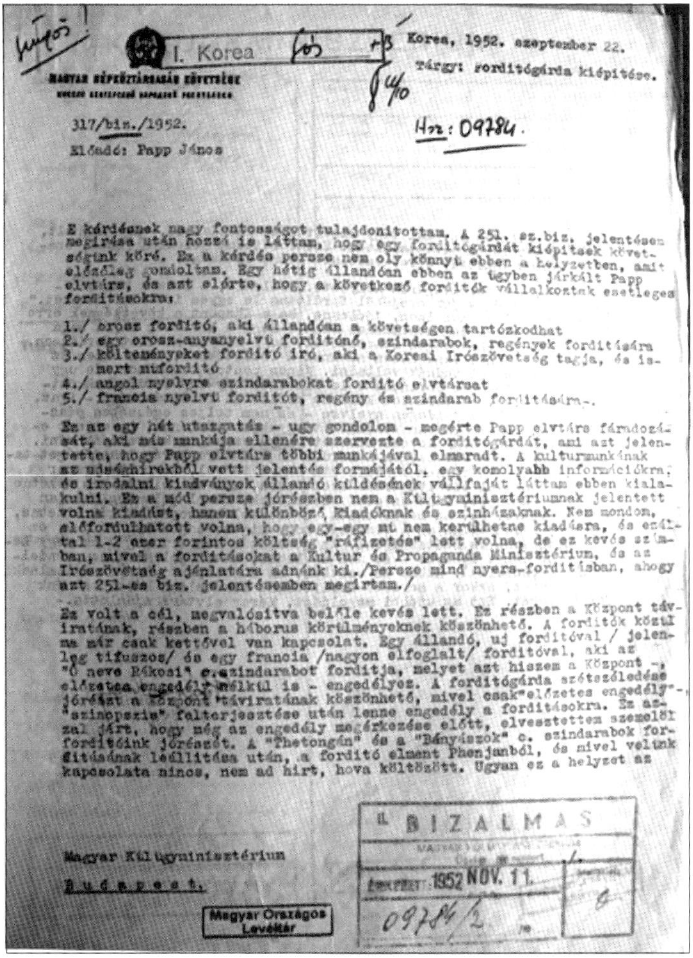

I. Korea

MAGYAR NÉPKÖZTÁRSASÁG KÖVETSÉGE

Korea, 1952. szeptember 22.

Tárgy: forditógárda kiépitése.

317/biz./1952.

Hr: 09784.

Előadó: Papp János

E kérdésnek nagy fontosságot tulajdonitottam. A 251. sz.biz. jelentésem megirása után hozzá is láttam, hogy egy forditógárdát kiépitsek követségünk köré. Ez a kérdés persze nem oly könnyü ebben a helyzetben, amit előzőleg gondoltam. Egy hétig állandóan ebben az ügyben járkált Papp elvtárs, és azt elérte, hogy a következő forditók vállalkoztak esetleges forditásokra:

1./ orosz forditó, aki állandóan a követségen tartózkodhat
2./ egy orosz-anyanyelvü forditónő, szindarabok, regények forditására
3./ költeményeket forditó iró, aki a Koreai Irószövetség tagja, és ismert müforditó
4./ angol nyelvre szindarabokat forditó elvtársat
5./ francia nyelvü forditót, regény és szindarab forditására.

Ez az egy hét utazgatás – ugy gondolom – megérte Papp elvtárs fáradozását, aki más munkája ellenére szervezte a forditógárdát, ami azt jelentette, hogy Papp elvtárs többi munkájával elmaradt. A kulturmunkának az ujsághirekből vett jelentés formájától, egy komolyabb információkra, és irodalmi kiadványok állandó küldésének vállfaját láttam ebben kialakulni. Ez a mód persze jórészben nem a Külügyminisztériumnak jelentett volna kiadást, hanem különböző Kiadóknak és szinházaknak. Nem mondom, előfordulhatott volna, hogy egy-egy mü nem kerülhetne kiadásra, és ezáltal 1-2 ezer forintos költség "ráfizetés" lett volna, de ez kevés számban, mivel a forditásokat a Kultur és Propaganda Minisztérium, és az Irószövetség ajánlatára adnánk ki./Persze mind nyers-forditásban, ahogy azt 251-es biz. jelentésemben megirtam./

Ez volt a cél, megvalósitva belőle kevés lett. Ez részben a Központ táviratának, részben a háborus körülményeknek köszönhető. A forditók közül ma már csak kettővel van kapcsolat. Egy állandó, uj forditóval / jelenleg tifuszos/ és egy francia /nagyon elfoglalt/ forditóval, aki az "Ő neve Rákosi" c. szindarabot forditja, melyet azt hiszem a Központ – előzetes engedély nélkül is – engedélyez. A forditógárda szétszéledése jórészt a Központ táviratának köszönhető, mivel csak "előzetes engedély" – "szinopszis" felterjesztése után lenne engedély a forditásokra. Ez azzal járt, hogy még az engedély megérkezése előtt, elvesztettem szemelől forditóink jórészét. A "Thetongán" és a "Bányászok" c. szindarabok forditásának leállitása után, a forditó elment Phenjanból, és mivel velünk kapcsolata nincs, nem ad hirt, hova költözött. Ugyan ez a helyzet az

Magyar Külügyminisztérium

Budapest.

II. BIZALMAS

1952 NOV. 11.

09784/2

Magyar Országos Levéltár

[08] 문서번호 317/biz./1952 자료 중 일부

문서번호: 370/biz/1952
관련문서번호: 09784/1/biz.
06515/1/biz.
09803/2/biz. 등

조선, 1952년 10월 26일

제목: 조선어 번역[36]

상기 훈령에 대하여, 다시 한 번 전하는 나의 관점은 시놉시스 요구가 번역의 저해를 의미한다는 것임. 만약 한 달이 지난 후, 그때야 비로소 허가가 난다면, 그때에는 다시금 새로운 번역단(飜譯團)을 찾아야 함. 「대동강(Thedongán)」이라는 제목의 다소 긴 중단편소설(elbeszélés)[37]에 대해 번역가를 다시 조직해 볼 수(beszervezni) 없음.[38] 이 중단편소설[39]의 시놉시스를 문화선전성에 부탁한 지가 한 달도 더 지났지만, 지금까지 회신을 받지 못함. 만약 내가 그것을 준비한다면, 더 많은 시간이 요구될 것임. 작품들은 『문학신문(Irodalmi

36) 한국예술연구소 발행, 『한국예술연구』 제9호(2014년)에 게재된 내용을 수정, 보완한 것이다.
37) '엘베쐴리쉬(elbeszélés)'라는 장르에 대해서는 각주 22) 참조.
38) 여기에는 약간의 설명이 필요하다. 조선의 작품 번역과 관련하여 많은 헝가리 외교전문들이 오가게 되는데, 전쟁이 소강상태에 있다고는 하지만 여전히 포화가 그치지 않던 그 혼란의 와중에 어렵게 「대동강」 번역을 위해 번역단을 꾸렸으나, 헝가리 본청에서 급박한 현지의 사정을 고려하지 않고 「대동강」에 대한 더 많은 정보를 요구하게 된다. 그러던 사이 어렵게 조직한 번역단이 해체되어 더 이상 기존에 보고한 번역단으로는 번역이 불가능하다는 의미이다. 자세한 내용은 1952년 9월 22일 보고 (문서번호: 317/biz./1952.) 참조.
39) 한설야의 작품 「대동강」.

Újság)』의 비평과 조선 전문가들의 의견에 기초해서 내가 추천하는 것이기에 이것을 미리 우리 번역가로 하여금 읽게 해서 대강의 내용을 언급할 수는 있음. 경우에 따라 이 대강의 내용을 내가 쓸 수도 있겠지만, 신뢰할 수 있는 내용을 전달할 수는 없을 것임.

조선의 기관들과 미리 얘기를 나눈 바에 따르면 비평과 전문가들의 의견에 기초해야만 번역이 가능하다고 생각함. 이것은 물론, 다소는 복불복(zsákbamacska)[40]이 될 것임. 조선의 화폐로(Von összegért) 번역가를 구하기는 매우 어렵고, 단지 물질적인 제공이 있어야 함. /중국에서 구매하는 제품들/ 내가 이미 번역을 중지시킨 「대동강(Tedongán)」이라는 제목의 중단편소설의 번역에 대해 미러이(Méray) 동지에게 언급했음. 그의 의견으로는—번역의 가능성을 알기에—/개성은 여기보다 비교할 수 없을 정도로 사정이 낫다고 함/ 중지시킨 것은 옳지 않다고 함. 출판사들은 더 용감하게 이 리스크를 질 것이기에 그는 출판사들을 찾아보는 것을 제안했음.

문서번호 185/biz./1952. sz. 보고와 관련하여 이 번역은 성공하지 못할 것임. 첫째로 번역가를 찾기 위해, 개성으로 내려가야 함. 이에 대해 우리는 허가를 가지고 있지 않음.[41] 둘째로 조선의 기관들은 이

40) 원문의 '자끄버머치꺼(zsákbamacska)'는 '포대 속의 고양이'를 의미한다. 시장에서 작은 암퇘지를 포대 속에 넣어 거래를 하곤 했는데, 일부는 암퇘지 대신 고양이를 넣어서 속이던 일이 가끔 있었던 것에서 유래한다. 포대 속에 뭐가 들었는지도 모르고 취하는 것, 즉 진짜를 가질 수도 있고, 가짜를 가질 수도 있다는 것을 의미하기에 한글로 '복불복'으로 번역하였다.

41) 아마 전시였던 당시에 평양을 떠나 개성으로 가고자 할 때는 당국의 허가가 필요했던 것으로 여겨지며, 친선 국가의 외교관도 이 허가를 얻기가 까다로울 정도로 엄격하게 이동이 통제되었던 것으로 보인다.

번역을 허가하지 않는데, 이 희곡의 편집본이 나온 후에야 (e színdarab átdolgozása után) 번역에 대한 이야기가 가능할 것임. 이 희곡의 제목은 『춘향전(Csun Hang Cson)』임. 조선에서는 지금까지 10개의 판본(változat)이 알려져 있음. 이 희곡의 오페라 버전을 개성을 통해서 일본어와 영어본으로 미러이(Méray) 동지가 일본으로부터 입수함. 일정 부분들이 일본화되어(japánosítva) 있지만, 이 오페라가 음악적으로 최고의 것들에 가장 가까움. 빠쁘(Papp) 동지가 이 오페라의 리브레토(가사집, 대본집)를 평양 라디오국 국장(평양 라디오의 제일 높은 지위를 가진 인물)에게 건네주었고, 그로부터 외국 출판을 위해 편집을 할 것이라는 약속을 받았음. 이 말을 그렇게 신뢰하지는 않는데, 이 일은 한 사람이 감당하기에는 매우 벅차고 어려운 과업이 될 것이기 때문임. 만약 일부분들만이라도 우리가 받을 수만 있다면, 그것 역시 우리는 큰 성공으로 치부할 수 있을 것임.

문화선전성의 희곡 번역에 대해 몇 마디 하고자 함. 그들은 3개월 전에 희곡들을 몇몇 유럽어로 번역하겠다고 약속을 했고, 지금 말하길, 번역가의 부족으로 그들은 (그 계획을, 그 약속을) 실현시킬 수 없다고 함.

/빠쓰또르 까로이(Pásztor Károly)/

임시대리공사(rk. követ)

MAGYAR NÉPKÖZTÁRSASÁG KÖVETSÉGE

B i z a l m a s.

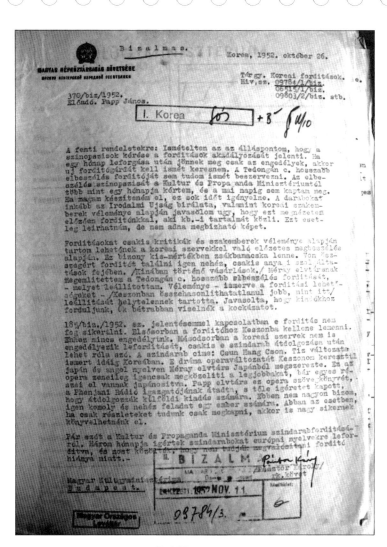

Korea, 1952. október 26.

Tárgy. Koreai forditások.
Hiv,sz. 09784/1/biz.
06515/1/biz.
09803/2/biz. stb.

370/biz/1952.
Előadó. Papp János.

I. Korea 505 +8 8 14/10

A fenti rendeletekre: Ismételten az az álláspontom, hogy a szinopszisok kérése a forditások akadályozását jelenti. Ha egy hónap leforgása után jönnek meg csak az engedélyek, akkor uj forditógárdát kell ismét keresnem. A Tedongán c. hosszabb elbeszélés forditóját sem tudom ismét beszervezni. Az elbeszélés szinopszisát a Kultur és Propaganda Minisztériumtól több mint egy hónapja kértem, és a mai napig sem kaptam meg. Ha magam késziteném el, ez sok időt igényelne. A darabokat inkább az Irodalmi Ujság birálata, valamint koreai szakemberek véleménye alapján javasolom ugy, hogy ezt megnézetem előzően forditónkkal, aki kb.-i tartalmát közli. Ezt esetleg leirhatnám, de nem adna megbizható képet.

Forditásokat csakis kritikák és szakemberek véleménye alapján tartom lehetőnek a koreai szervekkel való előzetes megbeszélés alapján. Ez bizony kis-mértékben zsákbamacska lenne. Von Meszszegért forditót találni igen nehéz, csakis anyagi szolgáltatások fejében. /Kinában történő vásárlások./ Méray elvtársnak megemlitettem a Tedongán c. hosszabb elbeszélés forditását, - melyet leállitottam. Véleménye - ismerve a forditási lehetőségeket - /Keszonban összehasonlithatatlanul jobb, mint itt/ leállitását helytelennek tartotta. Javasolta, hogy kiadókhoz forduljunk, ők bátrabban viselnék a kockázatot.

185/biz./1952. sz. jelentésemmel kapcsolatban e forditás nem fog sikerülni. Elsősorban a forditóhoz Keszonba kellene lemenni. Ehhez nincs engedélyünk. Másodsorban a koreai szervek nem is engedélyezik leforditását, csakis e szindarab átdolgozása után lehet róla szó. A szindarab cime: Csun Hang Cson. Tiz változata ismert idáig Koreában. E dráma operaváltozatát Keszonon keresztül japán és angol nyelven Méray elvtárs Japánból megszerezte. Ez az opera zeneileg igencsak megközeliti a legjobbakat, bár egyes részei el vannak japánositva. Papp elvtárs ez opera szövegkönyvét, a Phenjani Rádió igazgatójának átadta, s tőle igéretet kapott, hogy átdolgozzák külföldi kiadás számára. Ebben nem nagyon bizom, igen komoly és nehéz feladat egy ember számára. Abban az esetben, ha csak részleteket tudunk csak megkapni, akkor is nagy sikernek könyvelhetnénk el.

Pár szót a Kultur és Propaganda Minisztérium szindarabforditásáról. Három hónapja igérték szindarabokat európai nyelvekre leforditva, és most közölték, hogy nem tudják megvalósitani forditó hiánya miatt.-

/Pásztor Károly/
rk. követ

Magyar Külügyminisztérium.
B u d a p e s t.

BIZALMAS
BUDAPEST 1952 NOV. 11
09784/3.
Melléklet: 6

Magyar Országos Levéltár

[09] 문서번호 370/biz/1952

문서번호: 09784/3/biz.IV.
관련문서번호: 317/biz.
370/biz.

부다페스트, 1952년 11월 18일

제목: 조선어 번역

이미 다른 루트를 통해서도 알린 바, (헝가리) 문화관계연구소(Kultúrkapcsolatok Intézete)는 1953년 예산으로 공사관이 조선어 번역에 대해 필요하다고 여기는 15,000포린트(forint)[42]를 계상함(beállítja). 문화관계연구소는 또한 공사관이 해당 조선 기관의 의견에 기초해서 본국으로부터 (헝가리로부터) 사전 허가를 청하지 않고도 번역을 수행하는데 동의했음.

상기 문서번호의 보고들에서 공사관은 진지한 형태로 번역단이 해체된 것을 풀어 설명하며, 번역 과업의 더딘 해결이 우리의 잘못으로 발생한 점에 대해 우리를 (본청을) 힐난함. 이 문제의 핵심 사안을 본다면, 공사관의 입장이 옳으며, 이에 대한 인식으로부터 공사관의 제안을 우리가 받아들인 결과가 되었음에도 불구하고, 이 문제에 대한 이러한 (공사관의) 태도(beállítás)는 옳지 않음. 우리가 다른 루트를 통해 비용을 적시하고, 시놉시스를 요구했을 때, 우리는 시놉시스를 입수할 방법이 없다거나, 혹은 최소한 매우 큰 어려움에 봉착한다

42) 당시 환율로 미화 약 1,280달러에 해당한다.

는 사실을 알 수 없었음. 우리보다 현지 사정에 훨씬 밝은 공사관이 전문(電文)으로—다른 방법으로—, 시놉시스 입수는 가능하지 않고, 이 때문에 조선 기관들의 제안과 공사관의 판단에 기초하여 번역을 착수해야 한다는 보고를 하는 것이 이에 대해 자연스러운 반응이었을 것임. 게다가 이와 관련하여 9월 2일과 9월 9일에 다른 루트로 보낸 우리의 질문에 대해 지금의 (외교)행낭(futárposta)이 도착하기까지 한 마디의 회신도 우리는 받지 못한 일이 발생했음.

번역 과업을 이제는 시작할 수 있음. 어떠한 작품들을 번역하는지에 대해 계속해서 본청에 보고하기를 요청함.

/필릭스 빨(Félix Pál)/

과장(osztályvezető)

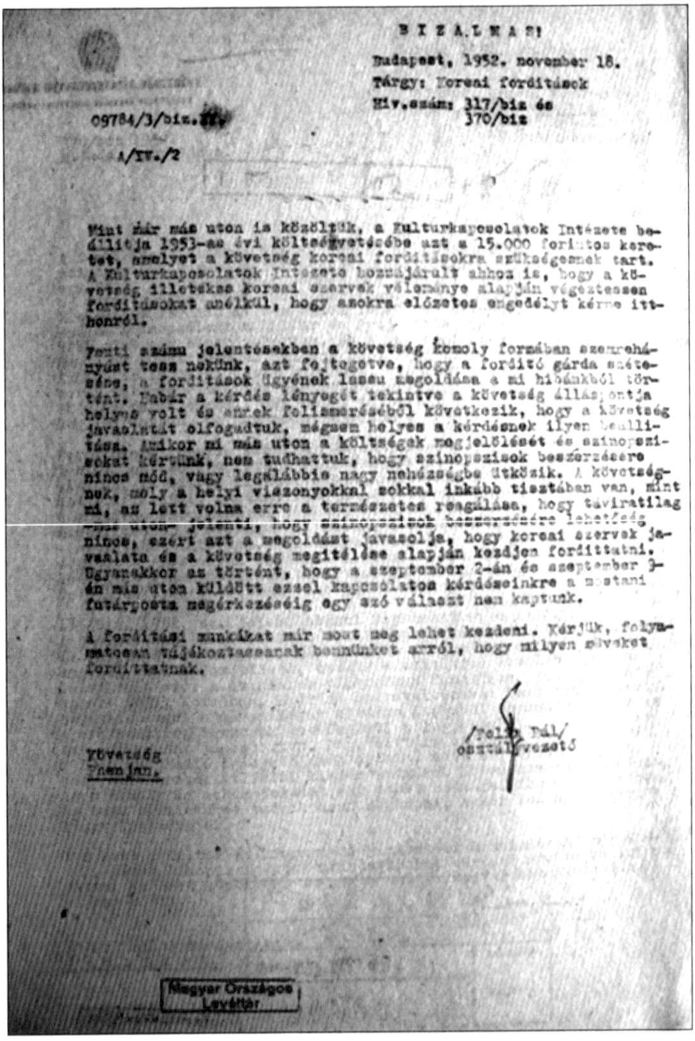

B I Z A L M A S!

Budapest, 1952. november 18.
Tárgy: Koreai forditások
Hiv.szám: 317/biz és
370/biz

09784/3/biz.[illegible]

A/IV./2

Mint már más uton is közöltük, a Kulturkapcsolatok Intézete beállitja 1953-as évi költségvetésébe azt a 15.000 forintos keretet, amelyet a követség koreai forditásokra szükségesnek tart. A Kulturkapcsolatok Intézete hozzájárult ahhoz is, hogy a követség illetékes koreai szervek véleménye alapján végeztessen forditásokat anélkül, hogy azokra előzetes engedélyt kérne itthonról.

Fenti számu jelentésekben a követség komoly formában szemrehányást tesz nekünk, azt fejtegetve, hogy a forditó gárda szétesése, a forditások ügyének lassu megoldása a mi hibánkból történt. Habár a kérdés lényegét tekintve a követség álláspontja helyes volt és annak felismeréséből következik, hogy a követség javaslatát elfogadtuk, mégsem helyes a kérdésnek ilyen beállitása. Amikor mi más uton a költségek megjelölését és szinopszisokat kértünk, nem tudhattuk, hogy szinopszisok beszerzésére nincs mód, vagy legalábbis nagy nehézségbe ütközik. A követségnek, mely a helyi viszonyokkal sokkal inkább tisztában van, mint mi, az lett volna erre a természetes reagálása, hogy táviratilag [illegible] jelenti, hogy szinopszisok beszerzésére lehetőség nincs, ezért azt a megoldást javasolja, hogy koreai szervek javaslata és a követség megitélése alapján kezdjen forditttatni. Ugyanakkor az történt, hogy a szeptember 2-án és szeptember 3-án más uton küldött ezzel kapcsolatos kérdéseinkre a mostani futárposta megérkezéséig egy szó választ nem kaptunk.

A forditási munkákat már most meg lehet kezdeni. Kérjük, folyamatosan tájékoztassanak bennünket arról, hogy milyen műveket forditttatnak.

/Fel[illegible] Pál/
osztályvezető

Követség
Phenjan.

Magyar Országos
Levéltár

[10] 문서번호 09784/3/biz.IV.

문서번호: 412/biz./1952

조선, 1952년 11월 29일

제목: 헝가리 시선집

헝가리 시선집의 조선어 출간에 대해 아래의 것들을 보고함.

(지금까지) 조선에서 — 외무성 의전과(Protokoll Osztály)의 한 (조선인) 동료에 따르면 — 해외 시선집(詩選集)들이 출간된 적이 없었음. 이상의 사실이 (출판을) 어렵게 하지만, 시선집의 출판을 방해(저지)하는 것은 아님. 조선의 기관들은 시선집을 자신들의 비용으로 출간할지, 그렇지 않을지에 대해서는 공식적으로 밝히지 않았음. 문서번호 145/szig.biz. 보고에서 기재한 자료부족들에 관하여, 그중에서 용지부족 또한 만약 시선집의 조선어 출간이 이루어진다고 해도 아주 적은 부수일 것이라는 점을 말해줌.

시선집의 출간을 확실하게 하기 위해서 우리가 시선집 제작에 필요한 용지 원자재를 공급(felajánljuk)할 수 있다면, 그것이 가장 좋은 방법이라고 생각함. 조선의 기관들은 — 어려운 재정 상태를 감안하여 — 기꺼이 이러한 원조를 받아들일 것임. 이 때문에 전문(電文)으로, 베이징 대사관을 통해 용지의 정확한 가격을 알아보는 것이 최선의 방법일 것임. 이후에 용지를 본국에서 공수할지, 또는 중국에서 구입할지, 어느 방법이 재정적으로 더 나은지를 본국에서 결정할 수(meg lehet állapítani) 있을 것임. 내 생각으로는 시선집에 대해 최소 5천 부에 해당하는 용지 원자재를 확보해야만(kellene anyagot biztosítani) 할 것임. 여기 현지 문학 출판물의 부수를 알지 못하는데, 본청에서 이 안(案)을 수용하는지 그렇지 않은지에 대한 승인을 (본국으로부터) 받기 전에는 이에 대해 (현지 문학 출판물의 부수에 대해) 문의를 할 수도 없음.

시선집의 번역 작업과 관련해서 다음의 것들을 전함. 현재 두 명의 조선인 시인이 요제프 어띨러(József Attila)[43]의 시들을 번역하고 있음. 만약 그 번역이 수용할 만한 정도가 된다면 — 조선 기관들의 의견으로 — 그 경우에는 12월의 영화 시사회에서 요제프 어띨러에 관한 기념행사를 할 것임. 조선 시인들은 우리(헝가리) 시(詩)들에 열광함. 이 번역 과업을 (다른 사람이 아닌) 그들이 할 수 있도록 직접 그 자신들이 요청을 함. 다른 보고에서도 이미 전한 바와 같이, 12월에 우리 공사관에서 친선 모임을 개최하고자 하는데, 거기에 헝가리 시 번역을 맡을 약 5명의 시인들을 초대할 예정임. 이 모임은 우리에게는 번역 작업을 재촉할 수 있는 기회를 제공할 것이며, 게다가 이 회합은 공사관과 조선의 시인 동지들 사이에 그 관계가 더욱 돈독해질 수 있도록 하는 것을 목적으로 함. 12월 중순에 이 모임을 개최할 수 있도록 이와 관련된 본청의 의견을 전문으로 요청함.

만약 용지 문제가 어떤 형태로든 해결 되고, 또한 본청에서 우리

43) 요제프 어띨러(József Attila, 1905-1937)는 20세기 최고의 헝가리 시인 중 한 명이다. 2차 대전 이후 헝가리에 사회주의 정권이 들어선 이후 비합법 노동운동에 가담했던 그의 이력과 더불어 그의 시들은 재조명 받으며, 지금도 그의 서정성 짙은 시들은 대중들의 큰 사랑을 받고 있다. 대표작으로는 「순수한 마음으로(Tiszta szívvel)」, 「다뉴브 강가에서(Dunánál)」, 「나의 생일에(Születésnapomra)」 등이 있다.

헝가리 서적의 해외 출판 계획이 있다면, 경우에 따라 다른 헝가리 도서들, 장·단편 소설들도 조선어로 출판할 수 있을 것임.

/뚜러이 요제프 부인(Turai Józsefné)/

임시대리공사(ideiglenes ügyvivő)

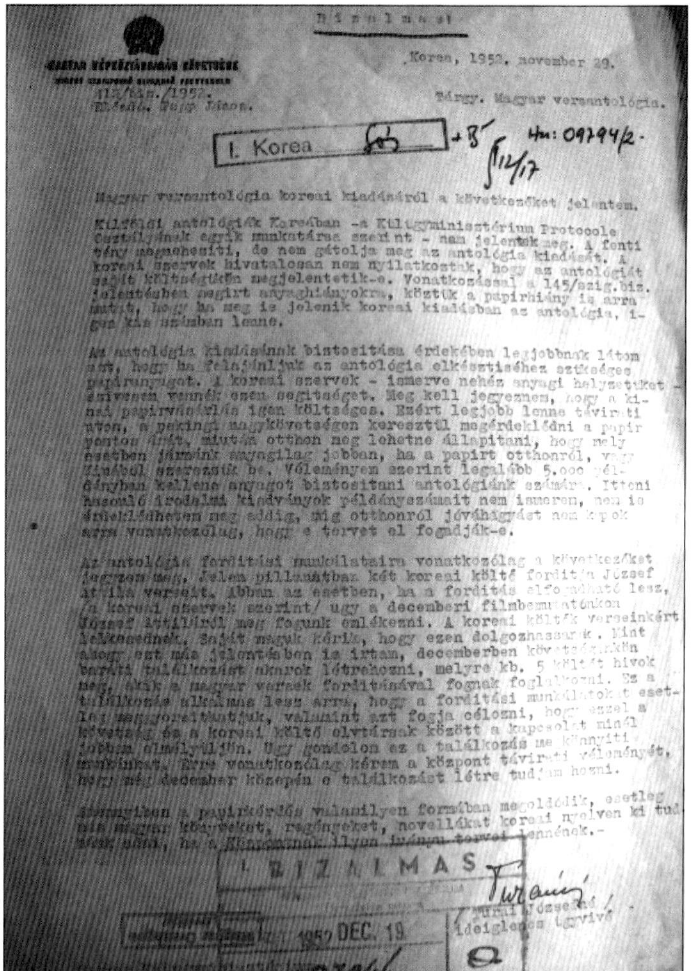

Bizalmas!

MAGYAR NÉPKÖZTÁRSASÁG KÖVETSÉGE

412/biz./1952.
Előadó: Kapy János.

Korea, 1952. november 29.

Tárgy: Magyar versantológia.

I. Korea

Hsz: 09794/2.

Magyar versantológia koreai kiadásáról a következőket jelentem.

Külföldi antológiák Koreában – a Külügyminisztérium Protocole Osztályának egyik munkatársa szerint – nem jelentek meg. A fenti tény megnehesíti, de nem gátolja meg az antológia kiadását. A koreai szervek hivatalosan nem nyilatkoztak, hogy az antológiát saját költségükön megjelentetik-e. Vonatkozással a 145/szig.biz. jelentésben megirt anyaghiányokra, köztük a papirhiány is arra mutat, hogy ha meg is jelenik koreai kiadásban az antológia, igen kis számban lenne.

Az antológia kiadásának biztositása érdekében legjobbnak látom azt, hogy ha felajánljuk az antológia elkészitéséhez szükséges papiranyagot. A koreai szervek – ismerve nehéz anyagi helyzetüket – szivesen vennék ezen segitséget. Meg kell jegyeznem, hogy a kinai papirvásárlás igen költséges. Ezért legjobb lenne távirati uton, a pekingi nagykövetségen keresztül megérdeklődni a papir pontos árát, miután otthon meg lehetne állapitani, hogy mely esetben járunk anyagilag jobban, ha a papirt otthonról, vagy Kinából szerezzük be. Véleményem szerint legalább 5.000 példányban kellene anyagot biztositani antológiánk számára. Itteni hasonló irodalmi kiadványok példányszámait nem ismerem, nem is érdeklődhetem meg addig, mig otthonról jóváhagyást nem kapok arra vonatkozólag, hogy e tervet el fogadják-e.

Az antológia forditási munkálataira vonatkozólag a következőket jegyzem meg. Jelen pillanatban két koreai költő forditja József Attila verseit. Abban az esetben, ha a forditás elfogadható lesz, /a koreai szervek szerint/ ugy a decemberi filmbemutatónkon József Attiláról meg fogunk emlékezni. A koreai költők verseinkért lelkesednek. Saját maguk kérik, hogy ezen dolgozhassanak. Mint ahogy azt más jelentésben is irtam, decemberben követségünkön baráti találkozást akarok létrehozni, melyre kb. 5 költőt hivok meg, akik a magyar versek forditásával fognak foglalkozni. Ez a találkozás alkalmas lesz arra, hogy a forditási munkálatokat esetleg meggyorsitsuk, valamint azt fogja célozni, hogy ezzel a követség és a koreai költő elvtársak között a kapcsolat minél jobban elmélyüljön. Ugy gondolom ez a találkozás megkönnyiti munkánkat. Erre vonatkozólag kérem a központ távirati véleményét, hogy még december közepén e találkozást létre tudjam hozni.

Amennyiben a papirkérdés valamilyen formában megoldódik, esetleg más magyar könyveket, regényeket, novellákat koreai nyelven ki tudnánk adni, ha a Központnak ilyen irányu tervei lennének.-

BIZALMAS

1952 DEC. 19

09794/3

/ Kurai Józsefné /
ideiglenes ügyvivő

[11] 문서번호 412/biz./1952

문서번호: 09784/3/biz.1952.I.
수신: (헝가리) 문화관계연구소(Kultúrkapcsolatok Intézete), 끼쉬 샤리(Kiss Sári) 과장 동지(ov. et.)

부다페스트, 1952년 12월 1일

제목: 조선어 번역

상기 문서번호의 9월 12일 공문에 회신하며, 평양 주재(駐在) 아국(我國) 공사관이 조선 작품들의 소련어 번역, 혹은 다른 유럽어로의 번역에 대해 연간 15,000포린트의 예산(keret)을 제안하고자 함. 이 총액으로 (평양의 공사관은) 한 편의 소설과 두 편의 희곡 및 몇몇의 짧은(kisebb) 작품들을 번역할(번역시킬) 수 있음.

공사관은 보고하길, 번역으로 추천된 작품의 시놉시스 입수가 불가능하다기에, 이 때문에 조선의 기관들 /문화선전성과 작가동맹/과 공사관의 의견에 기초하여 번역을 할 수 있기를 제안함.

(이미 귀 기관과) 얘기를 나눈 바, 1953년의 당해 예산에 조선(작품)의 번역을 주제(céljára)로 하여 15,000포린트를 계상해 주고, 공사관이 조선의 기관들과 공사관의 의견에 기초하여 이 예산으로 조선의 작품들을 번역할 수 있도록 동의해 주길 문화관계연구소에 요청함.

부다페스트, 1952년 12월 1일
/필릭스 빨(Félix Pál)/
과장(osztályvezető)

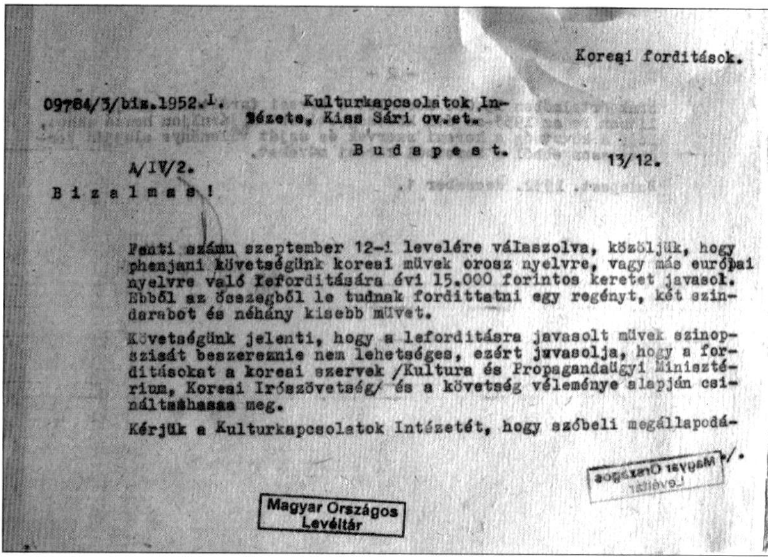

Koreai forditások.

09784/3/biz.1952.I. Kulturkapcsolatok In-
tézete, Kiss Sári ov.et.

B u d a p e s t. 13/12.

A/IV/2.

B i z a l m a s !

Fenti számu szeptember 12-i levelére válaszolva, közöljük, hogy phenjani követségünk koreai müvek orosz nyelvre, vagy más európai nyelvre való leforditására évi 15.000 forintos keretet javasol. Ebből az összegből le tudnak fordittatni egy regényt, két szindarabot és néhány kisebb müvet.

Követségünk jelenti, hogy a leforditásra javasolt müvek szinopszisát beszereznie nem lehetséges, ezért javasolja, hogy a forditásokat a koreai szervek /Kultura és Propagandaügyi Minisztérium, Koreai Irószövetség/ és a követség véleménye alapján csináltathassa meg.

Kérjük a Kulturkapcsolatok Intézetét, hogy szóbeli megállapodá-

Magyar Országos Levéltár

[12] 문서번호 09784/3/biz.1952.I. 자료 중 일부

문서번호: 024/13/952
발신: (헝가리) 문화관계연구소
수신: 외무성 정치부

부다페스트, 1952년 12월 11일

제목: 조선어 번역

문서번호 09784/3/biz.1952.I. 공문[44]과 관련하여 우리 연구소는 조선 작품들의 소련어, 또는 다른 유럽어로의 번역 관련 지출을 15,000 포린트의 예산에서 부담할 것임을 알려 드림. 하지만 번역하기 전에 ― 시놉시스가 부재한 채로 ― 공사관이 이 번역으로 제안한 작품의 내용과 분량을 본 연구소에 알려주길 요청함.

부다페스트, 1952년 12월 11일
머일라뜨 욜란(Majlát Jolán) 자필 확인(s.k)[45]
총비서(főtitkár)

44) '조선어 번역'이라는 제목의 바로 이전 문서이다.
45) S. K(saját kezűleg)는 서명을 하지 않으면서도 자신이 직접 썼다는 것을 의미한다.

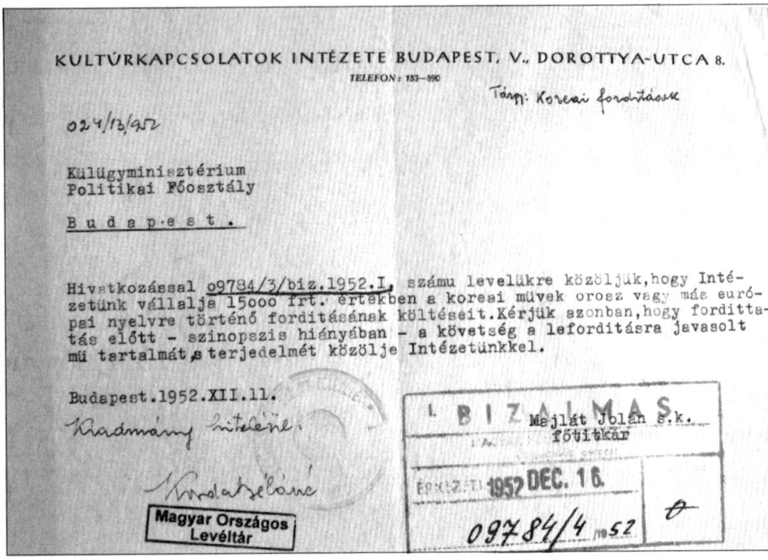

KULTÚRKAPCSOLATOK INTÉZETE BUDAPEST, V., DOROTTYA-UTCA 8.

TELEFON: 183-890

Tárgy: Koreai forditások

024/13/952

Külügyminisztérium
Politikai Főosztály

B u d a p e s t .

Hivatkozással 09784/3/biz.1952.I. számu levelükre közöljük, hogy Intézetünk vállalja 15000 frt. értékben a koreai müvek orosz vagy más európai nyelvre történő forditásának költéseit. Kérjük azonban, hogy fordittatás előtt - szinopszis hiányában - a követség a leforditásra javasolt mü tartalmát s terjedelmét közölje Intézetünkkel.

Budapest.1952.XII.11.

Kiadmány hiteléül:

Majlát Jolán s.k.
főtitkár

BIZALMAS

Érkezett 1952 DEC. 16.

09784/4 1952

Magyar Országos Levéltár

[13] 문서번호 024/13/952

문서번호: 09794/3/biz.I
관련문서번호: 412/biz.
수신: 평양 공사관

부다페스트, 1953년 1월 6일

제목: 헝가리 시선집

헝가리 시선집의 조선어 출간을 위해 우리가 용지를 보낸다는 것은 가능하지 않다고 봄. 상기 문서번호의 보고에서 우리가 숙지한 바, 조선의 기관들이 그 시선집을 출간하기 원하는지 그렇지 않은지 아직 공식적으로 밝히지 않았음. 우리 의견으로 이것은 오늘날 조선에서 주요한(핵심적인) 문제가 될 수 없기에, 이와 관련하여 조선의 동지들에게 어떠한 영향력도 행사하지 말 것. 소련어로 된 시선집을 문화선전성에 건네면, 조선의 동지들이 경우에 따라 나중에 어떤 시들을 번역하고자 하는지 결정할 것임. 공사관은 어쨌든 헝가리 시들이 조선어로 행해지는 번역(과 관련된 일들)과 그것들이 조선의 신문들이나 잡지들에 혹시 게재가 되지 않는지 주의 깊게 살필 것.
이 문제의 계속되는 상황에 대해 자세한 보고를 요청함.

부다페스트, 1953년 1월 6일
/필릭스 빨(Félix Pál)/
과장(osztályvezető)

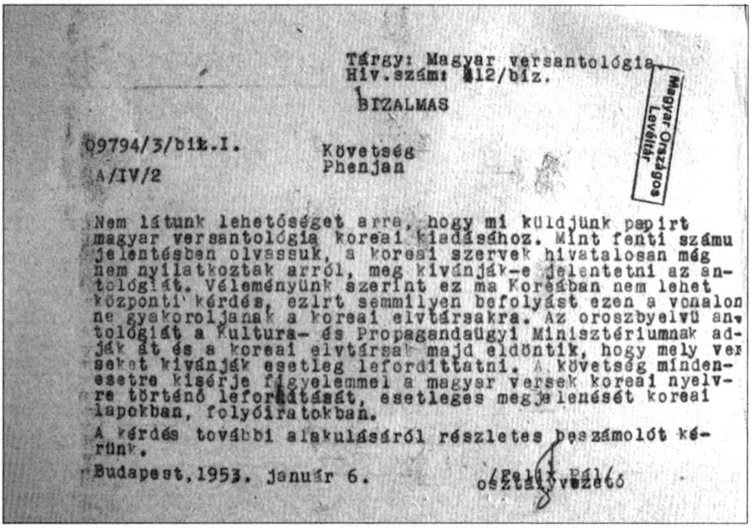

Tárgy: Magyar versantológia
Hiv.szám: 812/biz.

BIZALMAS

09794/3/biz.I.
A/IV/2

Követség
Phenjan

Nem látunk lehetőséget arra, hogy mi küldjünk papirt magyar versantológia koreai kiadásához. Mint fenti számu jelentésben olvassuk, a koreai szervek hivatalosan még nem nyilatkoztak arról, meg kivánják-e jelentetni az antológiát. Véleményünk szerint ez ma Koreában nem lehet központi kérdés, ezért semmilyen befolyást ezen a vonalon ne gyakoroljanak a koreai elvtársakra. Az oroszbyelvü antológiát a Kultura- és Propagandaügyi Minisztériumnak adják át és a koreai elvtársak majd eldöntik, hogy mely verseket kivánják esetleg leforditttatni. A követség mindenesetre kisérje figyelemmel a magyar versek koreai nyelvre történő leforditását, esetleges megjelenését koreai lapokban, folyóiratokban.

A kérdés további alakulásáról részletes beszámolót kérünk.

Budapest,1953. január 6.

/Felix Pál/
osztályvezető

Magyar Országos Levéltár

[14] 문서번호 09794/3/biz.I

문서번호: 34/biz./1953.

조선, 1953년 1월 23일

제목: 헝가리 시선집

상기 훈령에 대한 언급과 관련하여 다음의 것들을 알리고자 함. 지금까지 요제프 어띨러(József Attila)의 시들을 번역했음. 현재 신문과 잡지에는 새로운 주제의 시들을 싣고자 한다는 이유를 들어 아직 (신문과 잡지에는 이 번역본들이) 실리지는 않음. 꾸츠꺼 뻬떼르(Kuczka Péter)[46]가 김우록(Kim U Nok)[47] 캡틴(kapitány)[48]에 대해 쓴 시를 조만간 언론에서 알릴 예정임.[49] 첨부한 목록에 따른 도서들을 공사관은 일주일 전에 받음. 이것은 조선에서 전쟁이 벌어지고 있음에도 불구하고 도서 출판에 대단한 노력을 기울이고 있다는 반증임. 만약 그들이 (번역을 맡아서 직접 하지 않고) 번역된 것을 받게 된다면(ha le tudnák fordítatni), 조선의 동지들은 헝가리 시집의 출판/시선집/을 기꺼이 수용할 것임. 뻬뙤피 시집에 있어 상황은, 그들이 이 전

46) 원문에서는 Kuczka를 Kucka로 적고 있는데 이는 오기(誤記)로 보인다.
47) 실제 이름은 확인할 수 없으나, '김의록', '김은옥', '김운옥' 등의 이름이 가능할 수 있다.
48) 헝가리어의 '꺼삐따늬(kapitány)'는 당시 기장(機長), 함장(艦長) 등을 가리키지만, 본문의 내용으로 보아 어느 표현이 적합한지 확인할 수 없어서 "캡틴"으로 기재하였다.
49) 헝가리 문인들이 조선에 대해 쓴 몇몇의 작품들이 있다. 당시 헝가리 작가동맹의 기관 문예지 『칠러그(Csillag)』에 실리기도 한 바 있다. '칠러그'는 '별'이라는 의미이며, 이 문예지 발간에 헝가리의 저명한 막시스트 문예이론가 '루카치 죄르지(Lukács György)'가 편집위원으로 참여하기도 했다.

집에서 발췌한 것을 번역시키고자 하지만, 그들은 적당한 번역가를 보유하고 있지 않음. 잘 알려진 번역가들은 기꺼이 번역을 하겠지만, 그들은 새로운 주제를 다룬 시들만 번역함. 예를 들면, 헝가리 시인들이 조선에 대해 쓴 시들의 (1차) 번역본을 그들에게 건넸을 때, 조선의 동지들은 아주 기뻐했고, 지금 언론에 게재를 준비하고 있는 작품은 위의 한 작품(꾸츠꺼 삐떼르의 작품)만이 아닌 것으로 알고 있음. 이 또한 조선에서 뻬뙤피의 시를 제안해야만 하는 것이 아닌, 그들이 더 선호하는 가장 최근 시인들의 작품들을 추천해야 함을 반증함. 우리가 건넨 시들에서 어떤 것들이 번역되었는지 알아보고자 하며, 만약 조선의 언론이 이들을 (이 번역된 시들을) 게재하지 않는다면, 아국(我國, 헝가리) 공사관 공보(公報, követségi bulletinünkben)에 활용할 것임.

/빠쓰또르 까로이(Pásztor Károly)/
특임공사(rk. követ.)

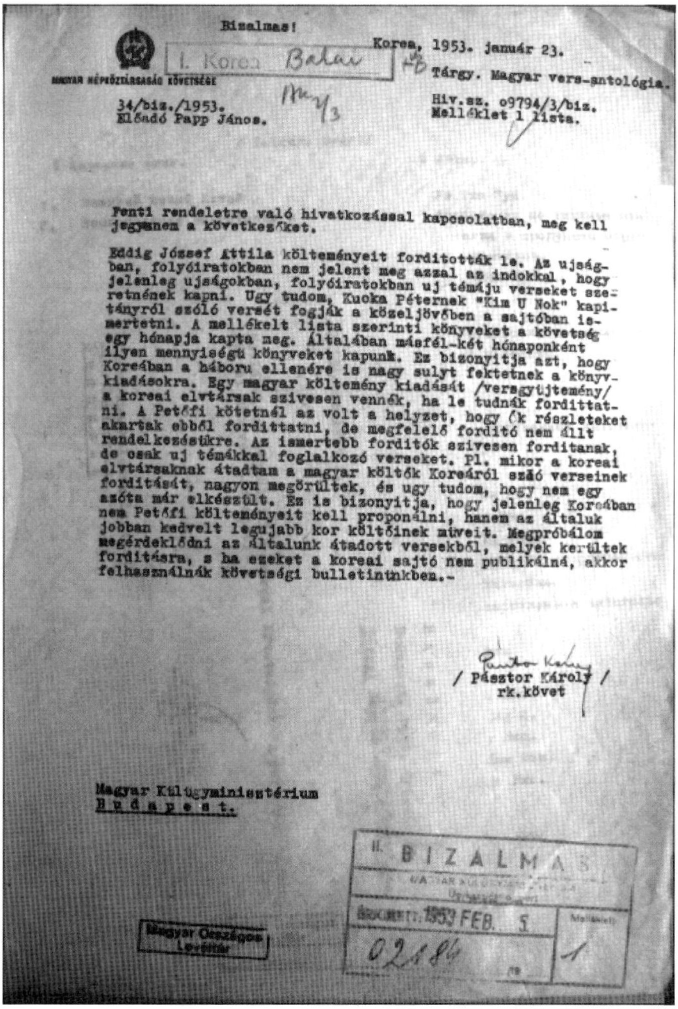
Bizalmas!

MAGYAR NÉPKÖZTÁRSASÁG KÖVETSÉGE

I. Korea Balai

Korea, 1953. január 23.

Tárgy. Magyar vers-antológia.

34/biz./1953.
Előadó Papp János.

Hiv.sz. 09794/3/biz.
Melléklet 1 lista.

Fenti rendeletre való hivatkozással kapcsolatban, meg kell jegyeznem a következőket.

Eddig József Attila költeményeit forditották le. Az ujságban, folyóiratokban nem jelent meg azzal az indokkal, hogy jelenleg ujságokban, folyóiratokban uj témáju verseket szeretnének kapni. Ugy tudom, Kuoka Péternek "Kim U Nok" kapitányról szóló versét fogják a közeljövőben a sajtóban ismertetni. A mellékelt lista szerinti könyveket a követség egy hónapja kapta meg. Általában másfél-két hónaponként ilyen mennyiségü könyveket kapunk. Ez bizonyitja azt, hogy Koreában a háboru ellenére is nagy sulyt fektetnek a könyvkiadásokra. Egy magyar költemény kiadását /versgyüjtemény/ a koreai elvtársak szivesen vennék, ha le tudnák forditattni. A Petőfi kötetnél az volt a helyzet, hogy ők részleteket akartak ebből forditttatni, de megfelelő forditó nem állt rendelkezésükre. Az ismertebb forditók szivesen forditanak, de csak uj témákkal foglalkozó verseket. Pl. mikor a koreai elvtársaknak átadtam a magyar költők Koreáról szóó verseinek forditását, nagyon megörültek, és ugy tudom, hogy nem egy azóta már elkészült. Ez is bizonyitja, hogy jelenleg Koreában nem Petőfi költeményeit kell proponálni, hanem az általuk jobban kedvelt legujabb kor költőinek müveit. Megpróbálom megérdeklődni az általunk átadott versekből, melyek kerültek forditásra, s ha ezeket a koreai sajtó nem publikálná, akkor felhasználnák követségi bulletinünkben.-

/ Pásztor Károly /
rk.követ

Magyar Külügyminisztérium
B u d a p e s t.

BIZALMAS
MAGYAR KÜLÜGYMINISZTÉRIUM
Érkezett: 1953 FEB. 5
02184
Melléklet 1

Magyar Országos Levéltár

[15] 문서번호 34/biz./1953.

문서번호: 57/biz./1953

조선, 1953년 1월 23일

제목: 조선어 번역과 관련하여 뻐쁘 야노쉬(Papp János) 외교관보(外交官補, attaché)의 보고서 제출

조선어 번역과 관련하여 뻐쁘 야노쉬 외교관보의 보고를 첨부하여 제출함.

/빠쓰또르 까로이 (Pásztor Károly)/
임시대리공사(rk. követ)

(이하는 첨부한 보고임)

작성자: 뻐쁘 야노쉬

보고
조선어 번역에 관하여

번역을 위해 우리가 중국에서 번역가들에게 선물을 구입하는 것을 본청이 옳지 않다고 여긴다는 것을 빠쓰또르(Pásztor) 동지로부터 알게 되었음. 앞서 언급한 바, (이 외에) 다른 것을 제안할 수 없음. 여기 현지에서는 공식적으로 번역 한 장에 80원(von)을 지불함. 이렇게

장편소설 한 권 번역은 약 6킬로그램(kg)의 고기 가격에 해당함. 이러한 조건 속에서 번역가를 찾기는 매우 어려움. 아마 찾을 수도 없을 것임. 나의 생각에 대한 조선 동지들의 의견은 어떠한 경우에도 이것이(선물을 증정한다는 나의 생각이) 법에 위촉되지는 않는다고 함. 이 문제와 관련하여 외무성에서 구택수(Ku Tyek Szu) 동지와 박(Pak) 동지에게 자문을 구했는데, 우리가 선물을 증정한다는 이 문제는 전혀 그들을 곤란에 빠뜨리지 않게 하며(nem zavarja, 그들을 방해하지 않으며), 오히려 우리가 조선의 문화를 확대 보급시키기 위한다는 것에 매우 감사해 한다고 그들은 대답함. 문화선전성 문화관계국 국장(局長)인 박 동지는 전혀 이의가 없었으며, 단지 양측 모두 동일한 작품을 번역하지 않도록, 협조를 요청했음. 이러한 방법에 의거하여 — 내 생각으로는 유일한 해결책임 — 진지한 속도로 번역을 시작할 수 있게끔 최종적인 결정을 내려주길 본청에 요청함.

번역 건은 다음과 같은 상태임. 지금 첨부한 9편의 시는 문화선전성의 번역과(飜譯課, fordítási osztály)가 우리에게 번역한, 초벌번역이 이루어진 상태이며, 헝가리어로 번역을 제안한 상태임.[50] 나의 요청으로 그들은 이 시들을 준비했음. 그들은 이 시들을 다른 공사관들에도 제공했음. 번역은 대가 없이 수행되었음.

차량 부재로 인해 루마니아의 병원에서 근무하는 독일어 번역가(németnyelvű fordító)에게 갈 수 없었음. 그는 단막극(egyfelvonásos színdarab)들을 번역하고 있음.

50) 추측하건대, 아마 조선에서는 조선의 시를 소련어로 초벌번역하고 이를 토대로 헝가리 측은 다시 헝가리어로 번역하는 과정이 있었던 것 같다.

1월 13일에 『로동신문』 개성 통신원(특파원)인 양 동지(同志, elvtárs)가 개성에서(Keszonból) 나를 찾았음. 그 자신과 함께 조선의 최고 번역가들이 우리에게 기꺼이 번역을 해 주겠다고 양 동지가 전했음. 이 번역가들 중에서는 설정식 또한 자진해서 번역하기를 원함. 그는 〈춘향전(Csun Han Cson)〉이라는 제목의 오페라를 번역하고 싶어 함.[51] 이 번역을 문화선전성에서도 하고 싶어 함. 따라서 우리는 그가 아닌 다른 측을 통해서 번역을 받을 수도 있는데, 이에 대해서는 이후에 드러난 바, 그들은 반복해서 계속 개작(改作, átdolgozták)을 하고 있었기에, 우리가 (번역본을) 요구했을 때, 우리는 그 번역본을 받지 못했었음.

개성의 번역가들 중에서 많은 이들은 시 번역 또한 맡기 때문에, 작가동맹과 공동으로 전쟁 시기 동안 가장 훌륭한 시들을 모두 모으고, 번역하는 일에 대해 양 동지와 얘기를 나누었음. 이러한 주제의 시들을—경우에 따라서는 (여러 시들을 묶은) 선집(選集, antológia)의 형태로 처리하여—번역하는 것이 적합한지, 그렇지 않은지에 대해 본부에 긴급 전문으로 회신을 요청함.

---

51) 원문에는 '그'라고 되어 있기에 '그'는 '양 동지'와 '설정식' 모두 가능하지만, 문맥상 설정식을 의미한다는 해석이 자연스러울 것이다. 그리고 헝가리어로 번역된 『춘향전(Csunjan szerelme, 춘향의 사랑)』은 이러한 번역 논의 이후 한참 뒤인 1959년, 당시 헝가리의 저명한 출판사인 '유럽 도서출판(Európa Könyvkiadó, 에우로빠 꾀니브끼어도)'에서 출판되었는데, 당시 헝가리에서 유학을 하고 외무성에서 근무하던 '방룡갑(Bang Jong-Gab)'이 조선 측 번역가로 기재되어 있다(헝가리 번역가와 공동번역인데 헝가리 번역가는 또뜨 띠보르(Tóth Tibor)). 하지만 1958년은 이미 정치적 이유로 설정식이 숙청된 이후이기에 만약 설정식이 실제 번역 작업에 참여했다고 하더라도 그 이름을 내세우지는 못했을 것으로 추정된다.

만약 본부가 이 번역에 동의한다면, 개성의 번역가들과 함께 「승냥이(Farkas)」라는 제목의 짧은 장편소설(kisebb regény)[52]과 한 편의 드라마(희곡) 또한 번역시키고자 함.

번역가들은 번역 인세(honorárium)로 담배를 요구했음. 그들은 단지 이것만 필요하다고 함. 나는 그들에게 의류를 제안함. 설 동지의 번역 인세는 이보다 더 어려운 일임. 그는 군인이기에 (이런) 의류는 필요 없음. 게다가 우리에게 기꺼이, 어떠한 반대급부 없이(ellenszolgáltatás nélkül) 번역을 해주겠다고 그는 (이미) 분명히 밝혀 두었음. 하지만 나는 그로부터 이를 받아들일 수 없음. 설 동지의 오랜 꿈(vágy)이 카메라라는 것을 알았음. 이 때문에 카메라를 그에게 선사한다면 좋을 것이라고 생각함. (번역 건과 관련하여) 이 중요한 간부들의 개입은 과한 것이라고 본부는 생각할 수도 있겠으나 현재 개성에서는 그들의 업무가 없는 상태임. 이 때문에도 아주 많은 수의 그들 스스로가 이 일을 맡아 나선 것임.

조선, 1953년 1월 23일
/뻐쁘 야노쉬(Papp János)/
외교관보(外交官補, attaché)

52) 한설야의 단편소설 「승냥이(Farkas)」를 "짧은 장편소설"로 표현한 것은 문서 작성자의 오해, 혹은 문학 장르에 대한 개념의 차이로 해석할 수 있을 것이다.

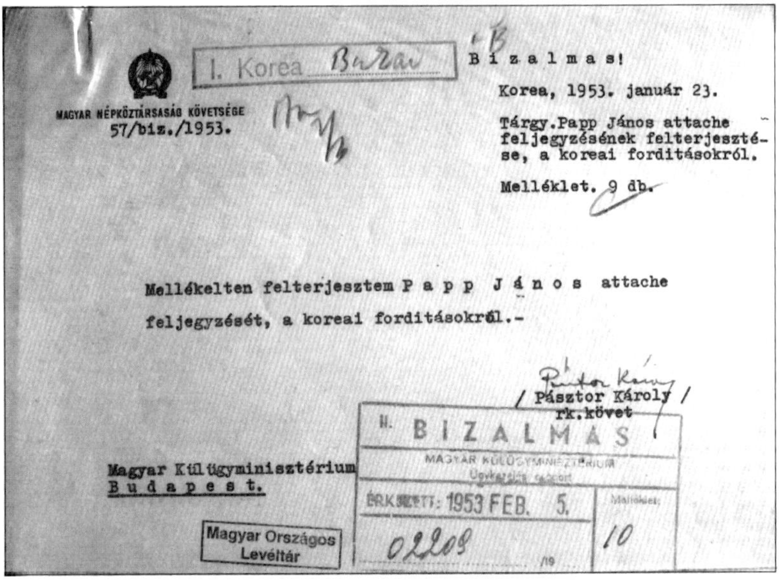
I. Korea Burai

Bizalmas!

MAGYAR NÉPKÖZTÁRSASÁG KÖVETSÉGE
57/biz./1953.

Korea, 1953. január 23.

Tárgy.Papp János attache feljegyzésének felterjesztése, a koreai forditásokról.

Melléklet. 9 db.

Mellékelten felterjesztem P a p p J á n o s attache feljegyzését, a koreai forditásokról.-

/ Pásztor Károly /
rk.követ

II. BIZALMAS
MAGYAR KÜLÜGYMINISZTÉRIUM
ÉRKEZETT: 1953 FEB. 5.
02208
10

Magyar Külügyminisztérium
B u d a p e s t.

Magyar Országos Levéltár

[16] 문서번호 57/biz./1953 자료 중 일부

문서번호: 02209/biz./-I.
관련문서번호: 57/biz.
수신: 조선 공사관

부다페스트, 1953년 2월 25일

제목: 조선어 번역

임시대리공사 동지의 상기 문서번호 보고에 대해 (본청은) 번역과 관련하여 아래의 것들을 알리는 바임.

만약 조선의 기관들이 번역하는 것에 대하여 아국(我國) 공사관이 제공하는 선물들을 문제 삼지 않는다면, 우리도 별다른 반대를 하지 않을 것이지만(기꺼이 선물을 증정하겠지만), 이 선물 증정에 대해서 어떤 경우에든 그들이 조선의 외무성에 알릴 것을 엄격히 주문하는 바임. 증정할 선물 구매로 인해 /국경을 건너서 가져 오는 것으로 인해/ 중국의 규정을 어기지 않기 위해서, 이 선물 증정을 과하게 포장할 필요는(과장할 필요는) 없음.

개성의 번역가들과 관련해서는 공사(公使, követ) 동지는 그들이 원하는 것, 즉 담배를 제공할 것. 물론 그들에게 (공사 동지는) 의류 또한 제공할 수 있으나, 선택은 그들에게 맡길 것. 설 동지(설정식)의 번역 인세(honorárium)에 대해서는 다음에 다시 다루기로 함.

보고서에서 언급한 제안과 관련하여 그 보고서에(그 보고서의 제안들에) 기초해서는 본청에서 결정을 내릴 수가 없음. 공사 동지는 (여러 시들을 묶은) 시선집의 편집을 제안하지만, 그것의 비용에 대한 언급은 없음. 「승냥이(Farkas)」라는 제목의 소설과 한 편의 희곡의 번역을 제안하지만, 그 작품들이 어떤 것에 관한 것이라는 언급은 없음.

공사관의 이러한 어설픈 제안(반(半)제안, fél-javaslatok)은 여기 현지 기관의 과업을, 본 과업을 머뭇거리게 할 따름임. 제안 시에는 항상 작품 번역 비용이 대략 몇 포린트(forint, 헝가리 화폐 단위)가 되는지를(얼마가 되는지를) 표기할 것을 요청함. 작품의 내용이 여차여차(ez és ez)하다는 것도 알릴 것을 요청함. 만약 본청에서 이러한 (모두 명기된) 제안을 받는다면, 즉시 결정할 수 있으며, 공사관 또한 더욱 업무를 잘 추진할 수 있을 것임. 일반적인 내용으로는(általánosságban) 본청이 결정할 수 없음.

/필릭스 빨(Félix Pál)/

과장(osztályvezető)

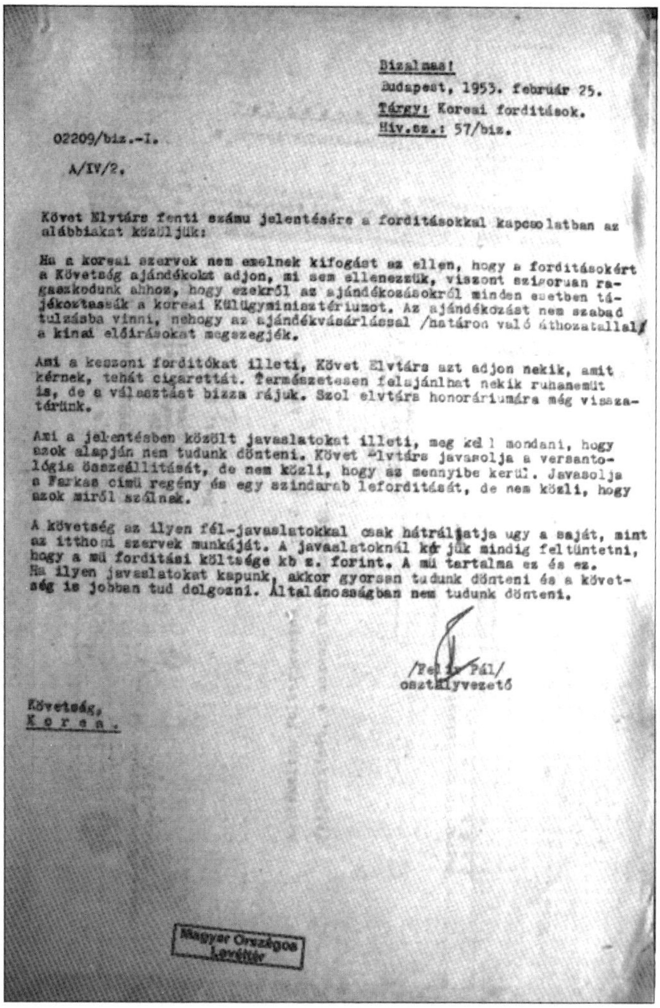

Bizalmas!

Budapest, 1953. február 25.

Tárgy: Koreai forditások.

Hiv.sz.: 57/biz.

02209/biz.-I.

A/IV/2.

Követ Elvtárs fenti számu jelentésére a forditásokkal kapcsolatban az alábbiakat közöljük:

Ha a koreai szervek nem emelnek kifogást az ellen, hogy a forditásokért a Követség ajándékokat adjon, mi sem ellenezzük, viszont szigoruan ragaszkodunk ahhoz, hogy ezekről az ajándékozásokról minden esetben tájékoztassák a koreai Külügyminisztériumot. Az ajándékozást nem szabad tulzásba vinni, nehogy az ajándékvásárlással /határon való áthozatallal/ a kinai előirásokat megszegjék.

Ami a kesszoni forditókat illeti, Követ Elvtárs azt adjon nekik, amit kérnek, tehát cigarettát. Természetesen felajánlhat nekik ruhanemüt is, de a választást bizza rájuk. Szol elvtárs honoráriumára még visszatérünk.

Ami a jelentésben közölt javaslatokat illeti, meg kell mondani, hogy azok alapján nem tudunk dönteni. Követ Elvtárs javasolja a versantológia összeállitását, de nem közli, hogy az mennyibe kerül. Javasolja a Farkas cimü regény és egy szindarab leforditását, de nem közli, hogy azok miről szólnak.

A követség az ilyen fél-javaslatokkal csak hátráltatja ugy a saját, mint az itthoni szervek munkáját. A javaslatoknál kérjük mindig feltüntetni, hogy a mü forditási költsége kb x. forint. A mü tartalma ez és ez. Ha ilyen javaslatokat kapunk, akkor gyorsan tudunk dönteni és a követség is jobban tud dolgozni. Általánosságban nem tudunk dönteni.

/Fel[illegible] Pál/
osztályvezető

Követség,
K o r e a.

[17] 문서번호 02209/biz./-I.

문서번호: 02209/biz.1953.I.
수신: (헝가리) 문화관계연구소

부다페스트, 1953년 3월 6일

제목: 조선어 번역

9편의 조선 시 초벌 번역본을 첨부하여 발송함. 이 자료들의 활용에 관하여 우리에게 알려주기를 요청함.

조선에서는 여러 인원이 시 번역에 자원한 점을 감안하여, 아국(我國) 공사관은 — 이에 기여하고자 — 조선작가동맹과 공동으로 전시(戰時) 최고의 시들을 모아서 번역하고자 함. 이와 관련하여 이러한 주제를 가진 시의 번역을, 경우에 따라 이런 주제를 가진 선집의 편찬에 동의하는지 귀 연구소의 의견을 요청함.

만약 상기 제안에 동의한다면, 그들이 시 번역을 시작할 수 있도록 평양 주재(駐在) 아국(我國) 공사관에 명할 것이기 때문에 최대한 빠른 회신을 요청함.

부다페스트, 1953년 3월 6일
/필릭스 빨(Félix Pál)/
과장(osztályvezető)

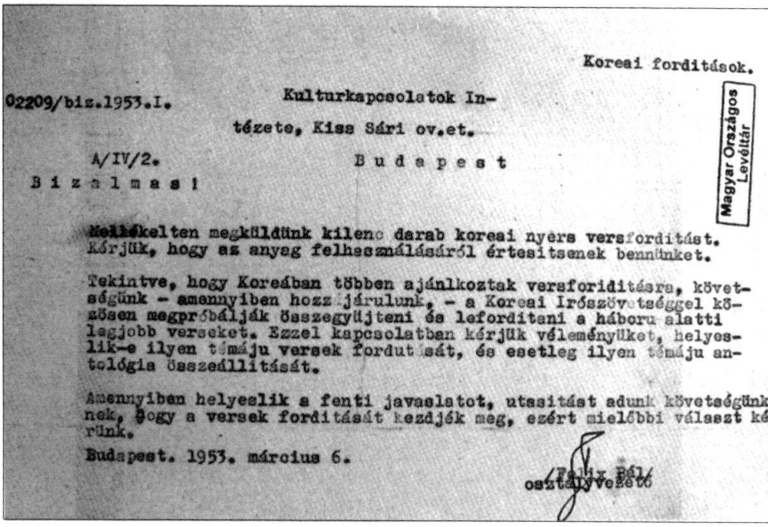
Koreai fordítások.

02209/biz.1953.I.

Kulturkapcsolatok Intézete, Kiss Sári ov.et.

A/IV/2.

Budapest

Bizalmas!

Mellékelten megküldünk kilenc darab koreai nyers versfordítást. Kérjük, hogy az anyag felhasználásáról értesitsenek bennünket.

Tekintve, hogy Koreában többen ajánlkoztak versforditásra, követségünk – amennyiben hozzájárulunk, – a Koreai Irószövetséggel közösen megpróbálják összegyüjteni és leforditani a háboru alatti legjobb verseket. Ezzel kapcsolatban kérjük véleményüket, helyeslik-e ilyen témáju versek forditását, és esetleg ilyen témáju antológia összeállitását.

Amennyiben helyeslik a fenti javaslatot, utasitást adunk követségünknek, hogy a versek forditását kezdjék meg, ezért mielőbbi választ kérünk.

Budapest. 1953. március 6.

/Félix Pál/
osztályvezető

Magyar Országos Levéltár

[18] 문서번호 02209/biz.1953.I.

문서번호: 193/biz./1953.
관련문서번호: 02209/biz.I.

조선, 1953년 3월 24일

제목: 조선어 번역

상기 문서번호의 훈령에 대해, (조선의) 문화선전성이 우리 측에 제공해(elkészíti) 주는 것이기에 시선집 번역을 위한 금전적 지불이 필요하지 않음을 보고함. 시 번역은 우리에게(헝가리에게)뿐만 아니라, 주변의 친선 국가의 공사관들에게도 송부하기 위해 4월 초에는 벌써 인쇄소에 보내질 정도의 진척 상황을 보임. (시선집의 번역이 아닌 다른) 작품[53]의 번역 비용과 관련해서는 단지 번역이 시작되고 나서야 (번역 중간에) 대략 얼마가 될 것이라고 알 수 있다는 것을 전할 수밖에 없음. 내 의견으로는 1,000~2,000포린트(Forint) 정도 될 것 같음.[54]

/빠쓰또르 까로이/
임시대리공사(rk. követ)

53) 이 문서와 연계된 "관련문서번호: 02209/biz.I."를 참조하면, 본서 65쪽에 해제한 문서의 내용과 연관이 있음을 알 수 있다. 즉, 이는 한설야의 「승냥이」와 희곡 한 편을 의미한다고 볼 수 있다.
54) 당시 환율로 환산하면 미화 약 85~170달러에 해당한다.

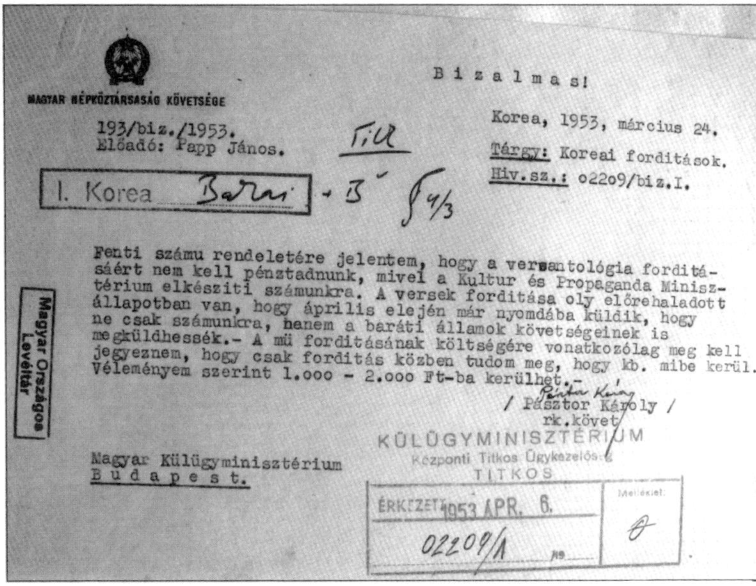
MAGYAR NÉPKÖZTÁRSASÁG KÖVETSÉGE

B i z a l m a s!

193/biz./1953.
Előadó: Papp János.

Till

I. Korea Barai + B' f 4/3

Korea, 1953, március 24.

Tárgy: Koreai fordítások.
Hiv.sz.: o22o9/biz.I.

Fenti számu rendeletére jelentem, hogy a versantológia forditásáért nem kell pénztadnunk, mivel a Kultur és Propaganda Minisztérium elkésziti számunkra. A versek forditása oly előrehaladott állapotban van, hogy április elején már nyomdába küldik, hogy ne csak számunkra, hanem a baráti államok követségeinek is megküldhessék.- A mü forditásának költségére vonatkozólag meg kell jegyeznem, hogy csak forditás közben tudom meg, hogy kb. mibe kerül. Véleményem szerint 1.ooo - 2.ooo Ft-ba kerülhet.-

/ Pásztor Károly /
rk.követ

Magyar Külügyminisztérium
B u d a p e s t.

Magyar Országos Levéltár

KÜLÜGYMINISZTÉRIUM
Központi Titkos Ügykezelőség
TITKOS

ÉRKEZETT 1953 APR. 6.
02209/A
Melléklet: 0

[19] 문서번호 193/biz./1953.

문서번호: 02184
발신: (헝가리) 문화관계연구소(Kultúrkapcsolatok Intézet)
수신: 헝가리 외무성 지역과
서류철 번호: 53/13

부다페스트, 1953년 4월 8일

제목: 조선의 도서들

귀하의 문서번호 02184/biz.1953.I와 관련된 공문으로 요청한 바, 송부한 목록에 등장한 도서들 중 평양 주재(駐在) 아국(我國) 공사관이 헝가리에서 출판하기에 적합하다고 여기는 도서들을—가능한 한 소련어 또는 영어로 된 도서 정보와 함께—입수해 주도록 요청함. 목록에 기초해서는 도서들에 대한 의견을 제시할 수 없기에, 그 도서들의 출판을 이렇게 준비하고자 함. 목록의 헝가리어 번역을 첨부했음.

부다페스트, 1953년 4월 8일
끼쉬 샤리(Kiss Sári)
과장(osztályvezető)

첨부자료

* 도서목록[55)]

도서명	저자
1. 위대한 새 중국 (A nagy új Kína)	리태준 (Li The Zun)
2. 땅 고르기와 토지 경작 기술 (A föld előkészítése és földművelési technika, 토지 준비와 토지 경작의 기술)	토지 경작 기술과 해양 산업 분야 생산 조합 (A földművelés technikája és a tengeri iparágak termelésének egyesülete)
3. 탄갱촌 (Bányászok)	한봉식 (Han Bong Szik)
4. 싸우는 조선의 청년 (Harcoló koreai ifjúság) 6-10권	민주청년출판사 (A Demokratikus Ifjúsági Kiadó)
5. 대중문학과 예술 제2권, 제3권 (Tömegirodalom és művészet 2.sz., 3.sz.)	국립 출판사 (Állami Kiadó)
6. 청년단 (Ifjú gárda)	박은호 (Pak Ün Ho)
7. 조기천 시선집 ("Cso Ki Csen" válogatott versei)	조기천 (Cso Ki Csen)

55) 도서명/저자(著者)는 모두 헝가리어로 기재된 것을 한글로 옮긴 것이다. 따라서 실제 조선어로 된 원래의 도서명/저자와 일치하지 않을 수도 있다.

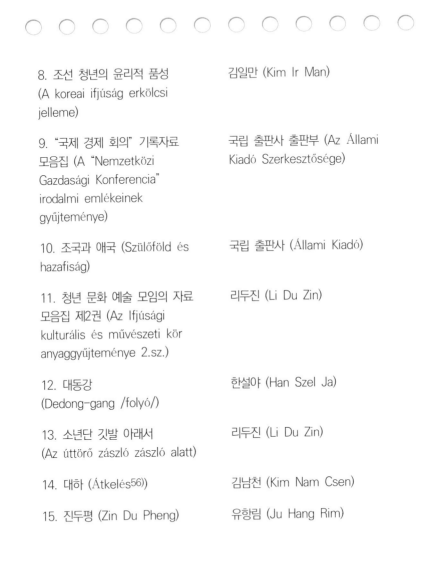

8. 조선 청년의 윤리적 품성 (A koreai ifjúság erkölcsi jelleme)	김일만 (Kim Ir Man)
9. "국제 경제 회의" 기록자료 모음집 (A "Nemzetközi Gazdasági Konferencia" irodalmi emlékeinek gyűjteménye)	국립 출판사 출판부 (Az Állami Kiadó Szerkesztősége)
10. 조국과 애국 (Szülőföld és hazafiság)	국립 출판사 (Állami Kiadó)
11. 청년 문화 예술 모임의 자료 모음집 제2권 (Az Ifjúsági kulturális és művészeti kör anyaggyűjteménye 2.sz.)	리두진 (Li Du Zin)
12. 대동강 (Dedong-gang /folyó/)	한설야 (Han Szel Ja)
13. 소년단 깃발 아래서 (Az úttörő zászló zászló alatt)	리두진 (Li Du Zin)
14. 대하 (Átkelés[56])	김남천 (Kim Nam Csen)
15. 진두평 (Zin Du Pheng)	유항림 (Ju Hang Rim)

56) 헝가리어로 번역한 제목 '아뜨껠리쉬(átkelés)'는 길, 혹은 강(江) 등을 건너는 것을 의미하는데 아마도 여기서는 김남천의 장편소설 『대하』를 가리키는 것으로 여겨진다.

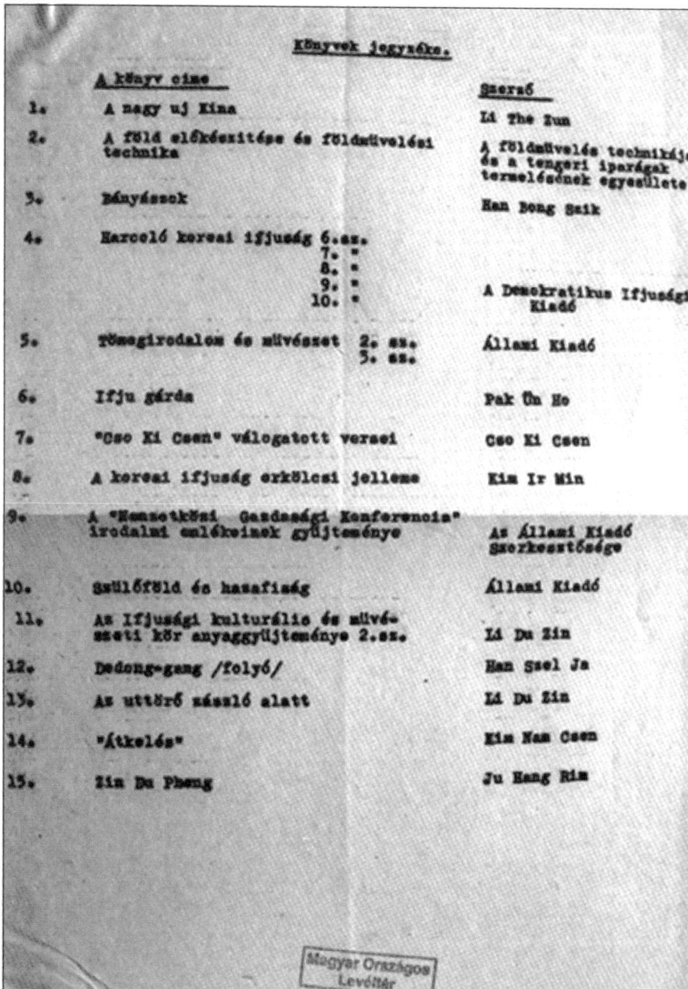

Könyvek jegyzéke.

	A könyv cime	Szerző
1.	A nagy uj Kina	Li The Zun
2.	A föld előkészitése és földművelési technika	A földművelés technikája és a tengeri iparágak termelésének egyesülete
3.	Bányászok	Han Bong Szik
4.	Harcoló koreai ifjuság 6.sz. 7. " 8. " 9. " 10. "	A Demokratikus Ifjusági Kiadó
5.	Tömegirodalom és művészet 2. sz. 3. sz.	Állami Kiadó
6.	Ifju gárda	Pak Ün Ho
7.	"Cso Ki Csen" válogatott versei	Cso Ki Csen
8.	A koreai ifjuság erkölcsi jelleme	Kim Ir Min
9.	A "Nemzetközi Gazdasági Konferencia" irodalmi emlékeinek gyüjteménye	Az Állami Kiadó Szerkesztősége
10.	Szülőföld és hazafiság	Állami Kiadó
11.	Az Ifjusági kulturális és művészeti kör anyaggyüjteménye 2.sz.	Li Du Zin
12.	Dedong-gang /folyó/	Han Szel Ja
13.	Az uttörő zászló alatt	Li Du Zin
14.	"Átkelés"	Kim Nam Csen
15.	Zin Du Pheng	Ju Hang Rim

[20] 문서번호 02184 자료 중 첨부한 도서목록

문서번호: 02209/1/1953.-I
관련문서번호: 193/biz., 02209/biz.-I.

부다페스트, 1953년 4월 27일

제목: 조선어 번역

상기 관련문서번호의 보고와 본청의 훈령을 거론하며 전하는 바, 해당 보고를 기초로 해서는 우리가 그것이 무엇에 관한 것인지 알 수 없음. 상기 관련문서번호의 훈령에서, 각각의 작품 번역에 있어서 일반적인 내용으로는(általánosságban) 결정을 할 수 없다고 알렸었음. 작품의 내용이 여차여차(ez és ez)하고, 번역 비용이 약 얼마가 된다는 것을 대략적으로나마 전해 줄 것을 요청했었음. 이러한 것들 없이 우리는 결정을 할 수 없음.

상기 훈령에도 불구하고, 공사관은 상기 보고에서 어떤 작품을 번역시키고자 하는지에 대한 언급이 없고, ―즉, 앞선 문서번호 57/biz. 보고에서 「승냥이(Farkas)」라는 제목의 소설과 하나의 희곡에 대한 얘기가 있음 ― 단지 일반적인 내용으로(általánosságban) 그 '작품'의 번역 비용을 단지 번역 중간에 알 수 있다고 알림. 본청은 당연히 이를 이해할 수 없음. 번역가는 대략적으로라도, 어느 정도의 비용으로 주어진 자료의 번역을 맡겠다고 이야기를 해야 함. 언급한 비용들 사이에 아주 큰 차이가 있기에, 이를 신뢰할 수 없음(nem lehet támaszkodni).

만약 어떤 자료를 번역하고자 한다면, 반드시—반복해서 말함—그 자료의 내용이 어떤 것이며, 대략적으로 번역 비용이 얼마나 되는지 언급할 것. 만약 거기에 우리가(본청이) 승인한 경우에, 단지 그 이후에만 번역 작업을 시작할 수 있을 것임.

반면 현재의 상황을 주시하며, 당분간 번역하는 것을 중단시켜야 함. 언제 다시 번역 문제를 일정에 짤 수 있는지에 대해서 추후 언급 바람.

부다페스트, 1953년 4월 27일
/꼬르버치치 빨(Korbacsics Pál)/
과장

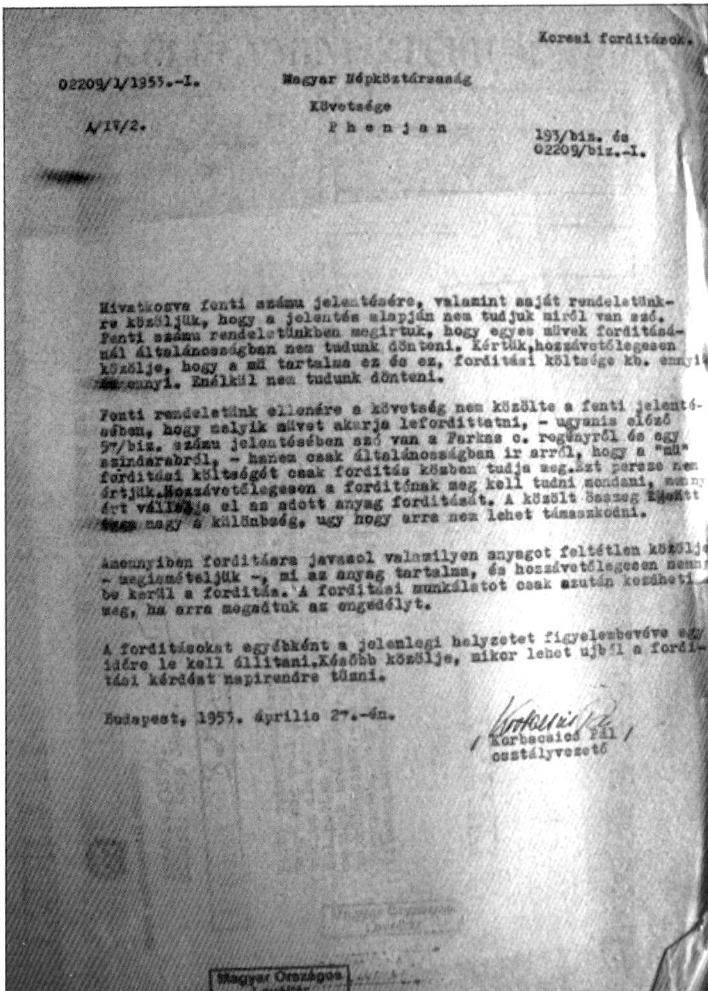

Koreai fordítások.

02209/1/1953.-I. Magyar Népköztársaság

Követsége

A/IV/2. P h e n j a n

193/biz. és
02209/biz.-I.

Hivatkozva fenti számu jelentésére, valamint saját rendeletünkre közöljük, hogy a jelentés alapján nem tudjuk miről van szó. Fenti számu rendeletünkben megirtuk, hogy egyes müvek fordításánál általánosságban nem tudunk dönteni. Kértük, hozzávetőlegesen közölje, hogy a mü tartalma ez és ez, fordítási költsége kb. ennyi és ennyi. Enélkül nem tudunk dönteni.

Fenti rendeletünk ellenére a követség nem közölte a fenti jelentésében, hogy melyik müvet akarja lefordittatni, - ugyanis előző 97/biz. számu jelentésében szó van a Farkas c. regényről és egy szindarabról, - hanem csak általánosságban ir arról, hogy a "mü" fordítási költségét csak fordítás közben tudja meg. Ezt persze nem értjük. Hozzávetőlegesen a fordítónak meg kell tudni mondani, mennyiért vállalja el az adott anyag fordítását. A közölt összeg igen nagy a különbség, ugy hogy arra nem lehet támaszkodni.

Amennyiben fordításra javasol valamilyen anyagot feltétlen közölje - megismételjük -, mi az anyag tartalma, és hozzávetőlegesen mennyibe kerül a fordítás. A fordítási munkálatot csak azután kezdheti meg, ha arra megadtuk az engedélyt.

A fordításokat egyébként a jelenlegi helyzetet figyelembevéve egy időre le kell állitani. Később közölje, mikor lehet ujból a fordítási kérdést napirendre tüzni.

Budapest, 1953. április 27.-én.

/ Korbacsics Pál /
osztályvezető

[21] 문서번호 02209/1/1953.-I

문서번호: 02209/2
발신: (헝가리) 문화관계연구소
수신: (헝가리) 외무성 정치부

부다페스트, 1953년 6월 30일

제목: 조선의 시

귀하의 문서번호 02209/biz 에 대하여 전동혁(Ten Don Hek)의 「조선은 통곡한다(Korea zokog)」[57]라는 제목의 시(詩)가 『칠러그(Csillag)』[58]에 헝가리어로 실린 것을 첨부하여 송부함.

이 시를 조선의 문화관계 당국으로 전해 주길 요청함.

/끼쉬 샤리(Kiss Sári)/
과장(osztályvezető)

---

57) 이 시는 스탈린(Sztálin)의 사망을 애석해 하는 내용이며, 제목 「조선은 통곡한다」는 헝가리어의 제목 「Korea zokog」를 한국어로 옮긴 것이므로 작품의 본래 제목과 다를 수 있다.
58) 당시 헝가리 작가동맹의 잡지였던 『칠러그(Csillag)』 1953년 4월호에 게재되었다(실제 게재된 잡지는 4~6월 통합본(統合本)임). 이 문예지에 대해서는 각주 49) 참조.

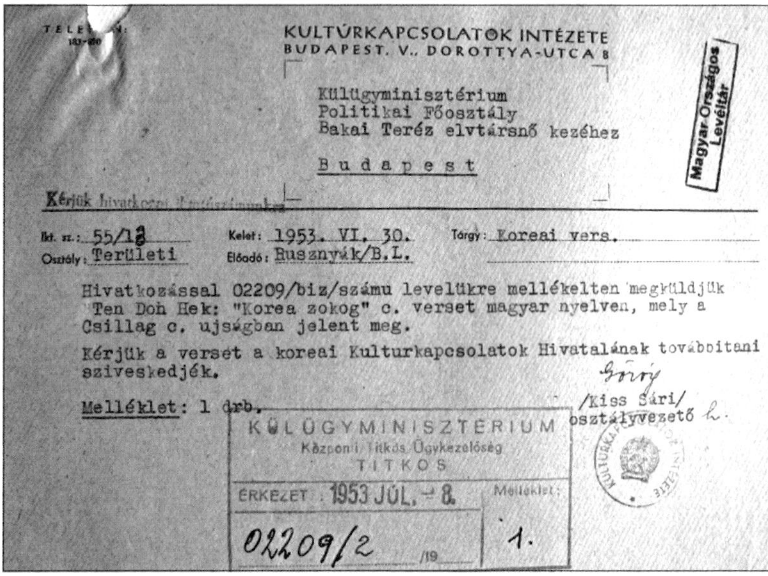

KULTÚRKAPCSOLATOK INTÉZETE
BUDAPEST. V., DOROTTYA-UTCA 8

Külügyminisztérium
Politikai Főosztály
Bakai Teréz elvtársnő kezéhez

Budapest

Magyar Országos Levéltár

Kérjük hivatkozni iktatószámunkra

Ikt. sz.: 55/18 Kelet: 1953. VI. 30. Tárgy: Koreai vers.
Osztály: Területi Előadó: Rusznyák/B.L.

Hivatkozással 02209/biz/számu levelükre mellékelten megküldjük Ten Doh Hek: "Korea zokog" c. verset magyar nyelven, mely a Csillag c. ujságban jelent meg.

Kérjük a verset a koreai Kulturkapcsolatok Hivatalának továbbitani sziveskedjék.

Melléklet: 1 drb.

/Kiss Sári/
osztályvezető h.

KÜLÜGYMINISZTERIUM
Központi Titkos Ügykezelőség
TITKOS
ÉRKEZET: 1953 JÚL. 8. Melléklet: 1.
02209/2 /19

[22] 문서번호 022092

문서번호: 미상[59]

정찰병(Felderítők)

곽연(Kvak Nyen)[60]

항쟁 중인 조선에 〈정찰병(Felderítők)〉이라는 제목의 새 예술 영화 작품이 (영사)막에 올랐는데, 이 작품은 조선국립영화제작소(KNDK állami filmgyár)가 1953년에 제작한 작품이다. 이 영화는 전동민(Ten Don Min)의 감독하에, 한상운(Han Sza Una)의 시나리오에 바탕 하여 제작되었다. 이 영화의 제작(összeállítás)에는 촬영 오운탁(O Un Thak), 미술 김계일(Kim Ke Ir), 음악 김인국(Kim Rin Guk), 음향 리대식(Li Dja Szik)[61]이 참여하였다.

〈정찰병〉은 젊은 우리 공화국 영화 예술의 새로운 작품이다.[62] 이 영화는 (전쟁에) 개입한(beavatkozó) 미국-영국의(amerikai-angol) 간

59) 이 문서에는 문서번호가 따로 기재되어 있지 않고 연필로 '18/7'이라는 숫자와 아마 연도를 표시하는 '1953'이 적혀 있다.

60) 헝가리어로 기재된(Kvak Nyen) 발음으로 추정한 인명이기에 정확한 (실제) 성명과 일치하지 않을 수도 있다.

61) 이 성명들 또한 일부 확인을 한 것을 제외하면, 헝가리어로 기재된 발음에 의거하여 추정한 인명들이다.

62) 영화에 대한 간략한 요약을 한 이 보고서는 북한에서 '곽연'에 의해 작성된 것을 헝가리어로 번역한 것이기 때문에, '우리 공화국'은 '북한'을 의미하는 등 북한의 시점에서 작성된 것이다. 이 문서는 또한 어떠한 설명도 없이 영화에 대한 소개만 전하는데, 어쩌면 문서번호: 387/53와 관련하여 〈정찰병〉의 헝가리 시사회와 관련된 자료일 수도 있다. 문서번호 387/53은 헝가리에서 북한 영화 시사회와 관련하여 주로 정치권의 참석자 명단을 포함하고 있다.

섭자들(intervenciósok)에 대항한 영웅적인 조선 인민군의 전쟁에 대한, 그리고 군대의 눈과 귀라고 할 수 있는 사내다운(férfias) 정찰병들에 대한 이야기이다.

영화의 첫 장면에서 우리의 탱크부대(tankosztag)들은 터지는 포탄 속에서 전진하며, 적들의 진지 앞에 있는 철조망을 마구 무너뜨리고, 전쟁에 끼어든 이들의 별과 줄이 그어진 깃발이(성조기가) 나부끼는 진지들을 짓뭉갠다. 공격의 뒤편에는 자막이 나타난다. "영웅적으로 싸우는 조선 인민군이 도망가는 미국의 리승만 군대를 쫓아내고, 남쪽으로 몰아내다."

... 1950년 8월. 도발자(agresszor)는 부끄러운 패배를 당한다. 조선 공화국의 북반부를 손아귀에 넣고자 하는 그 계획이 수포로 돌아간다. 도발자는 전멸되는 것을 저지하고자 미친 듯이 파괴하고, 부수고, 분노를 폭발시킨다. 분노에 찬 반격을 시도한다.

같은 시각에 우리 군대의 사단 사령부(hadosztálynak vezérkara)는 적들의 반격을 다시 제압하는 새로운 계획을 수립한다.

"군단 정찰대는 부산에서 미군이 상륙함을 보고합니다." - 사령관(vezérkar parancsnoka)이 (작전회의에 모여 있는 사람들에게) 전함. 사령관은 지도를 보며 말한다. "정찰대는 이를 정확하게 확인해야 하고, 이 삼각점 안에서 적의 위치와 의도를 알아봐야 한다."

이 책임 있는 과업이 정찰대의 부대장인 리학철(Li Hak Cser)에게 맡겨진다. /그 배우의 이름은 박학(Pak Hak)/.

리학철은 정찰 소대(felderítő szakasz)의 소대원들과 함께 남한의(délkoreai) '국방군(nemzeti honvédelmi hadsereg)' 장교복으로 갈아입

고, 야심한 밤, 쏟아지는 빗속에서 이 과업을 완수하리라 맹세하며 길을 떠난다.

정찰병들은 적들의 철조망을 지나 적 정찰병들을 무장해제 시킨다. 이렇게 전선으로 닿게 된다.

정찰병들은 적들의 후방에 이르게 된다. 지역 기지(helyi bázis)를 만들고, 임무를 완수하기 위해 준비를 한다. 전사들은 괴뢰군 군인(남한의 군인)들의 습관과 기법(fogás)를 배우고, 정찰을 시작한다. 무선(rádiógramm)이 도착한다. "특수군의 루트(a speciális katonai vonalon)에서 적(敵) 장교를 생포하라."

정찰병들은 은신처를 만들고 미국의 장교이자, 감독을 목적으로 여기 전방으로 온 로버트(Robert) 지휘관을 생포한다. 전쟁포로로부터 적들 사령부의 정확한 위치를 알게 된다. 리학철은 두 명의 병사와 함께 괴뢰군(bábhadsereg, 남한 군대)의 헌병(csendőri) 복장으로 적의 소굴로 들어간다.

같은 시각에 적 진영에서는 로버트 지휘관을 찾기 위해 반(反)정찰대(ellen-felderítés)가 출발한다. CIC 장교(Szi Aj Szi tisztek)[63]들은 여성과 노인들, 그리고 어린이들을 고문하고 학살한다. 바다 건너의 가학변태성욕자(szadista, 사디스트)는 은순(En Szun)이라는 한 여성농민을 '빨갱이(vörös)'의 아내라는 이유로 잔혹하게 고문하며, 그녀의 어린 아이와 함께 그녀를 죽인다. 그는 자신의 일을 마친 후, 헌병대본부(csendőrség) 지역을 벗어나 그를 기다리고 있던 자동차에 올라타고,

63) 원문은 "Szi Aj Szi-t tisztek"라고 표기되어 있는데, 이는 "Szi Aj Szi tisztek"의 오기로 보인다.

졸고 있던 운전수를 깨우는데, 운전수는 갑자기 권총(revolver)을 그의 가슴에 겨누고, (생포 후) 리학철이 운전하여 생포한 미군 장교와 함께 정찰병들의 기지에 도착한다.

군단 사령부로부터 새로운 명령이 도착한다. "... 특수군의 루트와 적들의 새로운 책동(felkészültség)을 알아내야 함." 리학철은 소대장 윤도/배우 강봉원(Kan Bon Von)/를 불러서 "우리에게는 적들의 작전 지도가 필요하오. ..."라고 말한다.

리학철은 용감하게 행동한다. 한 병사와 2중, 3중으로 쳐놓은 적들의 장애물을 넘어 사령부 건물(parancsnoksági pont háza) 앞으로 도착하는데, 이 건물은 국방군 군단사령부의 본부가 있던 곳이었다. "군단사령관 각하(őfőméltoságú hadtestparancsnok)로부터 개인적인 편지를 가져 왔습니다."라는 말로 학철은 통역을 통해 사령관의 군 고문관과 만남을 가지고자 한다.

고문관과 리학철 간의 대화는 오랫동안 지속되지 않았다. 정찰병은 지도를 입수했고, 바다 건너 악당인 고바드(Govard)는 응당의 죽음(méltó halál)을 당한다.

정찰병들은 기지로 돌아온다. 적들이 그들의 흔적을 쫓는다. 학철은 호수의 갈대 사이로, 나중에는 방앗간의 큰 맷돌(malomkő, 돌로 된 분쇄기) 아래에 숨는다.

적 병사들은 학철이 숨어 있는 방앗간으로 가까이 온다. 방앗간 여주인은 — 한 할머니 — 왜 군인들이 왔는지를 짐작하고, 반대 방향으로 그들을 보낸다. 적 병사들이 멀어지자, 할머니는 학철을 안고 말한다. "자네 이북에서 왔지? 내 부탁이네만, 이 땅에서 빨리 적들을 몰아내 주게나. …"

영화는 인민군의 모든 병사들과 사령관들의 가슴에 숨 쉬고 있는 애국(hazaszeretet)과 조선 민족에 대한 불타는 사랑의 감정으로부터 샘솟는 부동의 의지로 조선 인민이 인민민주주의 체제를 수호하며, 이를 위해 싸운다는 것을 보여준다.

병사는 학철에게 묻는다. "정찰대 부사령관 동지, 동지의 고향은 백두산이지요?"

학철은 대답한다. "그렇다, 나는 백두산에서 자랐다. 바로 이런 별들이 반짝이는 밤에 장군님(marsall)께서 나를 그 분 곁에 앉히시고, 우리 조국과 소련 인민의 영웅성(hősiesség)에 대해 말씀하셨다. 내가 잠들자 팔로 나를 안아서 모닥불 곁으로 나를 뉘이셨다."

그러고 나서 학철은 수첩을 꺼내들고 작은 책자에 보관하고 있던 지도자의 사진을 애정의 눈길로 보며 이같이 얘기한다. "장군님은 항상, 어디에서든 우리와 함께 계신다, 전선에서든 후방에서든 (…) 동지들, 우리 이 개들(kutyák)을 우리의 조국으로부터 몰아내고, 이 나라를 해방시킵시다!"

이 장면들은 사랑하는 우리들의 지도자에 대해 느끼는 끝없는(határtalan) 사랑(szeretet)과 충성(hűség)에 관해 말해준다.

이 외에도(még) 많은 장면들에서 인민군 정찰병들의 본래 전투 경험들로부터 형상화된(merítettek) 정찰병들의 영웅적인 행동들이 표현되고 있다.

… 성공적인 군사작전을 완수한 후에 사령관은 병사들과 굳게 악수하며 말한다. "우리의 최고 사령관께서 여러분들에 대해 만족하실

것이다. … 영광스러운 승리에 대해 여러분들에게 축하하는 바이다!" 군인들 앞에 서있는 리학철의 정찰병들은 크게 대답한다. "우리 조국에 복무하자(Hazánkat szolgáljuk)!"

이것으로 영화는 끝난다.

〈정찰병〉이라는 제목의 예술 영화(művészi film)는 우리 정찰병들의 전투적인 방법과, 장애 및 어려움들을 잊고 조국과 인민의 이름으로 투쟁하며, 자신의 생명도 아끼지 않는 인민군의 장엄한 병사들, 사령관들의 깊은 애국심을 소개한다.

〈정찰병〉이라는 제목의 예술 영화작품은 깊은 동감을 자아내고(átérezve), 높은 사실적 형식으로, 영광스러운 정찰병들에 특히 주목(különös tekintettel)하여, 실재와 부합되게 조선 인민군 전사들의 영웅적인 투쟁을 소개하고 있다.

배우 전운봉(Ten Un Bon)/조선 인민군 ㄴ지역 사단장(약자로 'ㄴ'만 표시, N-i hadosztályának parancsnoka)/, 문예봉(Mun Ten Bon)/여성농부 진선(Jean Szun)[64]/, 심영(Szim Yen)/미국 사령관(hadseregparancsnok)/, 류원주(Lju Von Dju)/괴뢰군 고문관/와 "국방군" 및 미국인들을 맡은(alakítják) 그 외 인물들이 전형적으로 그들의 삶의 방식을 묘사했다.

책임감이 강한 리학철의 역을 재능 있고 탁월한 우리의 배우, 박학이 맡았는데, 그는 전쟁 전에(béke napjaiban) 제작된 〈용광로(Kohó)〉

64) 이 등장인물은 반면 본문에 등장하는 '은선(En Szun)'이라는 등장인물과 동일 인물일 수도 있음.

라는 제목의 영화와 〈또 다시 전선으로(Újra a fronton)〉라는 제목의 예술 영화에서 (등장한) 주연배우이다. 이 후자의 영화는 이미 전쟁의 여러 사건들을 소개하고 있다.

정찰대(felderítő osztag)의 부지휘관이라는 인물을 실제적으로 연기하고자(alakíthassa) 배우 박학은 오랫동안, 그리고 참을성 있게 조선인민공화국(Koreai Népköztársaság)의 두 번에 걸친 영웅 칭호를 받은(kétszeres hős) 정찰병 리학민(Li Hak Myn)의 삶과 활동을 연구했다.

이 영화는 최후의 승리에 대한 조선 인민들의 신념을 강화시키고, 전 인민을 투쟁으로 고취시킨다.

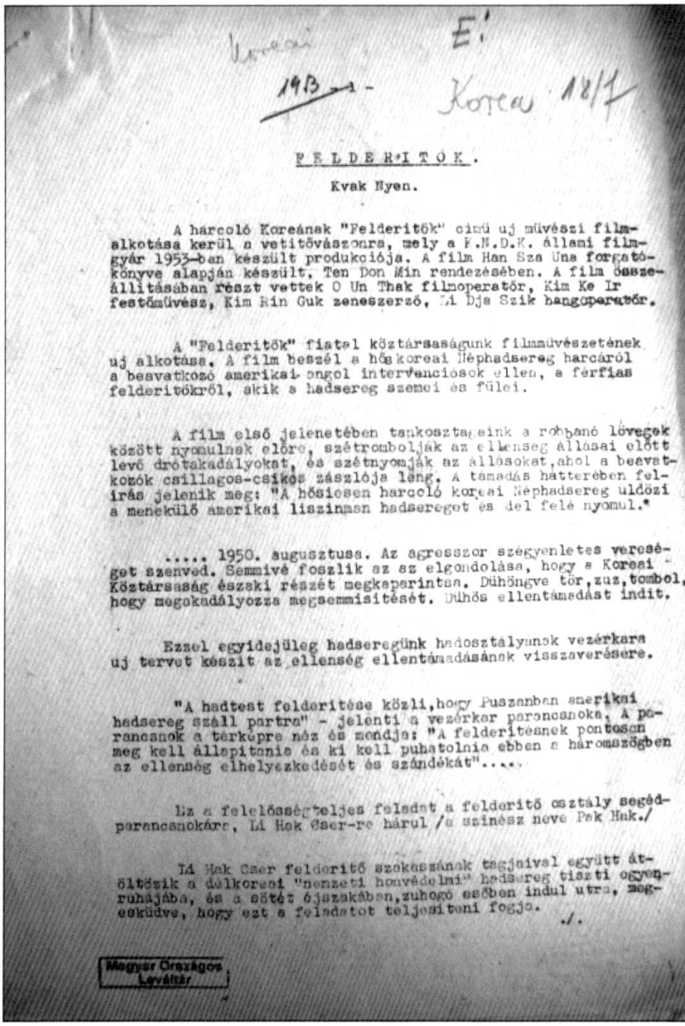

Koreai E!

1913 - 1 - Korea 18/7

F E L D E R I T Ö K.

Kvak Nyen.

A harcoló Koreának "Felderitők" cimü uj müvészi filmalkotása kerül a vetitővászonra, mely a K.N.D.K. állami filmgyár 1953-ban készült produkciója. A film Han Sza Una forgatókönyve alapján készült, Ten Don Min rendezésében. A film összeállitásában részt vettek O Un Thak filmoperatőr, Kim Ke Ir festőmüvész, Kim Rin Guk zeneszerző, Li Dja Szik hangoperatőr.

A "Felderitők" fiatal köztársaságunk filmmüvészetének uj alkotása. A film beszél a hős koreai Néphadsereg harcáról a beavatkozó amerikai-angol intervenciósok ellen, a férfias felderitőkről, akik a hadsereg szemei és fülei.

A film első jelenetében tankosztagaink a robbanó lövegek között nyomulnak előre, szétrombolják az ellenség állásai előtt levő drótakadályokat, és szétnyomják az állásokat, ahol a beavatkozók csillagos-csikos zászlója leng. A támadás hátterében felirás jelenik meg: "A hősiesen harcoló koreai Néphadsereg üldözi a menekülő amerikai liszinman hadsereget és del felé nyomul."

..... 1950. augusztusa. Az agresszor szégyenletes vereséget szenved. Semmivé foszlik az az elgondolása, hogy a Koreai Köztársaság északi részét megkaparintsa. Dühöngve tör, zuz, tombol, hogy megakadályozza megsemmisitését. Dühös ellentámadást indit.

Ezzel egyidejüleg hadseregünk hadosztályának vezérkara uj tervet készit az ellenség ellentámadásának visszaverésére.

"A hadtest felderitése közli, hogy Puszanban amerikai hadsereg száll partra" - jelenti a vezérkar parancsnoka. A parancsnok a térképre néz és mondja: "A felderitésnek pontosan meg kell állapitania és ki kell puhatolnia ebben a háromszögben az ellenség elhelyezkedését és szándékát"....

Ez a felelősségteljes feladat a felderitő osztály segédparancsnokára, Li Hak Cser-re hárul /a szinész neve Pak Hak./

Li Hak Cser felderitő szakaszának tagjaival együtt átöltözik a délkoreai "nemzeti honvédelmi" hadsereg tiszti egyenruhájába, és a sötét éjszakában, zuhogó esőben indul utra, megesküdve, hogy ezt a feladatot teljesiteni fogja.

./.

Magyar Országos Levéltár

[23] 영화 정찰병에 관한 자료 중 일부. 문서번호가 따로 기재되어 있지 않은 것으로 봐서 관련 자료에서 일부가 정리되지 않은 채 보관되어 있는 것으로 짐작해 볼 수 있다.

문서번호: 95/13[65)]
발신: (헝가리) 문화관계연구소
수신: 외무성 정치부 버꺼이(Bakai) 여성 동지에게

부다페스트, 1954년 12월 9일

제목: 여성 화가 정온녀(Cong On Nyv festőművésznő)

11월 20일 발송한 문서번호 192/titk. 공문과 관련하여 버르처이 예뇌(Barcsay Jenő)의 『예술의 해부(Művészeti anaómia)』라는 제목의 책을 첨부하여 송부하며, 우리 연구소의 선물로 정온녀 여성 동지에게 전달해주기 바라고 이 전달의 결과에 대해 알려주길 요청함.

루쓰냐끄 머리언네(Rusznyák Marianne)
행정관(előadó)

65) '95/13'은 헝가리 문화관계연구소의 문서번호이며, 헝가리 외무성의 문서번호는 '025/25/1-86'이다.

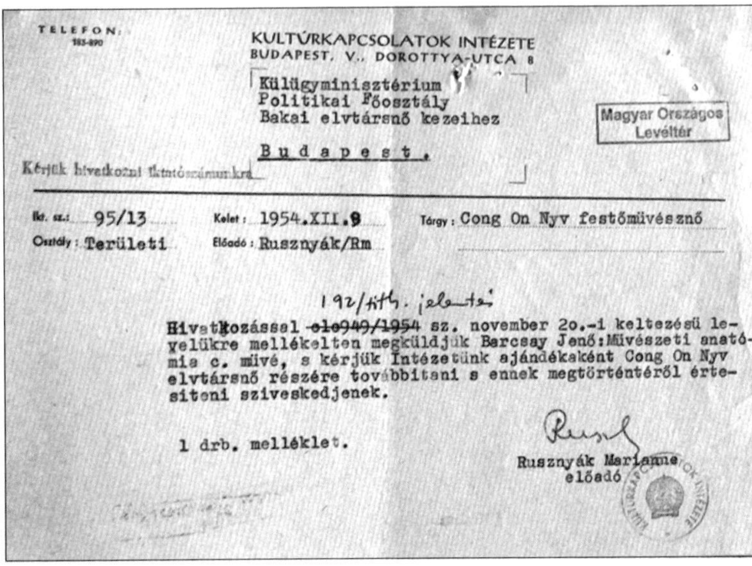

TELEFON:
183-890

KULTÚRKAPCSOLATOK INTÉZETE
BUDAPEST, V., DOROTTYA-UTCA 8

Külügyminisztérium
Politikai Főosztály
Bakai elvtársnő kezeihez

Budapest.

Kérjük hivatkozni iktatószámunkra

Ikt. sz.: 95/13 Kelet: 1954.XII.9 Tárgy: Cong On Nyv festőművésznő
Osztály: Területi Előadó: Rusznyák/Rm

Magyar Országos Levéltár

192/titk. jelentés

Hivatkozással ~~olo949/1954~~ sz. november 2o.-i keltezésü levelükre mellékelten megküldjük Barcsay Jenő: Müvészeti anatómia c. mivé, s kérjük Intézetünk ajándékaként Cong On Nyv elvtársnő részére továbbitani s ennek megtörténtéről értesiteni sziveskedjenek.

1 drb. melléklet.

Rusznyák Marianne
előadó

[24] 문서번호 95/13

문서번호: 025/25/1-86/54
수신: 평양, 헝가리인민공화국 대사관

부다페스트, 1954년 12월 16일

제목: 여성 화가 정온녀에게 소포 발송

11월 20일 발송한 문서번호 192/titk. 공문과 관련하여 버르처이 예뇌(Barcsay Jenő)의 『예술의 해부(Művészeti anaómia)』라는 제목의 책을 첨부하여 송부하며, 헝가리 문화관계연구소의 선물로서 정온녀 여성 동지에게 전달해주기 바라고 그 (전달의) 결과에 대해 알려주길 요청함.

부다페스트, 1954년 12월 16일
/버꺼이 떼리즈(Bakai Teréz)/
행정관(előadó)

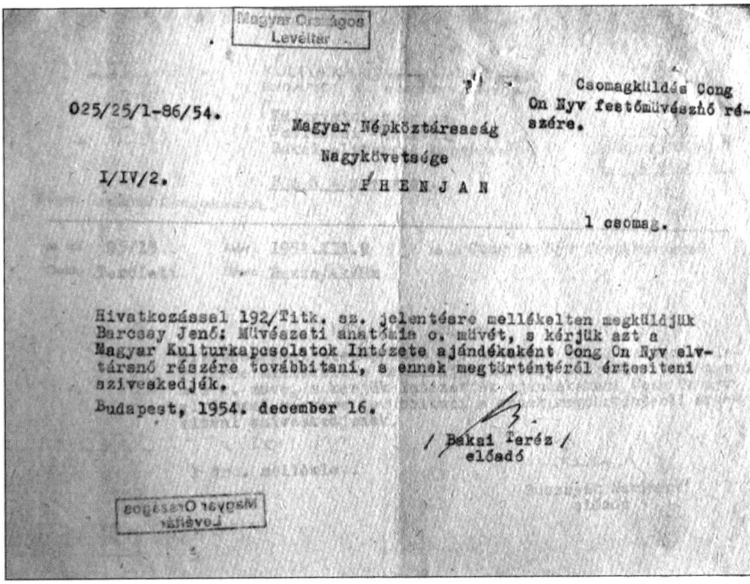

Magyar Országos
Levéltár

025/25/1-86/54.

Magyar Népköztársaság
Nagykövetsége
PHENJAN

Csomagküldés Cong On Nyv festőművésznő részére.

I/IV/2.

1 csomag.

Hivatkozással 192/Titk. sz. jelentésre mellékelten megküldjük Barcsay Jenő: Művészeti anatómia c. művét, s kérjük azt a Magyar Kulturkapcsolatok Intézete ajándékaként Cong On Nyv elvtársnő részére továbbitani, s ennek megtörténtéről értesiteni sziveskedjék.

Budapest, 1954. december 16.

/ Bakai Teréz /
előadó

[25] 문서번호 025/25/1-8654

문서번호: 43/1955.adm.
관련문서번호: 025/25/1-86/1954.

평양, 1955년 1월 31일

제목: 정온녀(Cong On Nyv) 여성 화가 방문

우리는 1월 27일에 여성 화가 정온녀를 방문하고 헝가리 문화관계연구소의 선물로 버르처이(Barcsay)의『예술의 해부(Művészeti anatómia)』라는 제목의 책을 전했음.

이 여성 화가는 집(lakás, 공동주택)에서 우리를 맞이했고, 가장 최근의 그녀의 그림들을 (우리들에게) 소개했음. 그녀의 주택은 평양의 다른 주택들과 비교하여 나은 편이라고 할 수 있음. 점판암슬레이트 지붕(terméspalatető)으로 된 옛날 일본식의 건물이었음. 건물은 사각 형태로 구성되어 있었는데, 마당을 공동주택들이 둘러싸고 있으며, 닫힌 문을 통해서 들어갈 수 있는 구조임. 그 건물(ház)에는 약 6채의 주택(lakás)들이 있음.

정온녀는 유럽 사람들의 경우 바닥에 앉는 것이 약간 불편할 것이라고 인식한 듯 보였으며, 그래서 펼친 상자에 우리들을 앉게 했음. 그녀의 집에는 가구가 아주 적었고, 가장 최근에 우리가 방문한 이후 책상도 없어졌으며, 반면 그 대신에 작은 책꽂이가 마련되어 있었음.

그녀는 자신의 그림들을 보여주었는데, 우리 의견에 따르면 그것들은 가을에 보았던 그녀의 작품들보다 훨씬 좋아 보였음. 그녀가 말한 대로, 그녀는 우리의 비평을 마음에 새겨, 작품 속에서 조선 풍경의 아름다움이 차지할 공간을 부여했음. 아주 유용하게 씬녜이 메르셰(Szinnyei Merse)의 복제화 화집을 봤으며(forgatta), 그녀의 의견에 따르면 (그녀 창작활동의) 계속된 발전에 있어서 아주 큰 영향을 주었다고 함. 새로운 그림들의 대부분은 풍경화임. 찬란하고 포근한 색상으로 가을의 숲과 해변의 단풍지는 낙엽들, 그리고 서리 내린(dérlepte, 얼어붙은) 논을 묘사함. 봄에는 북한의 산속에서(északkoreai hegyekben) 풍경화들을 그릴 것이라고 얘기했음.

조선 해방 10주년을 기념하여 개최되는 전람회(tárlat)로 두 작품을 준비하고 있음. 그중 하나는 〈추수(Rizsaratás)〉[66]인데, 이 작품의 큰, 색깔을 입힌 도안(vázlat, 스케치)를 보여주었음. 그 인물들에 대한 신체의 올바른 해부를 묘사하고자 많은 공을 들이며, 그림의 인물들에 대해 소규모 연구를 많이 했음(több apró tanulmányt készített).

정온녀는 사실적 인간의 묘사에 전념하는데, 그녀의 말에 따르면 서울에서 그녀의 스승들이 사실주의 예술가들이었음. 소위 전통 회화/조선의 전통 회화/에는 관심이 없었고, 그것을 다루지도 않았음. 사회주의 사실주의 예술은 북한에(Észak-Koreában) 살게 된 이후부터 알게 되었음.

우리 의견으로는, 사회주의 리얼리즘 미술과 관련하여 그녀의 지

66) 작품의 제목인 〈추수(Rizsaratás)〉는 헝가리어 제목을 번역한 것이기에 정확한 본래의 제목과 일치하지 않을 수도 있다. 이 제목으로 쓰여진 헝가리어(rizsaratás, 리즈어러따쉬)는 '쌀수확'을 의미하는데, 이후에 이어지는 4월 21일의 보고 - '문서번호: 0079/szig.titk-1955. - 에 등장하는 〈추수(Aratás, 수확)〉라는 제목의 작품과 이 작품은 동일한 작품으로 추정하여 동일한 제목으로 옮겨 보았다.

식은 상당할 정도로 부족하며, 이와 관련된 전문서적들은 없고, 모두 합해서 몇몇 장의 소련 복제화들만 가지고 있음.

전시회에는 또 하나의 작품을 출품할 예정임. 그 작품은 인물화(portré), '사회주의의 노동 영웅(A szocialista munka hőse)'이 될 것임. 그 그림은 2월에서야 그리기 시작할 것임.

정온녀는 거의 매일 예술가 클럽(művész klub)에 다니기는 하지만, 매우 폐쇄적인 예술가이며, 항상 집이나 야외에서 작품들을 그림. 클럽과 관련해서는 그녀가 말하길, 그곳은 춥고, 작업보다는 대화가 많다고 함.

조선의 예술이 어느 정도로 (활동의) 방향 제시를 받고 있는지(iránytott) 그녀에게 물어 보았음. 그녀에 따르면 그 방향 제시는 경직성으로부터 일정 정도 허가가 되었는데, 개인적인 시도들이 많고, 많은 사람들은 다시 고전적인 조선의 회화로 되돌아갔으며(visszatértek a klasszikus koreai irányhoz), 이들은 해방 전시회(해방 10주년 기념 전시회)에 이러한 그림들을 출품 준비 중임.

남한의(Dél-koreai) 친척들에 대해 우리가 관심을 표명하자, 그녀는 3년 이상 그들로부터 어떤 소식도 받지 못했다고 말함. 북남의 평화적인 통일(Észak és Dél-Korea békés egyesítése)과 관련하여 그녀의 의견은, 이는 전적으로 조선 민족 본연의 일(magánügy)일이지만, 그럼에도 불구하고 이 문제의 해결은 세계의 정치적 상황(világpolitikai helyzet)에 달려 있다는 것임.

예술가들의 삶에 관해서 이야기하며 그녀는 국가의 지원을 받는다고 언급함. 그 액수에 대해서는 밝히지 않았지만, 다른 곳으로부터 얻은 우리의 정보(egyéb értelsüléseink)에 따르면 그 금액은 대략 월 2,000원 정도로 알고 있음. 그녀는 식품권(élelmiszer jegy)을 받고 있음. 살 사람도 없을 테지만, 그림들을 팔곤 하지는 않으며, 국가도 매우 적은 수의 그림을 구매함. 남한(délkoreai) 예술가들의 상황은 어떤지에 대해서, 그녀는 알지 못함. 다른 자본주의 국가에서들처럼, 아마 그럴 것이라고 함. 몇몇의 인기 있는 화가는 잘 벌 것이지만 능력 있는 자들 다수는 궁핍할 것임.

『예술의 해부(Művészeti anatómia)』에 대해 감사해하고, 매우 유용할 것이라고 함. 그녀는 새로운 작품들을 보여주기 위해 2월에도 우리가 방문해 주기를 요청했음. 우리 의견에 대해 큰 관심을 보임.

대화는 약 한 시간 반 동안 이루어졌으며, 진솔하고 우호적인 분위기에서 (대화가) 진행되었음.

/써르버쉬 빨(Szarvas Pál)/

대사(nagykövet)

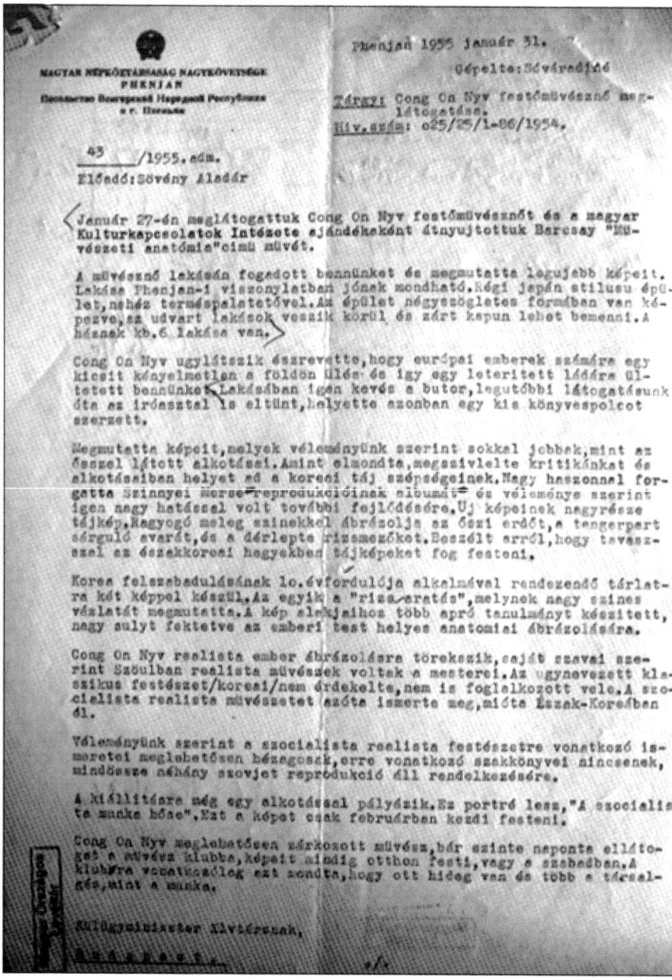

MAGYAR NÉPKÖZTÁRSASÁG NAGYKÖVETSÉGE
PHENJAN

Phenjan 1955 január 31.

Gépelte: Sóváradiné

Tárgy: Cong On Nyv festőművésznő meglátogatása.
Hiv.szám: o25/25/1-86/1954.

43/1955.adm.
Előadó: Sövény Aladár

Január 27-én meglátogattuk Cong On Nyv festőművésznőt és a magyar Kulturkapcsolatok Intézete ajándékaként átnyujtottuk Barcsay "Művészeti anatómia" cimü művét.

A művésznő lakásán fogadott bennünket és megmutatta legujabb képeit. Lakása Phenjan-i viszonylatban jónak mondható. Régi japán stilusu épület, nehéz terméspalatetővel. Az épület négyszögletes formában van képezve, az udvart lakások veszik körül és zárt kapun lehet bemenni. A háznak kb.6 lakása van.

Cong On Nyv ugylátszik észrevette, hogy európai emberek számára egy kicsit kényelmetlen a földön ülés és igy egy leteritett ládára ültetett bennünket. Lakásában igen kevés a butor, legutóbbi látogatásunk óta az iróasztal is eltünt, helyette azonban egy kis könyvespolcot szerzett.

Megmutatta képeit, melyek véleményünk szerint sokkal jobbak, mint az ősszel látott alkotásai. Amint elmondta, megszivlelte kritikánkat és alkotásaiban helyet ad a koreai táj szépségeinek. Nagy haszonnal forgatta Szinnyei Merse reprodukcióinak albumát és véleménye szerint igen nagy hatással volt további fejlődésére. Uj képeinek nagyrésze tájkép. Ragyogó meleg szinekkel ábrázolja az őszi erdőt, a tengerpart sárguló avarát, és a dérlepte rizsmezőket. Beszélt arról, hogy tavasszal az északkoreai hegyekben tájképeket fog festeni.

Korea felszabadulásának lo. évfordulója alkalmával rendezendő tárlatra két képpel készül. Az egyik a "rizsaratás", melynek nagy szines vázlatát megmutatta. A kép alakjaihoz több apró tanulmányt készitett, nagy sulyt fektetve az emberi test helyes anatomiai ábrázolására.

Cong On Nyv realista ember ábrázolásra törekszik, saját szavai szerint Szöulban realista művészek voltak a mesterei. Az ugynevezett klasszikus festészet/koreai/nem érdekelte, nem is foglalkozott vele. A szocialista realista művészetet azóta ismerte meg, mióta Észak-Koreában él.

Véleményünk szerint a szocialista realista festészetre vonatkozó ismeretei meglehetősen hézagosak, erre vonatkozó szakkönyvei nincsenek, mindössze néhány szovjet reprodukció áll rendelkezésére.

A kiállitásra még egy alkotással pályázik. Ez portré lesz, "A szocialista munka hőse". Ezt a képet csak februárban kezdi festeni.

Cong On Nyv meglehetősen zárkozott művész, bár szinte naponta ellátogat a művész klubba, képeit mindig otthon festi, vagy a szabadban. A klubra vonatkozólag azt mondta, hogy ott hideg van és több a társalgás, mint a munka.

Külügyminiszter Elvtársnak,

Budapest.

[26] 문서번호 43/1955.adm 자료 중 일부

문서번호: 0079/szig.titk-1955.

평양, 1955년 4월 21일

제목: 정온녀(Cong On Nyo) 여성 화가 방문[67]

4월 20일에 여성 화가 정온녀를 방문하여 그녀에게 『미술박물관의 보고(寶庫)들(Szépművészeti Múzeum műkincsei)』[68]이라는 제목의 책 한 부를 건넸음.

정온녀는 지금까지 계속 보고를 통해 알린 바 있는 〈전선에서의 편지(Levél a frontról)〉와 〈추수(Aratás)〉[69]라는 제목의 대형/약 100×200 짜리/ 작품을 작업 중임. 구성에서 각각의 모든 인물을 최고의 섬세미(műgond, 고상, 정성, 예술성)로 작업함. 모든 부분에 대해 연구를 하며, 도안(vázlat, 스케치)을 준비함.

연극 극장과 박물관들로부터 주문을 받으면 좋겠다고 말하지만, 미술가동맹(Festőművészek Szövetsége)은 (그럴 경우) 이 두 중요한 작품의 질이 떨어질 것을 염려해, 그녀에게 당분간 다른 작업을 허락하지 않는다고 말했음.

67) 한국예술연구소 발행, 『한국예술연구』 제9호(2014년)에 게재된 내용을 수정, 보완한 것이다.

68) 책 제목에 등장하는 '미술박물관'은 보통명사가 아닌 고유명사로서 미술 작품을 소장, 전시하고 있는 헝가리 최고의 박물관이다. 이 도서는 '미술박물관'에 소장하고 있는 작품들의 화보로 추정된다.

69) 작품의 제목인 〈전선에서의 편지〉와 〈추수〉는 헝가리어를 번역한 것이기에 정확한 원 제목과 일치하지 않을 수도 있다. 작품명 〈추수〉와 관련해서는 각주 66) 참조.

동맹으로부터 매월 보수를 받지는 않지만, 가끔씩 (동맹은) 그녀로부터 그림을 구입함. 동맹이 구입한 〈전선에서의 편지〉라는 제목의 그림으로 그녀는 두 번에 걸쳐 이미 계약금을 받았음. 그녀는 말하길, 예술 창작물들을 세 범주(kategória)로 나누고, 그 크기에 따라 금액을 지불한다고 함. 판매가 된 그녀의 작품들은 첫 번째 범주에 속함. 그림에 대해 얼마를 받게 될 것이냐는 질문에, 그녀 생각으로는 72,000원을 받을 것이라고 답함. 만약 매년 여러 장의 그림을 그릴 수 있고, 또는 판매할 수 있다면 그 금액은 꽤나 상당(elég szép)할 테지만, 지금 이 그림도 그녀는 이미 2년째 그리고 있음. 사정이 이러하기에 정온녀는 아주 궁핍한 상황에서 지내고 있음.

그녀는 솔직하게 자신의 처지에 대해서 이야기했음. 지금 살고 있는 그 집은 집세로 생계를 유지하는 홀로 사는 한 부인의 집임. 그 집에는 각각의 출입문을 가진, 임대로 내어 준 세 개의 방이 있는데, 여기 현지에서는 그 방을 집이라고 칭함. 마지막으로 내가 방문했을 때 정온녀는 이보다 더 큰 방에서 지냈는데, 집세로 매월 3,500원을 지불했음. 더 작은 지금의 방에 대해 그녀는 2,000원을 지불하는데, 이 방은 양방향의 좋지 않은 조명효과(fényhatás)와 작은 규모 때문에 작업실로는 전혀 적합하지 않음. 조선 노동자들의 평균 급료가 낙관적으로 계산해도 최대 월 1,500원인 것을 감안하면 이 후자의 금액(2,000원)도 아주 많은 것임.

그녀는 작은 풍경화를 그리며, 두상연습(tanulmányfő)을 항상 함. 가장 최근 그녀의 그림은 한 늙은 농부를 그린 것인데, 그녀가 말하는 바에 따르면, 소련의 예를 본 떠 단색의 물감으로 그렸음. 그 효과는 우리나라(헝가리)에서도 잘 알려진 석탄과 각양의 색깔로 된 크레용화(krétarajz, 파스텔화)의 대략 그것임.

버르처이(Barcsay)의 『예술의 해부』를 정관철(Cson Kvan Csol)이, 조선에서는 하나밖에 없는 아주 귀중한 책이라고 말하며, 그녀로부터 가져갔다고 정온녀는 말함. 우리 보고들에서도 밝힌 바, 하지만 이에 반하여 나는 미술가동맹 앞으로 해서 정관철에게 한 권을, 또 한 권은 조각 예술가들 앞으로 해서 김인관(Kim In Kvan)에게 건넸음. 정온녀의 의견에 따르면, 실제로 현재 한 권이 동맹에 있기 때문에, 정관철은 한 부를 자기가 가지고 있을 것이라고 함.[70] 정온녀는 이에 대해 알아볼 것임.

다른 특이할 만한 일은 정온녀가 4월 4일[71] 우리 리셉션에 초대장을 받지 못했다는 것임. 우리는 초대장을 동맹에 발송했음. 정온녀에 따르면, 지도부는 누구에게 보낸 것인지에 대해서는 염두에 두지 않고, 친분에 따라(baráti alapon) 서로들 간에 초대장을 나눔. (동맹) 사람들은 우리 행사들에 매우 참여하고 싶어 하며, 초대장들을 친분에 근거하여 나눠주고 싶어 함. 우리가 초대한 사람이 아닌 다른 사람이 초대장을 손에 들고 나타난 것이 한두 번이 아님.

이 주된 원인은 주택 사정이 나쁜 관계로 많은 경우 우리가 초대장을 초대받는 사람 집으로 전해주지 못한다는 것인데, 그들은 아마도 정돈되지 않은 환경(rendezetlen körülmény) 때문에 자신의 주소를 알

70) 동맹 앞으로 보낸 한 부와 정온녀에게서 가져간 한 부 중, 한 부는 동맹에 두고, 다른 한 부는 그 자신이 소유하고 있다는 의미이다.

71) 헝가리의 해방절. 소련이 독일 나치 제국으로부터 헝가리를 소위 '해방시킨 날'로서 체제전환 이전에는 가장 성대한 행사를 치르는 휴일 중 하나였다.

려주지 않음. 그래서 많은 경우 초대장을 초대받는 사람들이 근무하는 그 기관으로 교부함.

정온녀는 기꺼이, 그리고 허심탄회하게 나의 모든 질문에 답변했고, 바라건대 조선 예술가들의 생활과 관련하여 이후에도 역시 많은 귀중하고 흥미로운 정보들을 전해줄 것임을 상기 방문과 관련하여 반드시 참고로 언급해두고자 함.

/께레쓰떼쉬 라쓸로 박사(Dr. Keresztes László)/
임시대리대사(id. ügyvivő)

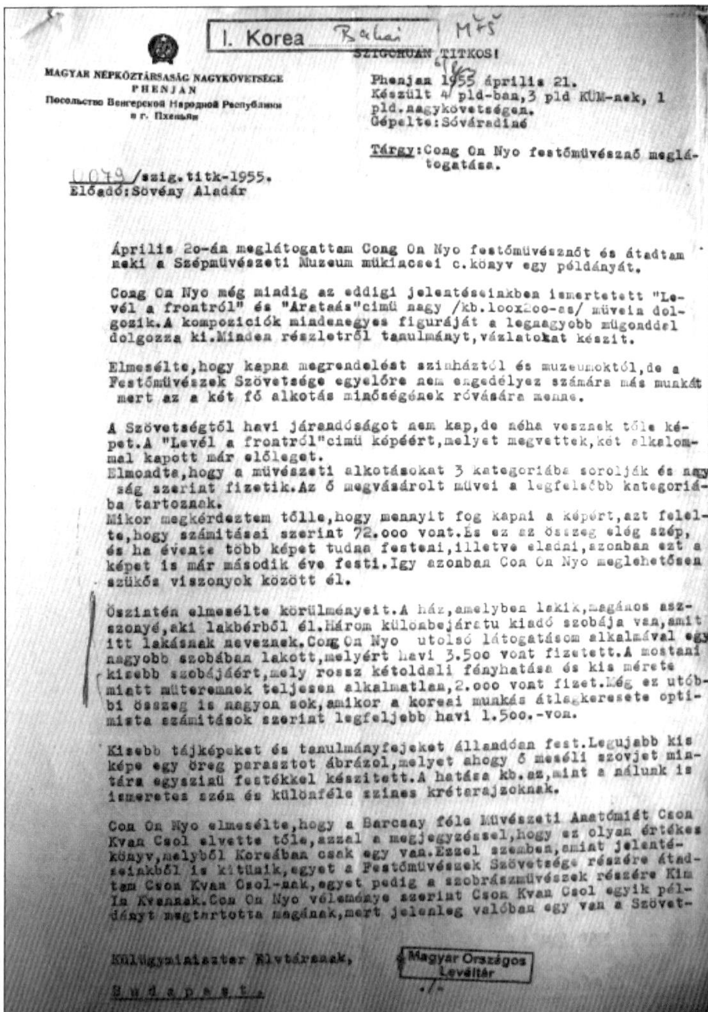
I. Korea Bakai MTS

SZIGORUAN TITKOS!

MAGYAR NÉPKÖZTÁRSASÁG NAGYKÖVETSÉGE
PHENJAN
Посольство Венгерской Народной Республики
в г. Пхеньян

Phenjan 1955 április 21.
Készült 4 pld-ban,3 pld KÜM-nek, 1
pld.nagykövetségen.
Gépelte:Sóváradiné

Tárgy:Cong On Nyo festőművésznő meglá-
togatása.

0079/szig.titk-1955.
Előadó:Sövény Aladár

Április 2o-án meglátogattam Cong On Nyo festőművésznőt és átadtam
neki a Szépművészeti Muzeum mükincsei c.könyv egy példányát.

Cong On Nyo még mindig az eddigi jelentéseinkben ismertetett "Le-
vél a frontról" és "Aratás"cimü nagy /kb.1oox2oo-as/ müvein dol-
gozik.A kompoziciók mindenegyes figuráját a legnagyobb mügonddal
dolgozza ki.Minden részletről tanulmányt,vázlatokat készit.

Elmesélte,hogy kapna megrendelést szinháztól és muzeumoktól,de a
Festőművészek Szövetsége egyelőre nem engedélyez számára más munkát
mert az a két fő alkotás minőségének rovására menne.

A Szövetségtől havi járandóságot nem kap,de néha vesznek tőle ké-
pet.A "Levél a frontról"cimü képéért,melyet megvettek,két alkalom-
mal kapott már előleget.
Elmondta,hogy a müvészeti alkotásokat 3 kategoriába sorolják és nagy
ság szerint fizetik.Az ő megvásárolt müvei a legfelsőbb kategoriá-
ba tartoznak.
Mikor megkérdeztem tőlle,hogy mennyit fog kapni a képért,azt felel-
te,hogy számitásai szerint 72.ooo vont.És ez az összeg elég szép,
és ha évente több képet tudna festeni,illetve eladni,azonban ezt a
képet is már második éve festi.Igy azonban Con On Nyo meglehetősen
szükös viszonyok között él.

Őszintén elmesélte körülményeit.A ház,amelyben lakik,magános asz-
szonyé,aki lakbérből él.Három különbejáratu kiadó szobája van,amit
itt lakásnak neveznek.Cong On Nyo utolsó látogatásom alkalmával egy
nagyobb szobában lakott,melyért havi 3.5oo vont fizetett.A mostani
kisebb szobájáért,mely rossz kétoldali fényhatása és kis mérete
miatt müteremnek teljesen alkalmatlan,2.ooo vont fizet.Még ez utób-
bi összeg is nagyon sok,amikor a koreai munkás átlagkeresete opti-
mista számitások szerint legfeljebb havi 1.5oo.-von.

Kisebb tájképeket és tanulmányfejeket állandóan fest.Legujabb kis
képe egy öreg parasztot ábrázol,melyet ahogy ő meséli szovjet min-
tára egyszinü festékkel készitett.A hatása kb.az,mint a nálunk is
ismeretes szén és különféle szines kréterajzoknak.

Con On Nyo elmesélte,hogy a Barcsay féle Müvészeti Anatómiát Cson
Kvan Csol elvette tőle,azzal a megjegyzéssel,hogy ez olyan értékes
könyv,melyből Koreában csak egy van.Ezzel szemben,amint jelenté-
seinkből is kitünik,egyet a Festőművészek Szövetsége részére átad-
tam Cson Kvan Csol-nak,egyet pedig a szobrászmüvészek részére Kim
In Kvannak.Con On Nyo véleménye szerint Cson Kvan Csol egyik pél-
dányt megtartotta magának,mert jelenleg valóban egy van a Szövet-

Külügyminiszter Elvtársnak,

Budapest.

Magyar Országos
Levéltár

./.

[27] 문서번호 0079/szig.titk-1955. 자료 중 일부

문서번호: 006060/1955.-
관련문서번호: 0079/szig.titk.

부다페스트, 1955년 6월 19일

제목: 정온녀 여성 화가 방문

조선 미술가들 중에서 바로 언급한 그 인물(정온녀)과 대사관은 긴밀한 관계를 유지하는 것이 필요한 것인지, 그렇지 않은 것인지에 대해 검토할 것을 대사 동지에게 요청함. 우리의 의견으로는 만약 동맹의 의장과, 또는 헝가리에도 다녀간 적이 있는 다른 화가들과 긴밀한 관계를 유지할 수 있다면, 그것이 더 유용하다고 생각함.

물론 해당 여성 화가와 사교적인 모임을 통해 관계를 유지하는 것은 바람직하다고 여김. 하지만 문제는, 그 여성 화가를, 여성임에도 불구하고 정기적으로(rendszeresen) 그녀의 집에서 만남을 가지는 것에, 그녀가 꺼려하지 않는가(nem szül-e visszatetszést) 하는 것임.

부다페스트, 1955년 6월 19일
/갈 뻬떼르(Gál Péter)/
과장 대리(代理) (mb. osztályvezető)

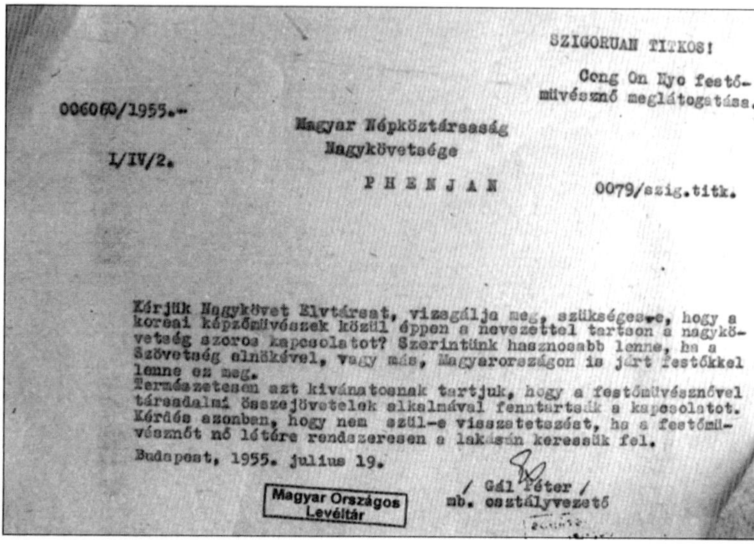

SZIGORUAN TITKOS!

Cong On Nyo festőművésznő meglátogatása.

006060/1955.-

I/IV/2.

Magyar Népköztársaság
Nagykövetsége

P H E N J A N

0079/szig.titk.

Kérjük Nagykövet Elvtársat, vizsgálja meg, szükséges-e, hogy a koreai képzőművészek közül éppen a nevezettel tartson a nagykövetség szoros kapcsolatot? Szerintünk hasznosabb lenne, ha a Szövetség elnökével, vagy más, Magyarországon is járt festőkkel lenne ez meg.
Természetesen azt kívánatosnak tartjuk, hogy a festőművésznővel társadalmi összejövetelek alkalmával fenntartsák a kapcsolatot. Kérdés azonban, hogy nem szül-e visszatetszést, ha a festőművésznőt nő létére rendszeresen a lakásán keressük fel.

Budapest, 1955. julius 19.

/ Gál Péter /
mb. osztályvezető

[28] 문서번호 0060601955.-

문서번호: 006060/1955.-
관련문서번호: 0079/szig.titk.

부다페스트, 1955년 6월 30일

제목: 정온녀 여성 화가 방문

대사관의 상기 보고와 관련하여 당사자의 생활환경(életkörülmény)을 밝히며 캐내는 것은 옳지 않은 것이라고 여김. 외무성은 이러한 것들이 필요하지 않음. 쇠비늬 동지(Sövény elvtárs)는 (조선 예술가들과의) 관계 형성에 있어 다른 방법을 찾아야만 할 것임. 시종일관(következetesen) 그녀의 집에서 여성 화가를 방문하는 그 방법에 동의하지 않으며, 그 방법을 폐기할 것(megszüntetni)을 요청함. 여성에 관한 것(nőről van szó)이라는 점과 그러한 방문들이 일부 조선인들의 모임에서(egyes koreai körökben) 어떤 반응을 불러일으킬 수 있을 지에 대해 대사관은 염두에 둬야 함.

어쨌든 왜 대사관이 그녀와 밀접한 관계 유지를 중요하게 여기는지에 대해서는 검토해봐야 할 것임. 우리의 의견으로는 만약 동맹의 의장과, 또는 헝가리에도 다녀간 적이 있는 다른 화가들과 긴밀한 관계를 유지할 수 있다면, 그것이 더 유용하다고 생각하며, 이 경우, 만약 그들이 전혀 거리낌 없이 기꺼이 맞아 준다면, 쇠비늬 동지가 집에서 그들을 방문한다고 해도 문제 삼지 않을 것임.

물론 해당 여성 화가와 사교적인 모임(társadalmi összejövetel)들을 통해 관계를 유지하는 점은 바람직하다고 여김.

부다페스트, 1955년 6월 30일

/버꺼이 떼리즈(Bakai Teréz)/

부(副) 과장(h. osztályvezető)

Szigoruan titkos!

Cong On Nyo festő-
művésznő meglátogatása.

006060/1955.- Nagykövetség,

I/IV/2.
Készült 2 pld-ban. P h e n j a n . 0079/szig.titk.

A Nagykövetség fenti jelentésével kapcsolatban ugy véljük, nem helyes nevezett életkörülményei feltárásában vájkálni. Erre a Külügyminisztériumnak nincs szüksége.
A kapcsolatépitésnek más formáját kell megtalálnia Sövény elvtársnak. Azt a módszert, hogy következetesen a lakásán látogatja meg a festőművésznőt, nem helyeseljük és kérjük azt megszüntetni. A Nagykövetségnek figyelembe kell venni, hogy nőről van szó és hogy ezek a látogatások milyen visszhangot válthatnak ki egyes koreai körökben.

Mindenesetre megvizsgálandó, miért tartja fontosnak a Nagykövetség a vele való szoros kapcsolatot. Szerintünk hasznosabb lenne, ha a Szövetség elnökével, vagy más, Magyarországon is járt festőkkel tartanának szoros kapcsolatot és ebben az esetben azt sem kifogásoljuk, hogy Sövény elvtárs a lakásán keresse fel őket, ha egyáltalán szivesen veszik azt.

Természetesen azt kivánatosnak tartjuk, hogy nevezett festőművésznővel társadalmi összejövetelek alkalmával fenntartsák a kapcsolatot.

Budapest, 1955. junius 30.

/Bakai Teréz/
h.osztályvezető

[29] 문서번호 006060/1955.-

문서번호: 0079/2/1955 sig.titk.
관련문서번호: 006060/1955.szig.titk.

평양, 1955년 8월 23일

제목: 정온녀(Cong On Nyó) 여성 화가 방문

상기 훈령에 대하여 동맹의 의장과는 아주 좋은 관계를 유지하고 있으며, 헝가리를 다녀갔던 다른 예술가들과도 향후 더욱 긴밀한 관계를 맺을 수 있도록 노력하고 있음을 보고함. 지금까지 이를 성공적으로 실행할 수 없었던 이유는 그들의 주택환경이 상당히 열악하여 그들을 방문할 수 없었기 때문임. 그들은 작업실이 없으며, 대사관(követség), 혹은 공개적인 장소로는 (조선) 외무성의 개입을 통해서만 이들, 예술가들을 초대할 수 있음. 지금까지 우리의 경험에 따르면, 외무성의 도움으로 개최한 모임(összejövetel)들은 너무 공식적인 성격을 띤 것이기에, 거기에서는 좋은 관계로 발전시킬 수 없으며, 그러한 방법으로는 조선 예술가들의 삶과 그들의 문제점들을 알 수가 없음. 다른 한편, 상기 훈령에 적합하게 이 여성 화가와의 만남을 사회적인 모임이라는 것 이외에는 무시할 것임.[72]

/써르버쉬 빨(Szarvas Pál)/

대사(nagykövet)

72) 이러한 업무적인 만남과 관련하여 개인적인 모임으로서는 그 의미를 두지 않겠다는 의미이다.

MAGYAR NÉPKÖZTÁRSASÁG NAGYKÖVETSÉGE
PHENJAN
Посольство Венгерской Народной Республики
в г. Пхеньян

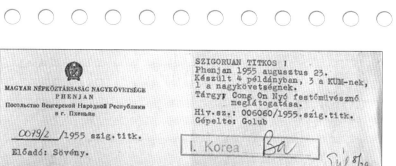

SZIGORUAN TITKOS !
Phenjan 1955 augusztus 23.
Készült 4 példányban, 3 a KÜM-nek, 1 a nagykövetségnek.
Tárgy: Cong On Nyó festőművésznő meglátogatása.
Hiv.sz.: 006060/1955.szig.titk.
Gépelte: Golub

0079/2 /1955 szig.titk.

I. Korea Ba

Előadó: Sövény.

Fenti utasitásra jelentem, hogy a szövetség elnökével igen jó kapcsolatunk van, egyéb Magyarországon is járt müvészekkel igyekszünk a jövőben erősebb kapcsolatokat is kiépiteni. Ez eddig azért nem sikerült, mert olyan rossz lakáskörülményeik vannak, hogy ott nem lehet meglátogatni őket. Mütermük nincs, a követségre vagy nyilvános helyre csak a külügy közvetitésével hivhatjuk meg müvészismerőseinket. Eddigi tapasztalataink szerint a külügy segitségével történt összejövetelek annyira hivatalos jellegüek, hogy ott jó kapcsolat nem fejlődik ki és a koreai müvészek életét valamint problémáit sem ismerhetjük meg ezen az uton. Egyebekben a fenti utasitásoknak megfelelően a festőművésznővel való találkozásainkat társadalmi összejöveteleken kivül mellőzni fogjuk.

/Szarvas Pál./
nagykövet.

Külügyminiszter Elvtársnak.
Budapest.

Magyar Országos Lev...

[30] 문서번호 0079/2/1955 siq.titk.

문서번호: 676/adm.1955.I/3.
XIX-J-1-K-Korea-025-25/3-1-1956
작성: 쇠비늬 얼러다르(Sövény Aladár)

평양, 1955년 12월 21일

제목: 해방 이후 시기의 조선 문학 발전과 주요 문제들[73)]

I. 해방 이전 수십 년간의 조선 문학 개관

조선의 문학은 풍부하고 진보적인 전통을 가지고 있는데, 그러한 전통은 현재 문학의 예술적, 이데올로기적 발전의 마르지 않는 원천이 됨. 반면, 조선의 작가들은 민중의 문제에 복무하는 전투적이고, 사회주의 리얼리즘의 문학으로 이어지는 방향성을, 위대한 10월 사회주의 혁명의 사상들이 조선에 전파되었을 시기인 20세기 초반에 발견했음. 위대한 10월 혁명의 영향으로 서울에서는 일본 제국주의 치하로부터 해방을 염원하는, 소위 '3 · 1(március 1.-i)' 운동이 시작되었는데, 이 운동은 이미 아주 상당한 규모로 국민 대중을 움직였음.

'3 · 1' 운동으로 명명한 정치적 투쟁이 문화와 예술계의 모든 분야에서 나타났는데, 이에 문학도 예외는 아니었음. 열렬한 청년 작가들은 사실주의 문학의 토대를 세운 '신경향파(Új irány csoportja)'를 창설함. 신경향파의 대표적인 인물들은 소설가 최서해(Csö Szo He),

---

73) 2014년 5월 23~24일, 오스트리아 비엔나 대학교에서 개최된 중동유럽한국학회(CEESOK) 주최 국제학술대회 발표 논문집에 게재된 내용을 수정, 요약한 것이다.

/「탈출기(Távozás hazámból)」/와 「빼앗긴 들에도 봄은 오는가(Az elrabolt földön is megjön a tavasz)」라는 제목의 시선집 작가, 시인 이상화(Li Szang Hva)임.

노동자 운동의 발전과 동시에 조선에서는 1925년, 프롤레타리아예술동맹(Proletár Művészeti Szövetség)이 형성되었는데, 이 동맹의 2인의 투쟁적 조직자는 한설야(Han Szer Ja)와 리기영(Li Gi Jon)이고, 이들은 해방 이후 조선의 문학에서도 지도적인 역할을 하고 있음. 이 시기에 한설야는 「전투(싸움, Harc)」[74]와 「황혼(Szürkület)」이라는 장편소설을 썼고, 리기영의 「고향(Szülőföld)」이라는 제목의 장편소설과 많이 언급되는(sokat idézett) 중단편소설(elbeszélés),[75] 「종이 뜨는 사람들(A papírgyár faluja, 종이 공장 마을)」도 이 시기에 세상의 빛을 보게 됨.

20년대와 30년대 사이 조선의 문학계는 비교적 활발했음. 하지만 해방 이후에, 조선의 대중들은 이 시기의 작품들을 거의 접하지 못함. 일본 제국주의하에서 조선의 책은 아주 적은 수의 부수만을 출판했으며, 이 적은 부수는 모두 소진되고, 다 헤지고, 또는 전시하에서 없어져버렸기에, 도서관들에서조차 그 흔적을 찾기가 불가능했음. 언급한 시기의 문학과 관련해서 단지 올해가 되어서야 두 권이 출판되었음. 시선집 한 편과 한 편 분량의 중단편소설(elbeszélés)임. 두 편 모두의 편집에는 신중을 기한 고상한 취향을 엿볼 수 있음. 이 출

74) 이 작품은 헝가리어로 '전투', '싸움', '투쟁'을 의미하는 「Harc(허르쯔)」라는 제목이지만 실제 이 작품이 한설야의 어떤 작품을 거론하는 지에 대해서는 확인하지 못하였다.
75) '엘베씰리쉬(elbeszélés)'라는 장르에 대해서는 각주 27) 참조.

판물들은 오늘날을 예견한 혁명적인 특징을 가진 것들이며, 사회주의 리얼리즘 작품인 것 외에도 시대의 특징과 대중적 사랑을 받은 문학 작품과 오래된 조선 문학의 두 번째 전성기를 의미하는 로맨스와 고운 심성을 묘사하는 몇몇의 작품들도 싣고 있음. 이상화(Li Szong Hva), 김창술(Kim Csang Szul), 유완희(Ju Van Hi), 박팔양(Pak Phal Jang), 박세영(Pak Sze Jong), 안룡만(An Jung Man)은 놀라울 정도로 화려하게 조선 자연의 매혹을 언급하는데, 이러한 매혹과 상치되는 것으로서 이 풍족한 국가(gazdag ország, 조선)의 압제 받는 아들들에 대한 비참함과 애국자들의 고통을 예술적으로 승화시킴.

가장 잔인한 폭력의 지배가 그 짧았던 개화의 시기를 대신함. 점증하는 파시즘은 조선의 민족에게 점점 더한 고통을 쏟아 내었음. 일본 경찰은 잔인한 테러로 프롤레타리아 작가들의 목소리를 억누르고자 했음. 1931년 여름에 동맹의 모든 작가들은 수감되었으나, 프롤레타리아 작가들은 그럼에도 불구하고 투쟁을 포기하지 않았음. 민족해방운동은 점점 더 강하게 터져 나왔음. 사회주의 리얼리즘 경향의 초기 시도 중 하나인 리기영의 「고향」이라는 장편소설은 이 해방운동의 영웅들을 소개함. 리기영은 여기서도 주로 즐겨 (묘사)하는 그의 영웅들을, 가난한 농부들을 소설의 중심에 세우지만, 유일한 방법으로 노동자-농민 동맹의 중요성을 지적하고, (이것이) 사람다운 삶에 이르도록 이끎. 소설 속에서 비단 공장의 노동자들이 빈농과 소작농들과 함께 조합에 가입함. 작가는 이미 이 작품 속에서 마르크시즘이라는 이념의 무기로써 투쟁을 하는데, 이 작품은 현재 조선 문학을 대표하는 작품 중 하나임. 이 시기에 이미 젊은 한설야 또한 전국적인 명성을 지닌 작가였음.

하지만 결국 일본 경찰의 새로운 테러 활동이 이 계속된 발전의 길을 단절시킴. 1934년에 200명의 조선 작가들이 검거되었으며, 그들 중 많은 수가 사망했고, 살아남은 자들 또한 해방 이후가 되어서야 새로이 그들의 목소리를 낼 수 있었음. 1935년에 끝내 '프롤레타리아 작가동맹'이 해산되었으며, 10년간 진정한 문학 작품은 조선에서 출판될 수 없었음.

Ⅱ. 해방 이후의 문학

조선 문학과 조선의 작가들에게 해방이 무엇을 의미했는지, 한 마디로 가장 잘 표현할 수 있는 것은 '삶'임.

조선의 가장 훌륭한 애국자들은 우선 다시 햇빛을 볼 수 있었고, 해방된 땅의 공기를 들이 쉴 수 있었음. 지금[76] 이제는 자유롭게 진실을 알릴 수 있고, 누구도 이를 금하지 않았으며, 게다가 전 인민이 그들로부터 이것을 요구하였음.

실제적인 문화혁명(kultúrforradalom)이 발발한 것임. 자신의 이름도 사용할 수 없었던 민족의 아들들은 아름다운 모국어로 출판된 모든 것들을 탐독했음. 학교의 숫자는 급격히 늘었고 노동자의 아이들은 조선어로 그들의 실제 문화를 배울 수 있었음. 일본의 연극 무대, 클럽, 그리고 극장들은 지금은 이미 조선의 문화를 널리 알리는 곳이

76) 원문의 맥락을 감안하면 '해방'을 의미한다.

되었으며, 오래된 부재를 보충하고자 새로운 잡지들, 정기간행물들이 차례로 조직되고, 선을 보이기 시작함. 해야 할 일들은 넘쳐났음. 조선어 문제는 가장 난해한 문제에 속했음. 조선 문학 전문가들에 따르면, 일본 제국주의의 확장에 있어서 가장 위협적인(위험한) 협조자는 일본어였음. 특히, 일본어를 배우는데 유일하게 어려운 부분인 상형문자/한자/를 이미 익힌 조선 사람들의 경우, 일본어는 아주 빠르게 습득할 수 있는 언어였음. 일본의 지배를 겪은 조선인들의 말에 따르면, 어린이들은 일본 학교에서 이미 1학년 때에 완벽하게 일본어를 습득했으며, 점령자들은 이 아이들을 자신들의 프로파간다(propaganda)로 감염시키고자 노력했음. 조선어 또한 아주 많은 일본 단어들을 받아 들였음. 대규모의 언어 정화 과정이 시작되었음. 조선이 얼마만큼 점령자들을 증오했으면 해방 이후 기간, 단 한마디의 일본어를 내뱉는 것조차도 거의 조국을 배반한 것으로 여겼음. 어쨌든(de) 해방의 혁명적 역동성은 이 증오하는 외국 단어들에 대해 어떠한 동정도 없이, 마치 많은 곳에서 적들을 연상시키는 벚꽃(cseresznyefa)들을 베어버렸듯이 없애 버렸음.

내던져버린 단어들은 새로운 것들로 보충해야 했지만, 적합한 표현들이 준비되어 있지 않았음. 이때, 우리의 의견으로는 조선 동지들이 가장 다행스러운 해결책은 적용시키지 못했는데, 왜냐면 새로운 단어의 구성(szóképzés)[77] 방법을 대중화시켰으면 했지만, 이 대신에

77) 이는 실제로 조어(szóalkotás)를 의미한다고 볼 수 있다. 'szókézés'는 접사를 의미하기도 하며, '단어의 형성', '파생'을 의미하기도 한다. 일반적으로 우리말의 '조어'에 해당하는 헝가리어는 '쏘얼꼬따쉬(szóalkotás)'를 다용하기에 굳이 '조어'로 표현하지 않았을 따름이다.

새로이 차용어 수용의 과정이 이어졌음. 1951년에 모스크바에서 출판된 홀로도비치 류(類, Holodovics féle)의 조선어-소련어 사전 어휘(szókészlet)의 40% 이상은 중국어이며, 이 단어들의 대부분을 일반적인 조선 사람들은 물론, 교육을 받은 조선인들조차 알지 못했음. 미제국주의자들이 양국에 철의 장막을 펼친 것이 어려움을 심화시켰음. 김병제(Kim Bjong Ce)[78] 교수를 통해 북조선에서 시작된 언어 단순화와 쓰기 개혁(egyszerű nyelv és írásreform)은 철회되었어야 했는데, 왜냐면 이것은 어느 정도는 중요하지만, 양 국가(남북한)의 민족 사이에 이질성(szakadék)만을 심화시킬 것임. 남조선에서는 미제국주의자들의 주입으로 글쓰기를 단순화시키고자 하는 과정이 시작되었지만—아마 위에 언급한 이유들 때문에—남조선의 학자들 또한 큰 동요를 일으킨 언어 개혁의 실행을 저지하였음.

이러한 상황하에서 조선 문학의 해방 이후 등장의 첫 번째 시기가 시작되었음.

a./ 1945년 8월 15일-1950년 6월 25일 사이 조선 문학의 상황

민주공화국의 건설(demokratikus építés, 민주적 건설) 시기 초기에

78) 1957년에 출판되어 헝가리에서 동양 언어로는 최초로 제작된 『웽가리어-조선어 사전(Magyar-Koreai Szótár)』에 김병제는 조선민주주의 인민공화국 학술원 언어학 분과 과장(A koreai tudományos akadémia nyelviszeti osztálynak igazgatója)으로 사전 심사를 맡기도 하였다. 이 사전의 원형은 실제로 1953년에 헝가리에서 유학하던 북한 유학생들과 헝가리에서 교육을 받던 북한의 전쟁고아들을 위해 당시 북한 학생들에 의해 제작되었다. 자세한 내용은 김보국, 「헝가리에서 한국학 현황과 발전방향에 대한 고찰」, 『동유럽 발칸학』 13권 1호, 동유럽발칸연구소, 2004, 181~212쪽 참조.

북조선문학예술총동맹(Északkoreai Irodalomművészeti Szövetség)이 형성되었는데, 조선의 가장 뛰어난 작가들이 이 동맹의 회원들로 자리를 잡았음. 이전 시기의 인물들 중에서는 동맹의 의장이 된 한설야와 가장 인기 있던 소설가, 리기영 또한 지도자의 역할을 맡았음. 하지만 그들 외에도 아주 진지한 젊은 호위대가 형성되고 있었음. 이 호위대 또한 두 그룹으로, 즉 조선에서 성장한 작가 그룹과 소련에서 해방 이후 귀국한 작가 그룹으로 구성되었음. 이 조선학파의 제자들에게는 언어와 고전 문학 연구에 있어서 심화시킬 수 있는 더 많은 기회가 있었던 반면, 소련에서 귀국한 이들은 이데올로기적으로 훨씬 더 잘 훈련되었고, 새롭고 진보적인 소련과 세계문학을 더 잘 알고 있었음. 첫 번째로 거론한 학파로는 작가동맹의 현재 총비서(főtitkár)인 홍순철(Hong Szul Csol)과 오늘날 교육선전성 문화예술과의 과장인 백인준(Pek In Cun)이 있음. 소련에서 귀국한 작가들 중에서 가장 뛰어난 인물은 조선 문학의 마야꼬프스끼(Majakovszki)이자 많은 이들의 의견에 따르면 시대를 통틀어 가장 위대한 조선의 시인인 조기천(Co Gi Cson)이었음. 소련의 전투적인 작가동맹이 조기천을 키웠으며, 소련 작가동맹이 그를 가장 위대한 시인과 위대한 애국자로 만들었음. 완벽하게 소련어를 구사했고, 일본어와 알려진 다수의 서구 언어들 또한 구사할 줄 알았음. 자신을 뿌쉬낀(Puskin)과 마야꼬프스끼의 제자로 고백했으나, 프랑스의 백과사전학파(enciklopédista), 볼테르(Voltaire), 루쏘(Rousseau)를 섭렵하였고, 뻬뙤피(Petőfi Sándor)[79]

79) 뻬뙤피 샨도르는 헝가리 낭만주의 시기 최고의 시인으로 일컬어진다. 그에 대한 자세한 내용은 각주 15) 참조.

와 가장 최신의 세계문학 또한 알고 있었음.

소련에서 배운 젊은 작가들 중에서 많은 이들은 해방 이후에야 모스크바로 갔음. 이들 중 가장 뛰어난 인물은 헝가리에도 다녀간 적이 있는 서만일이며, 그의 작품은 우리 헝가리에서도 알려져 있음.

작가동맹의 이러한 다층적 구성은 다수의 문학 논쟁의 가능성을 제공했으며, 이는 많은 관점에서 지속적인 발전에 기여했음. 1947년 3월과 9월의, 조선로동당의 문학과 예술에 관한 결정들이 마침내 이 발전의 방향을 규정했음. 주요 목적은 작가들의 이데올로기적, 전문적 교육의 도움을 빌어 사회주의 리얼리즘 문학을 창출하는 것임. 상기 결정들은 민주공화국의 건설(demokratikus építés, 민주적 건설), 노동자와 농민의 새로운 행복한 삶, 과거의 자취들과 해악한 경향들에 반대하는 투쟁, 새로운 인간형과 오늘날의 묘사라는 새로운 문학의 주제들 또한 윤곽 지었음.

조기천의 「둑에서(Gátnál)」라는 시는 분출하는 새로운 삶의 전망을 화려한 색채로 묘사함. 땅은 농민들의 것이며, 마을도 그들의 것임. 학교에서는 조선어로 가르치고, 문화회관이 세워지고, 바람은 모내기를 하고 집으로 돌아오는 농부들의 새로운 삶에 대해 행복하고 새로운 노래를 흥겹게 살랑거리게 함. 한 늙은 농부가 둑에서 이를 (이 바람에 불어오는, 살랑거리는 새로운 노래 소리를) 듣고, 그의 심장은 기쁨으로, 그의 눈은 눈물로 가득 차서 흐느끼며 말함. 이렇게 행복한 시절은 여태껏, 절대 있지 않았다고.[80)]

80) 이 작품에 대한 대략의 묘사 부분이다.

백인준은 초기에 쓴 시에서 풍경의 아름다움을 노래했고, 그보다 연장자인 민병균(Min Bjon Kun)은 짧은 서사를 가진 시들(elbeszélő költemény)을 썼지만, 당의 1947년 결정 이후, 그들의 목소리는 점점 더 용감해졌고, 행복한 낙관주의로 새로운 삶의 아름다움을 노래했음.

서정시(líra) 외에도 이때에 현대 조선의 서사적 시(elbeszélő költészet)들도 형성되었는데, 조기천의 시도에서도 마찬가지로 이를 볼 수 있음. 조기천은 서사적인 시를 잘 알고 있는 사람으로서 서사 예술의 모든 수단의 재능 있는 활용으로 「삶의 노래(Élet dala)」를 썼음. 이 서사적인 시의 플롯(esemény)은 카바이드 공장에서 전개되며, 작가는 이전의 드라마와 새로운 드라마의 접점(összeütközés, 충돌, 격돌, 부딪힘)을 보여줌.

장편소설(regény) 또한 거대한 활기로 출발함. 이 장르의 가장 뛰어난 작가는 리기영인데, 농지개혁과 새로운 농민의 삶을 묘사한 역사 소설인 『땅(Föld)』은 출간 이후 소련어로도 출판되었음. 한설야[81]는 이 시기에 「자라는 마을(Növekvő falu)」, 「탄갱촌(Bányászfalu)」[82]과 이미 새로운 삶을 묘사한 작품들인 「남매(Fivér és nővér)」라는 제목의 중단편소설(elbeszélés)들을 썼음. 한설야는 조선의 삶을 철저히 이해하고 있는 작가였는데, 그의 글들은 정확한 관찰에 기초했으나, 도식주의(sematizmus) 때문에 강한 비판을 받았음. 그의 특성 묘사

81) 1962년 10월 10일 평양의 헝가리 대사관에서 보고한 '뛰끄(Tük: 외교기밀문서)' 자료에는 한설야의 숙청과 관련된 자료(문서번호, XIX-J-1-j Észak-Korea 1962 6 Doboz, 007987.szb.1962)가 있다. 본서 235쪽 참조.

82) 원문에는 'Bányszfalu'로 기재되어 있는데, 이는 'Bányászfalu'의 오기로 보인다.

(jellemábrázolás) 역시 매우 깊지는 않으며, 그의 작품들에는 사건의 배경과 자연의 묘사가 부족함. 그럼에도 불구하고 한설야는 가장 위대한 작가들에 속함. 그의 작품들에는 매우 진지한 교육적 가치들이 있음. 김일성의 빨치산 항쟁을 다룬 그의 「혈로(Véres út)」라는 제목의 중편소설(kisregény)은 인정을 받을 만한 작품으로 여겨지고 있음(megérdemelt elismerésben részesült).

해방 이후 시기의 성공적인 창작들로는 리북명의 「로동일가(Munkáscsalád)」라는 제목의 중편소설도 포함됨. 하지만 곧 미국과 리승만 일당들의 야만스러운 도발이 이러한 평화로운 발전을 저지했는데, 이 도발은 건설 중인 조선을 삼 년의 끔찍한 전쟁 아래에서 폐허의 땅으로 바꾸어 놓았음.

b./ 조국수호전쟁(honvédő háború)시기의 문학

5년의 평화로운 발전(fejlődés)의 시기에 조선 문학은 눈에 띄는 성장(fejlődés)의 과정을 거쳤으나, 작가동맹은 일치와 분열의 진영으로 얽혀졌음. 하지만 지금(전쟁 시기)은 전쟁의 시기에 자신들이 해야 할 바를, 총력으로 최후의 승리를 위해 그 자신들이 이미 결정했음. 작가들은 민족과 조국에 대해 자신들의 의무를 다했음. 동맹 회원들 중 많은 이들은 무기를 손에 쥐었으며, 영웅적인 죽음을 맞이한 작가는 한둘이 아니었음. 시인들의 작품은 군인들에게 용기를 불어 넣었으며, 영웅적 행동에 관한 서사들은(elbeszélések) 새로운 영웅적 행동을 추동시켰고, 적들의 비열한 책동에 대한 묘사는 조선의 전사들에게

서 증오를 일깨웠음. 참호(lövészárok)에서 화염이 멈추었을 때, 전사들은 종종 책을 읽었으며, 게다가 무대공연을 하는 단체들 또한 지속해서 전선으로 다녔음. 이 시기의 문학에서 조기천의 시들이 가장 뛰어난 작품들이었음. 세 명의 자녀들을 차례로 전선으로 보낸 어머니 /「조선의 어머니(Koreai anya)」/, 차디찬 총부리로 얼어붙은 손가락을 한 채 살을 에는 추위에서 행군하는 군인들 /「우리의 길(A mi utunk)」/, 장작불 옆에서 몸을 녹이는 군인들에게 노래하는 빨치산 소녀 /「봄의 노래(Tavaszi dal)」/, 그리고 출격의 길을 떠나는 군인에게 /「죽음을 원쑤에게(Halál az ellenségre)」/는 더없이 아름다운 시들 속에서도 연이어 빛나는 작품들임. 오늘날에도 많은 조선인들은「조선은 싸운다(Korea harcol)」라는 제목의 그의 시를 책을 보지 않고서도 알고(외우고) 있음.

세상의 평화로운 사람들아
지도를 보아라.
조선에서는 산과 계곡만이 있으니
당신들의 영혼은 얼어붙을 거외다.
만약 집을 찾는다면.[83)]

상상할 수 없을 만큼 야만적인 파괴와 애국자들에 대한 고문 및

83) 헝가리어로 적은 것이기에 해석이 원문과 일치하지는 않는다. 한편 이는 이 보고서의 작성자가 실제 조선 문학에 대한 연구 결과로 이 보고서를 작성한 것이 아닌, 간접적인 방법으로 얻은 조선 문학에 대한 정보를 바탕으로 이 보고서를 작성했다는 의미로 해석해 볼 수도 있다.

처형, 어머니와 어린이들에 대한 살육을 묘사하며, 보복과 계속된 전투, 그리고 최종적인 승리를 북돋게 하는 작품임.

김상오의 『증오의 불길로써(A gyűlölet lángjai)』라는 제목의 시집 또한 군인들 사이에서 인기였음. 이 시집의 한 시에서는 조선의 항공 방어포가 격추시킨 미군의 비행기가 논 자락에, 붉은 진달래꽃들 사이에 떨어진 것을 묘사함. 농부들은 살인의 길을 떠난 미군의 시체에 저주를 퍼부으며, 평화로운 조선인들을 미군이 학살했듯 다른 미군들 또한 죽음을 맞이하길 원함. 그 미군들이 더 이상 그들의 어머니, 아내, 그리고 울부짖는 아이들을 볼 수 없도록.[84)]

민병균의 시집인 『오로리 평야(Orori mező)』와 천세봉(Cson Sze Bon)의 「싸우는 마을 사람들(Harcoló falu)」, 또한 작품 속에서 영웅적인 중국 지원병들의 형제적 도움에 감사를 표한 홍순철(Hong Szun Csol)의 「이 영광을 그대들에게(Dicsőség nekik)」라는 제목의 작품이 전쟁 시기 뛰어난 작품들 중에 속함.

낭만주의 문학 시기들의 특징인 거대한 민족 서사시이자, 모든 비평을 잠재운(minden kritikát kiállt) 빛나는 작품인 조기천(Co Gi Cson)의 「백두산(Pektuszán)」이 이 시기에 태어났는데, 이 작품은 이후 거의 모든 인민민주주의국가에서 출판되었음. 백두산은 우리(헝가리)에게도 알려져 있는데, 아쉽게도 헝가리어 번역은 완전한 전체 작품을 번역한 것이 아님. 이 서사시의 주된 흥미점은 이 유일한 조선의 영웅시(hősköltemény)가 프롤로그, 에피클레시스,[85)] 열병(閱兵), 그리

84) 이 요약 역시 본래 시의 내용과 정확하게 일치하지는 않는다.
85) epiclesis, 절대자의 강림 희구, invokáció.

고 기적적인 요소, 즉 서구 서사시의 표본으로 만들어진 것이며, (서구 서사시의) 그 요소들을 포함하고 있다는 것임. /나중에 하얗게 덮인 백두산의 의인화가 되는 백호는 남조선을 향해 노려보며 분노를 폭발시키고, 백발의 수염을 흔들며 고요한 천지못에 거대한 바위를 새김/ 이 영웅시는 전통에 충실하게 거친 전투와 영광의 승리 이후 재래(在來, szokásos)의 에필로그로 끝을 맺음.

조기천은 가장 위대한 시인으로 칭송될 만한 가치가 있는데, 새로운 다양한 시 형태의 성공적인 내화(meghonosítás) 외에 새로운 시인의 언어 형성에서도 큰 역할을 하였음. 1952년 7월 31일에 /빼뙤피의 사망일과 동일한 날에/[86] 작가동맹의 건물에서 작업 중 야만적인 미국 공습(空襲)의 희생자가 되었음.

전쟁 시기의 인기 있는 장르는 중단편(elbeszélés)과 중편소설(kisregény)이었음. 이 작품들은 군인들의 영웅적 행동, 피로 물든 전투, 친선 국가들의 원조, 적들의 야만성, 후방(hátország)과 전방의 긴밀한 협조, 전쟁 시기의 열정적인 생산(산출) 등을 주제로 선택하였음.

인기 있는 중편소설 시리즈들 중에서 한설야의 「승냥이(Farkások)」라는 제목의 장편소설과 「대동강(Tedongán)」의 첫 번째 편이 발간됨. 「승냥이」는 미국 선교사들의 실제 얼굴을 폭로하고 종교라는 가면 뒤에 숨은 외국 목사들이 조선 민족의 가장 흉폭한(legádázabb) 적들이라는 것을 보여줌. (이 시기) 독자들은 황건(Hváng Cson)의 「행복(Boldogság)」이라는 제목의 중단편도 기꺼이 읽었음.

86) 빼뙤피의 사망일시는 1849년 7월 31일로 추정할 뿐, 아직도 정확한 자료를 바탕으로 한 사망일은 밝혀지지 않고 있다. 빼뙤피에 대해서 자세한 내용은 각주 15) 참조.

전쟁 시기에 주목할 만한 드라마(희곡) 창작은 많이 이루어지지 않았는데, 연극 무대가 모두 폐허로 변했고, 제대로 된 공연을 기획할 가능성이 없었기 때문임. 작가들은 이보다는 전선의 무대를 위해 오히려 단막극과 짧은 장면들을(무대 장면이 길게 이어지지 않는 것들을) 썼음. 유일하게 돋보이는 희곡 작품은 「강화도(Kanhoa sziget)」이며, 지난 세기 실패로 돌아간 미국의 침략 사건을 재능 있는 무대기술로써 극화(드라마화)했음. 오늘날에도 인기 있는 드라마 작가는 송영(Szong Jang)임.

전쟁 시기 조선의 작가동맹은 작가의 가장 고결한 과업을 문학이라는 도구로 실현했으며, 펜으로 인민군의 전투를 도왔고 이는 성과가 없는 것이 아니었음. 전쟁 시기 조악한 품질의 종이에 출판되어 종종 거의 읽을 수 없는 책들이 병사들에게 어려운 많은 위기를 겪어낼 수 있도록 도왔으며, 이는(이 시기 문학은) 그들에게(병사들에게) 용기와 위안과 유일한 유흥 및 오랫동안 볼 수 없었던 사랑하는 사람들까지도 의미했음. 어머니, 아내, 아이들 등 그들로부터는 드물게 편지가 왔는데, 그들 중 누가 아직 살고 있는지도 전선의 병사들은 알지 못했음.

c./ 조국수호전쟁 이후의 재건 시기

정전협정 이후 믿기 어려울 정도로 빠른 속도로 폐허가 된 국가의 재건이 시작되었고, 작가동맹도 재건의 지원이 목적이며, 낙담한 이들에 대한 고무와 격려(csöggedőkbe),[87] 그리고 사회주의자의 삶에 대한 묘사라는 새로운 과업을 설정함.

작가동맹은 출판물의 수준 향상, 조선 문학 언어의 발전, 그리고 작가들의 계속된 교육에 큰 주의를 기울였음. 작가들과 신문기자들을 대상으로 학습 과정을 차례차례 개설했고, 새로운 정기간행물들과 문학 신문들을 조직했으며, 예술의 수준 향상과 그 (예술적) 사고 내용의 풍부화를 위해 최선을 다 했음.

정전협정을 맺은 지 1년도 채 지나지 않아 곧 하나의 문화국가의 자부심이라고도 할 수 있는 모란봉 극장(Moranbon Színház)이 완공됨. 연극 극장(drámai Színház)이 건설된 이후, 반면 지하 극장(földalatti színház)에서는 고전 연극들을 소개함. 현재 평양에서는 8개의 활동사진극장(mozgóképszínház)이 운영되고 있는데, 그들 중 신(新) 스탈린 거리의 중앙 영화관(központi filmszínház)은 거의 1,000개의 좌석으로 운용됨.

문화를 위하여 노동자계급은 모든 지원을 아끼지 않고 희생을 감수했으며, 작가들 또한 이 건설의 작업에서 영웅적 예를 보여주는 노동자들을 외면하지 않고자 했음.

전쟁 이후 출발은 어려웠음. 작가들은 처음에는 어렵게 그 새로운 목소리를 발견했는데, 전쟁 기간에 체득한 경험들과 구성했던(összeállított) 계획들을 잃어버리고 싶어 하지 않았음. 하지만 이러한 것들을 문학화 하는 데에는 오랜 기간이 걸렸고, 오늘날에도 지속되고 있음. 아마 어떠한 것도 작가에게 전쟁만큼 그 소재를 제공하지는 못할 것임.

87) 원문에는 csöggedőkbe라고 적혀 있는데, 이는 csüggedőkbe의 오기(誤記)로 보인다.

여기서(전쟁에서) 사람들의 실재적인 그 자신, 가장 거대한 열정과 작가와 독자 모두에게 흥미로운 주제들인 영웅성, 동지애, 희생, 포기(lemondás), 애국심, 사랑과 증오의 인간적 감정이 표출됨. 조선의 작가들이 전쟁 이후에도 전쟁을 많이 다루었던 원인은 바로 이러한 이유에서이며, 오늘날에도 그 영향으로부터 완전히 벗어나지 못하고 있음. '새로운 조선(Új Korea)'의 언론 간담회(기자회견)에서 편집 업무에 대해 비판을 하며 이 현상을 결점으로 언급했음.

하지만 작가들의 많은 수가 이미 진정한 길을 찾았고, 실제적인 오늘의 삶에 관해 글을 쓰며, 재건의 전선에서 벌어지는 전투를 소개하고, 도시와 농촌 노동자들의 새로운 삶을 묘사함. 계획 달성을 위해 노동자들을 돕고, 초과 달성을 위해 전개된 투쟁에서 자주 공장으로, 농촌으로 다녔는데, 그 곳에서는 부분적으로 선동 업무를 수행하거나 또는 향후 작품을 위한 주제를 찾았지만, 자주 노동자들을 북돋우고자 내려간 그 곳에서, 자신들 또한 그 생산 과업과 모내기 작업, 도로와 둑을 건설하는 등의 일에 참여함.

서정시 시인들(lírai költők)의 작품 중에서 아주 많은 작품들이 현안에 대해 창작한 것들(időszerű alkotás)인데, 이들은 전형적으로 (현재의 일에 대한) 시사적인 시(aktuálizált költészet)의 좋은 모범임. 문학 서클에서 이들 중 박세영(Pak Sze Jang)의 『나는 쓰딸린 거리를 건설한다(Sztálin utat építem)』라는 제목의 시집과 정문향(Con Mung Hjang)의 「벌목부의 호소(Felhívás az erdőmunkásokhoz)」라는 제목의 시를 사람들이 언급함. 서만일의 『봉선화(Pongszon-virág)』라는 제목의 시집도 비록 작품들의 많은 부분은 아직 전쟁 시기에 창작되었다고는 하지만, 가치 있는 시들을 아주 많이 담고 있음.

작가동맹의 총비서인 홍순철은 저명한 선임(先任)이었던 조기천의 전통을 「어머니(Anya)」라는 제목의 서사시에서 성공적으로 계승함. 모든 사람 한 명 한 명이 이해하기에는 그의 시어(詩語)가 너무 풍부하고 변화무쌍함에도 불구하고 일반인들 사이에서도 아주 인기 있다는 점으로도 시 「어머니」의 중요성은 더욱 부각됨. 아름다운 옛날 문학의 많은 단어들을 개량했으며(újított fel), 이렇게 그가 사용하기 시작한 이후 이런 단어들 중에서 대중적으로 사용하게 된 단어는 한 두 개가 아님. 많은 이들의 의견에 따르면 「어머니」는 가장 아름다운 조선어로 쓰여진 시임. 우리(헝가리) 의견으로는, 유명한 언어학자인 김병제가 평한 「어머니」의 작가에 대한 비평, 즉, 옛 단어를 새롭게 한 것 외에 새로운 것(시어)들의 형성도 생각하게 한다는 점에 대해 이는 올바른 지적이라고 여김. 부족한 단어들의 보충은 우선적으로 홍순철과 같은 탁월한 언어 감각을 지닌 작가들의 과업임. 홍순철의 선배 세대에 속하는 민병균(Min Bjong Kun) 또한 「조선의 노래(Korea dala)」라는 제목의 서사시(eposz)를 쓸 때 그의(홍순철의) 예를 따름. 이 서사시는 나쁘지는 않지만, 민병균의 이전 창작들이나 혹은 홍순철의 서사 작품들보다 다소 적은 성공을 거둠. 그렇게 인기 있지는 않음. 문화선전성이 이 작품을 영어로 출판해서 우리는 약간은 이유 없다고(indokolatlan) 여김.

산문 문학(prózai szépirodalom) 분야에서는 변희근(Bjan Hi Gun)의 중단편소설(elbeszélés)들과 유항림(Ju Hang Lim)의 「직맹반장(Szakszervezeti elnök)」이라는 제목의 중편소설이 중요한 작품임. 이 후자의 작품은 전형 묘사(típusábrázolás)에 있어 성공적이었으며, 향후 발전을 위한 방향을 보여줌.

올해에 한설야의 『대동강』이라는 제목의 삼부작 장편소설의 최종편과 김일성의 삶을 묘사한 대형 장편소설이 『력사』라는 제목으로 출판됨. 반면 새 조선 문학의 가장 중요한 장편소설은 리기영(Li Gi Jon)의 『두만강(Tumángán)』이라는 제목의 작품인데, 우리에게도 알려져 있는 이 작품은 3권짜리의 역사 소설 3부작 중 하나임.

연극 극장들의 복구는 새로운 드라마(희곡) 장르의 계속된 발전 또한 가능하게 하였음. 이 분야에서는 지방의 무대들이 큰 역할을 했는데, 무엇보다 개성(Keszon), 원산(Vonszán), 청진(Csoncsin), 강계(Kange), 그리고 신의주(Szinidzsu)시를 들 수 있으며, 이곳들에서 수도(평양)에서 보다 더 많은 새로운 작품들이 소개됨. 공연한 주요 작품들에 대해서는 상세한 보고를 보냈으며, 서만일(Szo Man Il)의 「가족(Család)」이라는 제목의 작품을 둘러싼 논쟁, 백인준(Pek In Cun)의 「최학신의 일가(Pap családja, 목사의 가족)」라는 제목의 희곡, 오병초(O Bjan Cso)의 「백두산(Pektuszán)」, 리면상(Li Men Szán)의 가극(daljáték) 「꽃신(Koszin)」[88]을 우리는 이미 보고한 바 있음. 이 작품들이 희곡 형성의 중요한 거점(állomás)이었음. 이 장르에서 발전이 가장 더뎠음. 공연

88) 리면상의 작품 「꽃신」을 헝가리어 발음대로 'Koszin'으로 원문에는 기재되어 있는데, 이는 번역에 있어서 하나의 문화소에 속하는 꽃신을 달리 표현할 방법이 없어서 발음 그대로 표현했다고도 볼 수 있겠지만, 다른 작품들의 명칭은 경우에 따라 헝가리어로 풀어서 적은 것을 볼 때, 이는 이 보고서가 자신이 직접 요약한 것이라기보다 당시 일반적으로 받아들여지던 문학사적 관점을 다만 헝가리어로 보고한 문서라고 추정하는 또 하나의 근거가 될 수 있을 것이다.

작품의 수는 아주 적었고, 좋은 작품의 탄생 또한 늦었음. 게다가 좋은 희곡을 조선의 연극 극장에 적합한 해석으로 제공해 주었을 법한 작품 전문 번역가(műfordító) 또한 그 수가 적었음. 하지만 고전 오페라와 발레는 아주 높은 수준을 보유하고 있음. 아동문학, 동화, 아동연극의 문제와 함께 이 문제에 대해서는 향후 별도의 보고서에서 다루고자 함.

끝으로 해방 이후 짧은 기간 동안 조선의 문학은 아주 대단한 발전의 길을 거쳤다고 할 수 있음. 문학적 노선, 이론적 문제들은 임화 류(Lim Hoá-féle)의 당파(klikk)의 발각(leleplezés) 이후 정화되었음.[89] 발전의 방향 노선(irányvonal)은 분명하고, 모든 조선의 작가들 앞에서 그 목표 설정이 명확함. 하지만, 조선의 문학이 풍부한 사상성(思想性, eszmeiség)에도 불구하고, 그리고 의문의 여지없는 교육적 효과에도 불구하고 유럽의 독자들에게 우리가 생각하는 것만큼 호소되지 못하는 이유는 무엇일까? 대답은 어렵지 않음. 과거의 경향을 응시하며 우리의(유럽의) 문학 스타일로부터 비켜 앉아 있고, 반면 새로운 사회주의 리얼리즘 문학에는 우리보다 깊은 뿌리가 없기 때문임.

우리가 알고 있는 바, 소련어 번역은(소련어로부터 번역된 작품들은) 독자들의 취향에 더욱 맞게끔 다소 개작(átalakítás)된 후 독자들의 손에 닿게 됨. 이러한 문체의 변경은 주로 산문 문학에서 특징적인 것이며, 이와 관련하여 조선의 작가동맹은 소련의 작가동맹과 협

89) 1953년 소위 '리승엽 사건'과 관련된 헝가리 외교문서가 일반행정기밀문서에 존재한다. 문서번호와 제목은 09458/1953., '리승엽과 11명 동료의 간첩활동(Li Szin Jeb és 11 társának kémtevékenysége).'

의를 맺었음.

조선 작가들의 가장 멋진 성과는 독자들로 하여금 문학을 사랑하게 했다는 것임. 도서들은 5천, 드물게는 1만 권의 부수로 출판되지만, 하루 이틀 사이에 매진됨. 도서관들은 항상 사람들로 붐비고, 기차나 식당에서 사람들이 즐겁게 독서로 휴식 시간을 보내고 있는 것을 볼 수 있으며, 새로운 조선의 문학을 인민들은 자신의 것으로 여김.

작가들은 엄격한 계획에 따라 작업을 하며, 1월에 작가동맹은 한 해를 통해 어떤 작품들을 쓸 것인지에 대해 정확하게 고지함. 계획에 따른 것(계획에 따라 활동하는 것, 계획성)은 옳지만, 우리 생각으로는 조선작가동맹의 관점이 이 문제에 있어 다소 경직되어 있음.

현재 조선에는 두 개의 문학잡지가 있는데, 『조선문학(Koreai Irodalom)』은 작가동맹의 공식 잡지이며, 『조소문학(Koreai-Szovjet Irodalom, 조선-소련 문학)』은 조소친선협회(Koreai-Szovjet Társaság, 조선-소련 친선협회)의 문학잡지임. 이 잡지들은 문학 문제들만을 다루며, 우리의(헝가리의) 『칠러그(Csillag)』[90]와 유사한 분량과 꾸밈새로 매월 발행됨. 미술, 영화, 연극, 그리고 라디오에 대해서는 아직은 전문 매체(irodalmi orgánum)가 없음. 상기 잡지들(『조선문학』, 『조소문학』)은 다른 목적이 있다기보다는 공식적인 그룹들에게만 나누어지는(회람되는, 읽혀지는) 것들임. 최근에서야 조선에서 처음으로 신문 가판대가 선보였음.

---

90) 이 헝가리 문예지에 대해서는 각주 49) 참조.

또 하나 언급해야만 하는 것은, 조선 정부는 진보적인 전통을 돌보는 데 큰 애착심을 가지고 있음. 정전협정을 맺은 이래로 계속하여 과거에 가장 가치 있던 전통적 문학 작품들이 역시 5천 부의 인쇄 부수로 출판되고 있음. 이 책들에는 정성스러운 설명들이 제공되며, 아주 인기 있음. 가장 중요한 출판물은 고전 시선집(régi költészet antológiái), 『춘향전(Csunhjan)』,[91] 『심청전(Szimcsongdzon)』, 고전 속담집과 각종 중단편소설(elbeszélés)들을 담은 책들임.

현재 조선의 문학은 풍부하고 진보적인 전통을 가진 천 년의 문학이 지속되고 있음.

/ 서명 퓌레디 요제프(Füredi József) /

임시대리대사(id. ügyvivő)

91) 『춘향전』과 관련해서는 본서 42쪽 및 62쪽의 각주 51) 참조.

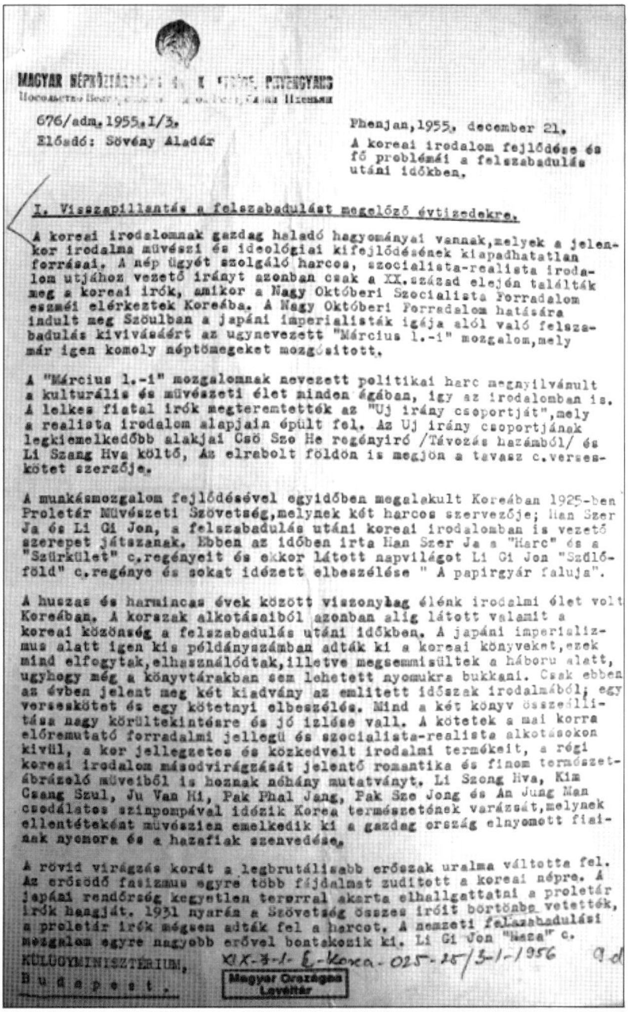
MAGYAR NÉPKÖZ[illegible] PHENJANG

[illegible]

676/adm.1955.I/3.

Előadó: Sövény Aladár

Phenjan,1955. december 21.

A koreai irodalom fejlődése és fő problémái a felszabadulás utáni időkben.

I. Visszapillantás a felszabadulást megelőző évtizedekre.

A koreai irodalomnak gazdag haladó hagyományai vannak,melyek a jelenkor irodalma művészi és ideológiai kifejlődésének kiapadhatatlan forrásai. A nép ügyét szolgáló harcos, szocialista-realista irodalom utjához vezető irányt azonban csak a XX.század elején találták meg a koreai irók, amikor a Nagy Októberi Szocialista Forradalom eszméi elérkeztek Koreába. A Nagy Októberi Forradalom hatására indult meg Szöulban a japáni imperialisták igája alól való felszabadulás kivivásáért az ugynevezett "Március 1.-i" mozgalom,mely már igen komoly néptömegeket mozgósitott.

A "Március 1.-i" mozgalomnak nevezett politikai harc megnyilvánult a kulturális és művészeti élet minden ágában, igy az irodalomban is. A lelkes fiatal irók megteremtették az "Uj irány csoportját",mely a realista irodalom alapjain épült fel. Az Uj irány csoportjának legkiemelkedőbb alakjai Csö Sze He regényiró /Távozás hazámból/ és Li Szang Hva költő, Az elrabolt földön is megjön a tavasz c.verseskötet szerzője.

A munkásmozgalom fejlődésével egyidőben megalakult Koreában 1925-ben Proletár Művészeti Szövetség,melynek két harcos szervezője; Han Szer Ja és Li Gi Jon, a felszabadulás utáni koreai irodalomban is vezető szerepet játszanak. Ebben az időben irta Han Szer Ja a "Harc" és a "Szürkület" c.regényeit és akkor látott napvilágot Li Gi Jon "Szülőföld" c.regénye és sokat idézett elbeszélése " A papirgyár faluja".

A huszas és harmincas évek között viszonylag élénk irodalmi élet volt Koreában. A korszak alkotásaiból azonban alig látott valamit a koreai közönség a felszabadulás utáni időkben. A japáni imperializmus alatt igen kis példányszámban adták ki a koreai könyveket,ezek mind elfogytak,elhasználódtak,illetve megsemmisültek a háboru alatt, ugyhogy még a könyvtárakban sem lehetett nyomukra bukkani. Csak ebben az évben jelent meg két kiadvány az emlitett időszak irodalmából; egy verseskötet és egy kötetnyi elbeszélés. Mind a két könyv összeállitása nagy körültekintésre és jó izlése vall. A kötetek a mai korra előremutató forradalmi jellegü és szocialista-realista alkotásokon kivül, a kor jellegzetes és közkedvelt irodalmi termékeit, a régi koreai irodalom másodvirágzását jelentő romantika és finom természetábrázoló müveiből is hoznak néhány mutatványt. Li Szong Hva, Kim Csang Szul, Ju Van Hi, Pak Phal Jang, Pak Sze Jong és An Jung Man csodálatos szinpompával idézik Korea természetének varázsát,melynek ellentétekánt müvészien emelkedik ki a gazdag ország elnyomott fiainak nyomora és a hazafiak szenvedése.

A rövid virágzás korát a legbrutálisabb erőszak uralma váltotta fel. Az erősödő fasizmus egyre több fájdalmat zuditott a koreai népre. A japáni rendőrség kegyetlen terorral akarta elhallgattatni a proletár irók hangját. 1931 nyarán a Szövetség összes iróit börtönbe vetették, a proletár irók mégsem adták fel a harcot. A nemzeti felszabadulási mozgalom egyre nagyobb erővel bontakozik ki. Li Gi Jon "Haza" c.

KÜLÜGYMINISZTÉRIUM,

B u d a p e s t .

XIX-J-1-j-Korea-025-25/3-1-1956 9.d

Magyar Országos Levéltár

[31] 문서번호 676adm.1955.I3. 자료 중 일부

문서번호: 11/adm.1956.I/3.

평양, 1956년 1월 13일

제목: 김인호 조각 예술가 초대[92]

당해 1월 10일, 저녁식사 후 커피를 마시는 자리로 김인호(Kim In Ho) 조각 예술가와 문화선전성 언론과(言論課)의 행정관(előadó)인 그의 동생 김춘호(Kim Cun Ho) 동지를 대사관으로 초대했음. 대사관 측으로는 쇠비늬(Sövény) 동지와 골루브(Golub) 동지가 배석했음.

김인호는 조선의 가장 뛰어난 조각가 중 한 명임. 탁월할 정도로 소련어, 일본어, 프랑스어를 구사함. 그는 어렸을 적, 소련에서 살았고, 이후 당시의 만주(Mandzsúria)로 옮겼으며, 일제 지배 시기에는 하얼빈(Harbin)에서 살았음. 1932년에 파리로 유학을 떠났음. 프랑스의 수도에서 3년을 보냈는데, 거기서 완벽하게(kitűnően) 서유럽의 미술을 알게 되었음. 현재 46세이며, 방 하나짜리의 좁은 공동주택(lakás)에서 부인과 4명의 아이들과 함께 살고 있음. 당분간 작업실은 감히 생각지도 못하기에 겨울철에는 거의 어떤 일도 할 수가 없음. 그의 상황은 조선 예술가들의 전형인데, 그가 훨씬 더 나은 삶의 조건에 익숙하다는 사실이 김인호에게 현재의 어려움을 더 크게 느끼게 함.

92) 한국예술연구소 발행, 『한국예술연구』 제9호(2014년)에 게재된 내용을 수정, 보완한 것이다.

시각예술가(képzőművész)들의 상황과 관련하여 그는 흥미로운 많은 정보들을 주었고, 이는 지금까지 우리들이 이해할 수 없었던 특정한 문제들을 (특정한 문제들에 대해 가졌던 의문들을) 해소시켜 주었음. 조선에서 현대 시각예술 작품들이 개인소유로 존재하지 않는 이유는 단지 전적으로 (작품에 대해) 지불할 수 없을 정도라서 그런 것만이 아니라/중간 크기의 그림은 한 사람의 2년치 평균 연봉/, 그 실제적인 이유는 한 해 동안 아주 적은 작품 창작이 이루어지기 때문임. 1955년, 한 해 동안 조선의 예술가들은 모두 약 2~3,000점의 그림과 2~300개의 조각을 창작했음. 조선미술가동맹은—우리의 의견으로는—현재 이론적인 방향을 제시하는 예술가동맹(művészszövetség)이라기보다는 오히려 창작모임(alkotóközösség)과 유사함. 화가들과 조각가들은 완전하게 재정적으로 동맹에 예속되어 있으며, 이 동맹으로부터 물감, 캔버스(화포), 그리고 창작에 필요한 모든 것을 받음. 이 재료들은 주로 원조의 형태로 도착하는데, 아주 적은 양만 구비되어 있음. 이로써 창작이 소수라는 것이 설명됨. 그림과 조각들의 판매 또한 동맹을 통해 이루어짐. 예술가는 국가의 (작품) 구매가 없는 상태에서 아주 어려운 문제들과 싸우고 있음. 실제 이론적으로만 존재하는 개인 구매 역시 오로지 동맹을 통해서만 이루어질 수 있음. 동맹은 그 회원들의 모든 창작에 대해 인지하고 있으며, 단지 동맹의 허가를 받아야 그 창작물들은 판매될 수 있음.

반면 예술가들은 엄격한 계획에 따라 작업을 함. 당해 계획 수행을 일정한 기간에 따라 감독함. 이때에는 (감독 시에는) 3인의 동료가 작가의 집을 방문하는데, 작업에 대해 의견을 말하고, 전문가적인 도움, 때로는 재정적인 도움 또한 제공함. 동맹의 충고와 노선에 따라 작품은 지속되고, 만약 필요하다면, 그들은 (작품을) 고치기도 함. 이론적 논쟁들은 현재 매체(예술 잡지 등을 포함)를 통해 공개적으로 드러나지 않음. 실제로 이런 것들은 있지도 않음. 지금까지는 당의 결정들이 자세하게 제시되지는 않고, 단지 노선만을 표하였음(jelölték meg). 계속된 방향 제시 업무는 동맹이 쥐고 있음. 예술가들은 집에서 받은 (동맹이 매년 3명으로 수행하는) 비평과 노선 제시 외에 전시회 이후 논쟁의 기회를 빌어(kiállítások utáni viták alkalmából) 자신의 작품에 대한 의견을 받음. 예술가동맹은 어떤 종류의 언론 매체(sajtóorgánum)도 없고, 『노동신문(Nodong Sinmun)』은 한 해를 통틀어 여름 전시회에 대해 한 번의 기사를 쓰며, 『인민조선(Inmin Csoszon)』은 최근에 매 호마다 2~3편의 컬러 복제화를 소개함. 대부분의 대중은 이렇게 최대한 (미술에 대한) 정보가 없는 상태임. 김인호의 의견에 따르면 넓은 인민 계층들의 예술적 취향을 고취시키기에 아직 해야 할 일들이 많음. 그럼에도 사회주의자의 애국에서는(szocialista hazaszeretetében) 인민이 예술가들과 융합되고, 이렇게 그의 작품들을 통해 예술과도 결합이 됨. 조국수호전쟁(honvédő háború) 시기에 예술가동맹은 훌륭한 작업을 수행했고, 그리고 현재에도 많은 미술가들이 아직 전쟁의 주제를 다루며 이로부터 벗어나지 못한다 하더라도, 작품들의 대부분은 재건의 문제를 다루고 있음. 반면 고전미술/오래된 조선 스타일/은 아주 경직되게, 만약 이것을 '진보'라고 이름 붙일 수 있다면, 옛 길에서 진보하고 있음. 이 화가들은 주로 풍경화를 다룸.

3년 전에 우리 헝가리에서 소개되었던 "해방을 위한 조선(Korea a szabadságért)"이라는 제목의 미술 전시회가 대화 주제로 올랐음. 그의 의견에 따르면 전시 작품 중에서 정관철(Csong Kvan Csol)의 〈월가의 고용병들(A Wall Street bérencei)〉이라는 제목의 유화가 돋보였음. 올해 여름 전시회 작품들 중에서는 그의 의견으로 선우담(Szon U Dam)의 〈소년은 귀가하다 /전선으로부터/(A fiú hazatér /a frontról/)〉[93]라는 제목의 그림이 가장 성공적인 창작임. 12월의 풍경화 전시회도 중대한 진전(komoly haladás)을 의미함. 조선 풍경의 아름다움은 예술에 있어서 마르지 않는 원천(kimeríthetetlen forrás)이지만, 당분간은 노동자들의 오늘날의 삶과 노동에 대한 예술가적인 묘사가 더욱 중요함.

자신의 일에 관해서는 단지 얼마 전에 만경대 마을(Manjongde község)[94]에서 김일성의 3미터짜리 동상 작업을 마친 것에 대해서만 언급함. 모란봉 극장 앞의 분수처럼, 이 작품도 인조암(műkő)으로 제작했음. 마지막의 대화 주제로 거론하길, 조선에서는 청동주조(bronzöntés)[95]가 적합한 전문가의 부족으로 인해 기술적으로 해결할 수 없는 상황이지만, 청동(놋)은 (조선에) 충분히 있으며, 그 가격 또한 비싸지 않음. 동해 해안에 대리석도 많은 양으로 있지만, 당분간은 아마도 운반의 어려움 때문에 건축이나 동상 조각에 사용하지 않

93) 작품의 제목인 〈소년은 귀가하다/전선으로부터/〉는 헝가리어를 번역한 것이기에 정확한 원 제목과 일치하지 않을 수도 있다.

94) '마을'로 번역한 헝가리어 '쾨쉬그(község)'는 헝가리어로 읍·면 같은 행정적인 단위에 해당하는 용어이기도 하다.

95) 또는 황동주조.

을 것임.

김춘호는 4월과 12월 총회의 문학계 관련 결정들에 대해 우리에게 안내를 했음. 그에 따르면 주된 문제는 문학 작품들의 중심인물, 주된 영웅(főhős)의 선택과 올바른 묘사였음. 구체적으로는 서만일의 『가족(Család)』이라는 제목의 희곡에서 기사(技師, mérnök)처럼 주된 영웅은 부정적인 성격을 가지면 안 되지만, 백인준(Pge In Cun)의 최근 희곡에서 우리가 본 것처럼, (주된 영웅으로) 목사도 가능하지 않음. 주된 영웅에 대해서는 인민의 진정한 대표자, 뒤따를 수 있는 노동자 혹은 농민 같은 유형을 묘사해야 함.

반면 김춘호는 우리의 언론 과업에 실질적 도움(komoly segítség)을 제공할 것을 약속함.

상기 모임은 아주 진솔하고 우호적 분위기에서 진행되었으며, 우리에게는 가치 있었고 (그들과) 관계를 더 심화할 수 있었음. 조선 문화계의 내부적인 문제를 우리가 아는데 한 발짝 더 가까이 다가갈 수 있었음.

퓌레디(Füredi)
임시대리대사(id. ügyvivő)

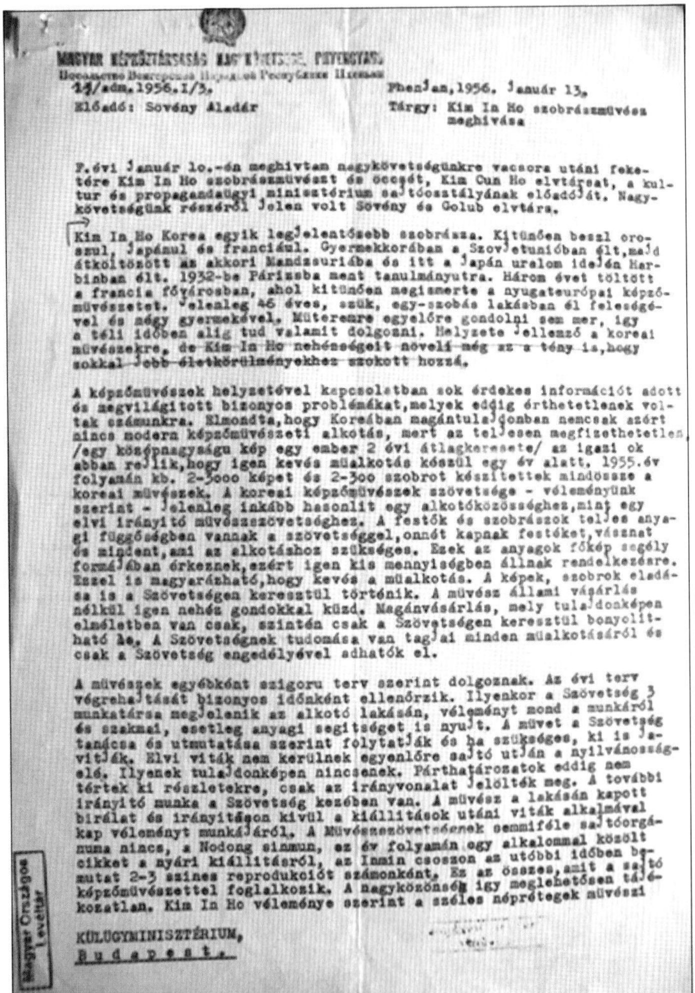

MAGYAR NÉPKÖZTÁRSASÁG NAGYKÖVETSÉGE, PHENJAN
Посольство Венгерской Народной Республики Пхеньян
11/adm.1956.I/3. Phenjan,1956. január 13.
Előadó: Sovény Aladár Tárgy: Kim In Ho szobrászművész
meghivása

F.évi január 1o.-én meghivtam nagykövetségünkre vacsora utáni feke-
tére Kim In Ho szobrászművészt és öccsét, Kim Cun Ho elvtársat, a kul-
tur és propagandaügyi minisztérium sajtóosztályának előadóját. Nagy-
követségünk részéről jelen volt Sovény és Golub elvtárs.

Kim In Ho Korea egyik legjelentősebb szobrásza. Kitünően beszl oro-
szul, japánul és franciául. Gyermekkorában a Szovjetunióban élt,majd
átköltözött az akkori Mandzsuriába és itt a japán uralom idején Har-
binban élt. 1932-be Párizsba ment tanulmányutra. Három évet töltött
a francia fővárosban, ahol kitünően megismerte a nyugateurópai képző-
művészetet. Jelenleg 46 éves, szük, egy-szobás lakásban él feleségé-
vel és négy gyermekével. Müteremre egyelőre gondolni sem mer, igy
a téli időben alig tud valamit dolgozni. Helyzete jellemző a koreai
művészekre, de Kim In Ho nehézségeit növeli még az a tény is,hogy
sokkal jobb életkörülményekhez szokott hozzá.

A képzőművészek helyzetével kapcsolatban sok érdekes információt adott
és megvilágitott bizonyos problémákat,melyek eddig érthetetlenek vol-
tak számunkra. Elmondta,hogy Koreában magántulajdonban nemcsak azért
nincs modern képzőművészeti alkotás, mert az teljesen megfizethetetlen,
/egy középnagyságu kép egy ember 2 évi átlagkeresete/ az igazi ok
abban rejlik,hogy igen kevés műalkotás készül egy év alatt. 1955.év
folyamán kb. 2-3ooo képet és 2-3oo szobrot készitettek mindössze a
koreai művészek. A koreai képzőművészek szövetsége - véleményünk
szerint - jelenleg inkább hasonlit egy alkotóközösséghez,mint egy
elvi irányitó művészszövetséghez. A festők és szobrászok teljes anya-
gi függőségben vannak a szövetséggel,onnét kapnak festéket,vásznat
és mindent,ami az alkotáshoz szükséges. Ezek az anyagok főkép segély
formájában érkeznek,ezért igen kis mennyiségben állnak rendelkezésre.
Ezzel is magyarázható,hogy kevés a műalkotás. A képek, szobrok eladá-
sa is a Szövetségen keresztül történik. A művész állami vásárlás
nélkül igen nehéz gondokkal küzd. Magánvásárlás, mely tulajdonképen
elméletben van csak, szintén csak a Szövetségen keresztül bonyolit-
ható le. A Szövetségnek tudomása van tagjai minden műalkotásáról és
csak a Szövetség engedélyével adhatók el.

A művészek egyébként szigoru terv szerint dolgoznak. Az évi terv
végrehajtását bizonyos időnként ellenőrzik. Ilyenkor a Szövetség 3
munkatársa megjelenik az alkotó lakásán, véleményt mond a munkáról
és szakmai, esetleg anyagi segitséget is nyujt. A művet a Szövetség
tanácsa és utmutatása szerint folytatják és ha szükséges, ki is ja-
vitják. Elvi viták nem kerülnek egyenlőre sajtó utján a nyilvánosság-
elé. Ilyenek tulajdonképen nincsenek. Párthatározatok eddig nem
tértek ki részletekre, csak az irányvonalat jelölték meg. A további
irányitó munka a Szövetség kezében van. A művész a lakásán kapott
birálat és irányitáson kivül a kiállitások utáni viták alkalmával
kap véleményt munkájáról. A Művészszövetségnek semmiféle sajtóorgá-
numa nincs, a Nodong sinmun, az év folyamán egy alkalommal közölt
cikket a nyári kiállitásról, az Inmin csoszon az utóbbi időben be-
mutat 2-3 szines reprodukciót számonként. Ez az összes,amit a sajtó
képzőművészettel foglalkozik. A nagyközönség igy meglehetősen tájé-
kozatlan. Kim In Ho véleménye szerint a széles néprétegek művészi

KÜLÜGYMINISZTÉRIUM,
Budapest.

Magyar Országos Levéltár

[32] 문서번호 11/adm.1956.I/3. 자료 중 일부

문서번호: 025/25/3-1/1956

부다페스트, 1956년 1월 26일

제목: 해방 이후 시기의 조선 문학 발전과 주요 문제들 (문서번호 676/adm.로 된 주(駐) 조선 헝가리 대사관의 보고에 대한 회신)

대사관의 상기 문서번호(676/adm.) 보고서로부터 조선 문학의 발전에 대한 개관을 (보고) 받았음. 그 보고는 철저하게 조사했음을 보여주고, 쇠비니(Sövény) 동지가 조선 문학의 고전과 현대 작품들 또한 잘 알고 있으며, 출판된 모든 새로운 작품들을 주의 깊게 살펴보고 있다는 것을 보여줌. 각각의 작품들에 대한 짧은 안내와 평가 또한 다루고 있는 것이 보고서의 장점임.

우리의 의견에 따르면, 이러한 상당히 자세한 조사가 이 전체 보고를 더욱 정치적으로 다듬을 수 있었음에도 불구하고, 보고서의 부족한 부분은, 단지 몇 마디의 언급에서만 문학 분야에서 당의 지도적 역할을 언급하며, 문학의 논쟁들에 대해서 단지 짧은 소개만 한 부분임. 보고는 더 짧게도 가능하며, 반면 보고서의 스타일은 다소 시적(詩的, poétikus)임.

부다페스트, 1956년 1월 26일
/뚜리 페렌쯔(Turi Ferenc)/
과장(osztályvezető)

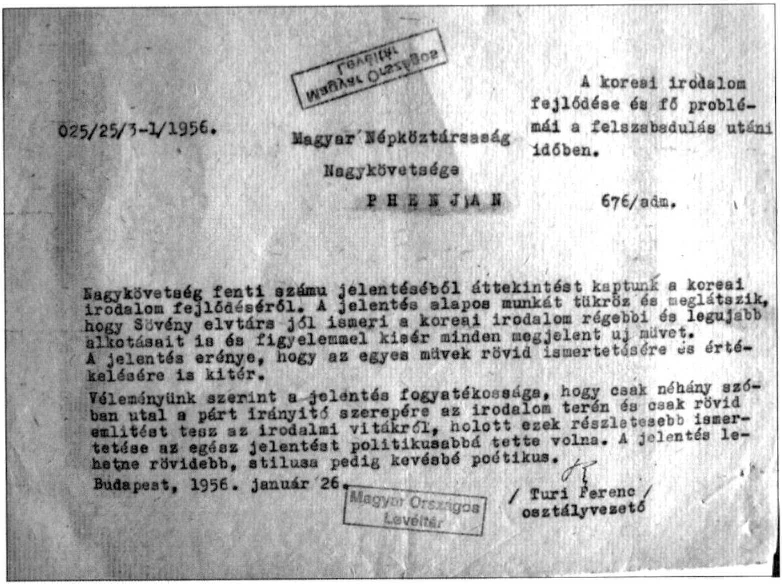

Magyar Országos Levéltár

025/25/3-1/1956.

Magyar Népköztársaság
Nagykövetsége
P H E N J A N

A koreai irodalom fejlődése és fő problémái a felszabadulás utáni időben.

676/adm.

Nagykövetség fenti számu jelentéséből áttekintést kaptunk a koreai irodalom fejlődéséről. A jelentés alapos munkát tükröz és meglátszik, hogy Sövény elvtárs jól ismeri a koreai irodalom régebbi és legujabb alkotásait is és figyelemmel kisér minden megjelent uj müvet.
A jelentés erénye, hogy az egyes müvek rövid ismertetésére és értékelésére is kitér.

Véleményünk szerint a jelentés fogyatékossága, hogy csak néhány szóban utal a párt irányitó szerepére az irodalom terén és csak rövid emlitést tesz az irodalmi vitákról, holott ezek részletesebb ismertetése az egész jelentést politikusabbá tette volna. A jelentés lehetne rövidebb, stilusa pedig kevésbé poétikus.

Budapest, 1956. január 26.

Magyar Országos Levéltár

/ Turi Ferenc /
osztályvezető

[33] 문서번호 025/25/3-1/1956

문서번호: 004859[96)]

부다페스트, 1956년 4월 17일

제목: 문재수(Mun Cse Szu) 조선의 임시대리대사 방문

1956년 4월 14일에 비데르(Widder) 동지가 협회에서 김경완(Kim Gyon Van)[97)]을 보좌하고 온 문재수 동지를 접견함. 일상적인 예를 갖춘 대화 후에 조선로동당 제3차 당 대회에 참가하는 헝가리 당 사절단의 구성에 대해 알려주었음/비그 빌러(Vég Béla)와 쾨뵐 요제프(Köböl József) 동지/. 사절단은 예상하는 바, 17일에 떠날 것이라는 것도 일러두었음. 임시대리대사 동지는 이 언급을 기쁘게 접수함.

이후 그가 말하길, "변화된 상황을 감안하여(a megváltozott helyzetre való tekintettel)" 다음의 영화들의 반환을 청함. 「동무의 노래(Baráti dal, 친구의 노래)」, 「정의의 전쟁(Igazságos háboru)」, 「1951년 8월 15일(1951 augusztus 15)」, 「1951년 2월 8일(1951 február 8)」, 「승리의 날(A győzelem napja)」과 1955년 이전의 뉴스 필름들을 청함. 그들은 이 영화들을 다 수집해야 된다고 함.

마찬가지로 유사한 이유들을 들어 다음 작가들의 작품들은 우리가 번역하지도, 보급시키지도 말 것이며, 제외시켜 달라고 요청함. 임화

96) 실제 이 문서에는 특별히 기재된 문서번호가 없으며, 이 문서가 포함된 문서철(文書綴)의 번호가 004859이다.
97) 헝가리어로 기재된(Kim Gyon Van) 발음으로 추정한 인명이기에 정확한 (실제) 성명과 일치하지 않을 수도 있다.

(Lim Hva), 리태준(Li Thej Dzsun), 김남천(Kim Nam Csan), 박찬모(Pak Csan Mo),[98] 박남수(Pak Nam Szu), 양영문(Jan Jon Mun), 강소천(Khán Szo Czun), 리원조(Li Von Cso)의 모든 작품들, 박태원(Pak The Von)의 해방 이전 작품들(írásmüveit), 그리고 김순남(Kim Szun Nám)의 작곡 작품들.

이와 관련된 조치들을 실행할 것이라고 약속했음. 대화는 약 20분간 지속되었음.

부다페스트, 1956년 4월 17일

98) 헝가리어로 기재된(Pak Csan Mo) 발음으로 추정한 인명이기에 정확한 (실제) 성명과 일치하지 않을 수도 있다.

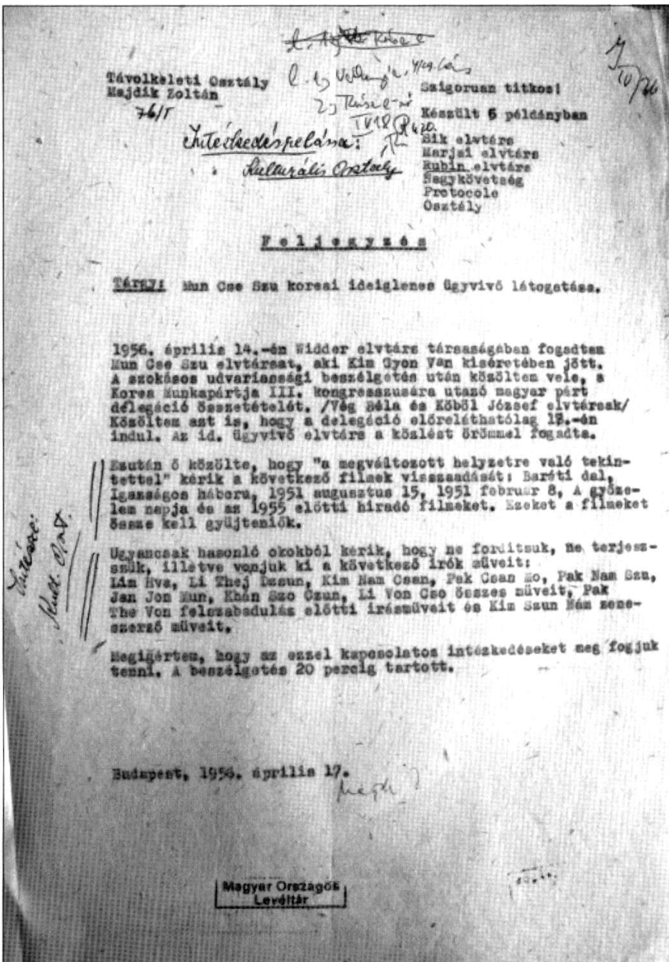

Távolkeleti Osztály
Hajdik Zoltán
76/T

Szigoruan titkos!

Készült 6 példányban

Sik elvtárs
Marjai elvtárs
Kubin elvtárs
Nagykövetség
Protocole
Osztály

Feljegyzés

Tárgy: Mun Cse Szu koreai ideiglenes ügyvivő látogatása.

1956. április 14.-én Widder elvtárs társaságában fogadtam Mun Cse Szu elvtársat, aki Kim Gyon Van kiséretében jött. A szokásos udvariassági beszélgetés után közöltem vele, a Korea Munkapártja III. kongresszusára utazó magyar párt delegáció összetételét. /Vég Béla és Köböl József elvtársak/ Közöltem azt is, hogy a delegáció előreláthatólag 17.-én indul. Az id. ügyvivő elvtárs a közlést örömmel fogadta.

Ezután ő közölte, hogy "a megváltozott helyzetre való tekintettel" kérik a következő filmek visszaadását: Baráti dal, Igazságos háboru, 1951 augusztus 15, 1951 februar 8, A győzelem napja és az 1955 előtti hiradó filmeket. Ezeket a filmeket össze kell gyüjteniök.

Ugyancsak hasonló okokból kérik, hogy ne forditsuk, ne terjesszük, illetve vonjuk ki a következő irók müveit:
Lim Hva, Li Thej Dzsun, Kim Nam Csan, Pak Csan Mo, Pak Nam Szu, Jan Jon Mun, Khán Szo Czun, Li Von Cso összes müveit, Pak The Von felszabadulás előtti irásmüveit és Kim Szun Nám zeneszerző müveit.

Megigértem, hogy az ezzel kapcsolatos intézkedéseket meg fogjuk tenni. A beszélgetés 20 percig tartott.

Budapest, 1956. április 17.

Magyar Országos Levéltár

[34] 문서번호 004859

문서번호: 004859/szig.titkos

부다페스트, 1956년 5월 5일

제목: 조선의 작가 건(件)

헝가리 작가 동맹(Magyar Írók Szövetsége) 게레브이쉬 라쓸로(Gereblyés László) 동지에게

조선의 대사관에서 우리에게 알리기를 "변화된 상황을 감안하여(a megváltozott helyzetre való tekintettel)" 우리가 번역하지도, 보급시키지도 말고, 이에 관한 한 다음 작가들의 작품을 모든 종류의 유출로부터 제외하라고 함. 임화(Lim Hva), 리태준(Li Thej Dzsun), 김남천(Kim Nam Csan), 박찬모(Pak Csan Mo),[99] 박남수(Pak Nam Szu), 양영문(Jan Jon Mun), 강소천(Khán Szo Czun), 리원조(Li Von Cso)의 모든 작품들, 박태원(Pak The Von)의 해방 이전 작품들(írásmüveit), 그리고 김순남(Kim Szun Nám)의 작곡 작품들.

이러한 의미에서 조치를 취해주시길 요청함.

부다페스트, 1956년 5월 5일

/호르바트 졸딴(Horváth Zoltán)/

99) 각주 98) 참조.

훈령국(訓令局, Tájékoztatási Főosztály) 문화과 과장(Kulturális oszt. Vezetője)

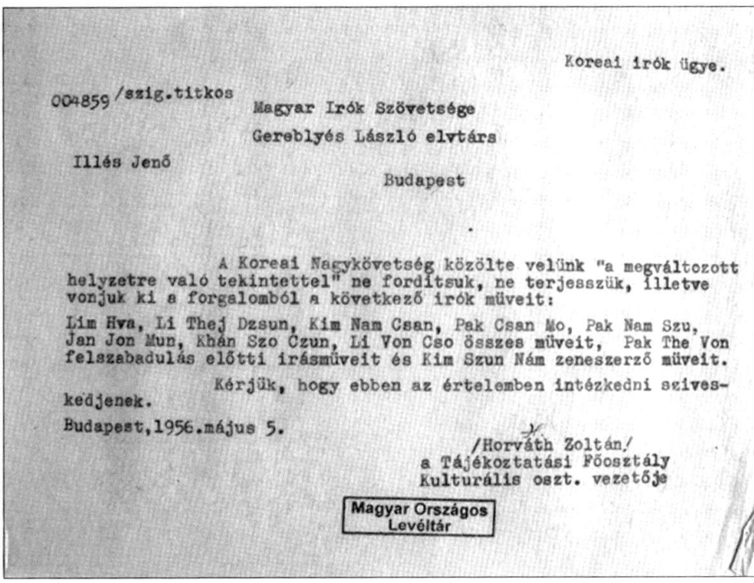

Koreai irók ügye.

004859/szig.titkos

Magyar Irók Szövetsége

Gereblyés László elvtárs

Illés Jenő

Budapest

A Koreai Nagykövetség közölte velünk "a megváltozott helyzetre való tekintettel" ne fordítsuk, ne terjesszük, illetve vonjuk ki a forgalomból a következő irók müveit:

Lim Hva, Li Thej Dzsun, Kim Nam Csan, Pak Csan Mo, Pak Nam Szu, Jan Jon Mun, Khán Szo Czun, Li Von Cso összes müveit, Pak The Von felszabadulás előtti irásmüveit és Kim Szun Nám zeneszerző müveit.

Kérjük, hogy ebben az értelemben intézkedni szíveskedjenek.

Budapest,1956.május 5.

/Horváth Zoltán/
a Tájékoztatási Főosztály
Kulturális oszt. vezetője

Magyar Országos Levéltár

[35] 문서번호 004859/szig.titkos

문서번호: 277
수신: 외무성 언론과. 부장(장관) 동지. 의전과. 꼬쉬(Kós) 동지.

평양, 1957년 4월 3일

공개전문(Nyílt Távirat)

오늘 저녁 평양의 대동문 극장(Tedongmun filmszínház)에서 (헝가리) 조국해방 13주년을 맞아 조선의 문화관계협회(Kulturkapcsolatok társasága)가 영화 상영회를 개최했음. 46번/1957년과 47번/1957년 뉴스 영화(híradófilm), 그리고 「한밤에(Éjfélkor)」라는 제목의 헝가리 극영화가 소개되었음. 영화 상영회에는 허정숙(Ho Gyon Szuk) 사법성 부장,[100] 리동건(Li Don Gen)[101] 외무성 부부장,[102] 조선민주주의인민공화국 외무성의 많은 지도급 관리(beosztott), 조선 정치계와 문화계의 대표자들, 그리고 외교 단체[103]의 관원[104]들이 참석했음.

Sz.S

100) 장관의 직위에 해당한다.
101) 헝가리어로 기재된(Li Don Gen) 발음으로 추정한 인명이기에 정확한 (실제) 성명과 일치하지 않을 수도 있다.
102) 차관의 직위에 해당한다.
103) 대사관, 공사관 등을 의미한다.
104) 대사(공사)를 비롯해서 대사관원(공사관원)들을 의미한다.

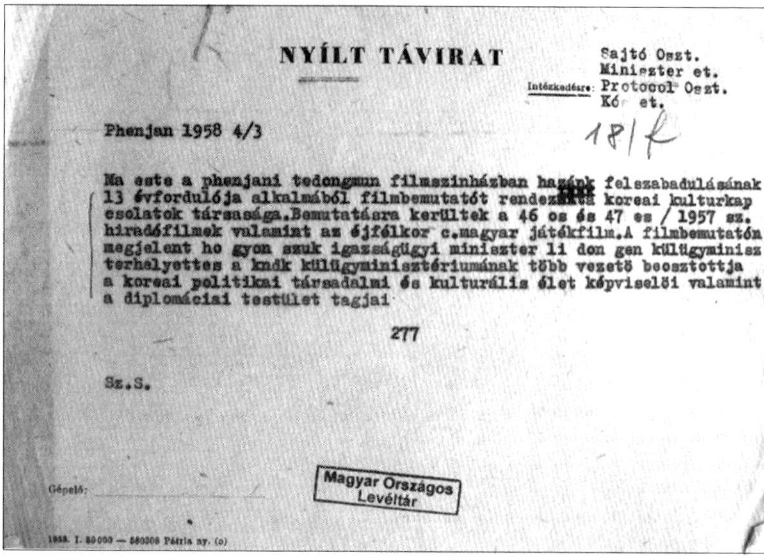

NYÍLT TÁVIRAT

Sajtó Oszt.
Miniszter et.
Intézkedésre: Protocol Oszt.
Kór et.

Phenjan 1958 4/3

181/f

Ma este a phenjani tedongmun filmszinházban hazánk felszabadulásának 13 évfordulója alkalmából filmbemutatót rendezett a koreai kulturkap csolatok társasága.Bemutatásra kerültek a 46 os és 47 es / 1957 sz. hiradófilmek valamint az éjfélkor c.magyar játékfilm.A filmbemutatón megjelent ho gyon szuk igazságügyi miniszter li don gen külügyminisz terhelyettes a kndk külügyminisztériumának több vezetö beosztottja a koreai politikai társadalmi és kulturális élet képviselöi valamint a diplomácisi testület tagjai

277

Sz.S.

Gépelő:

Magyar Országos Levéltár

1958. I. 80000 — 580308 Pátria ny. (o)

[36] 문서번호 277

문서번호: 49/szig.titk./1957.
관련문서번호: 26/415 otthoni
18/299 saját
26/636 otthoni ny. táviratok

평양, 1957년 5월 21일

제목: 조선의 영화 산업 상황과 헝가리-조선 영화 협정(filmegyezmény)

조선의 영화 산업은 상당히 젊은 역사를 가지고 있음(eléggé fiatal múlttal rendelkezik). 아직 청년기 예술의 특징(역사가 얼마 되지 않는 예술의 특징)을 지니고 있지만, 헝가리에 소개되어도 성공적으로 조선의 영화예술을 보여줄 만한(reprezentálhatná) 몇 개의 독창적(eredeti)이고 민족적인(nemzeti) 작품들을 벌써부터 가지고 있음. 이러한 영화들에서 조선의 동지들은 조선의 역사적 과거에 대해, 조선 민족의 특징적인 정신세계(lelkivilág)에 대해, 그리고 새로운 색깔을 지닌 오늘날 그들의 삶에 대해 사실적인 상(像)을 주고자 전력을 다하고 있음. 이 영화들 중 언급할 만한 것들은 다음과 같음.

1./ 〈조선의 해방 10주년(Korea felszabadulásának 10. évfordulója)〉.[105] 제작 연도 1955/56년. 이 영화는 조선 최초의 컬러 영화임. 장르적으로 예술(적) 기록 영화(művészi dokumentfilm)임. 분량으로는 저녁 한 나절을 다 채움. 가장 아름다운 조선의 풍경과 어린이, 청년, 성인 예

105) 이하 영화 제목은 거의 대부분 헝가리어로 기재된 내용을 바탕으로 옮긴 것이기에 정확한 (실제) 영화제목과 일치하지 않을 수도 있다.

술단, 작업 중인 노동자, 농민들, 그리고 1955년 8월 15일의 행진과 인민 축하 공연(népünnepély)을 소개하고 있음. 이 영화 속에는 조선민주주의인민공화국(KNDK)이 있다고 짧게 이 영화를 특징지을 수 있음. (해방 이후) 10년이 된 결과의 일정 가장 아름다운 문화적 색인(索引, mutató)이며, 조선의 삶의 일정 가장 아름다운 형상(vonás)임.

2./ 〈바다가 부른다(A tengerek hívnak)〉 제작 연도 1955/56년. 수산업 발전에 관한 극영화(játékfilm[106]))임.

3./ 〈조국의 아들(A haza fia)〉/ 또는 〈애국자(Hazafi)〉/. 제작 연도 1955/56년. 조국수호해방전쟁(a honvédő felszabadító háború)에서 싸우는 조선의 젊은이들에 관한 극영화.

4./ 〈우리는 더 이상 그렇게 살지 않을 것이다(Mi többé úgy nem fogunk élni)〉. 제작 연도 1956년. 개성 주변 마을들의 삶에 관한 극영화인데, 이 지역은 휴전협정(fegyverszüneti egyezmény) 이후에야 조선민주주의인민공화국(KNDK)의 영역으로 속하게 된 지역임. (이 작품의) 시나리오 작가들인 리정순(Li Den Szun),[107] 최건(Coj Gen)[108]은 유명한 조선의 작가들임.

5./ 〈사도성의 이야기(Rege a szadoszáni erődről)〉. 제작 연도 1956년. 이는 (동일 제목의) 조선 고전 발레(balett, 무용)가 (원작이며, 이 원작

---

106) 극영화로 번역할 수 있는 '야띠끄필름(játékfilm)'의 이 범주는 아주 넓기 때문에 어린이용 애니메이션도 여기에 포함된다.

107) 헝가리어로 기재된(Li Den Szun) 발음으로 추정한 인명이기에 정확한 (실제) 성명과 일치하지 않을 수도 있다.

108) 헝가리어로 기재된(Coj Gen) 발음으로 추정한 인명이기에 정확한 (실제) 성명과 일치하지 않을 수도 있다.

에 대해) 아주 크게 성공한 영화 버전이고, 최승희 그 자신도 참여한 가운데 최승희 국립 발레 스튜디오(Coj Szin Hi Állami Balettstudió) 예술가들의 수준 높은 공연으로 구성되어 있음. 음악은 조선의 특징을 담은 동양의 5음계(pentaton) 멜로디로 가득 차 있으며(van telítve), 이것은 유럽 사람들의 귀에도 낯설지 않고, 오히려 즐길 수 있음. 이 발레의 기본 소재(alapeszme)는 역사적 전설에 기반을 두고 있는데, 이는 외부의 정복자(hódítók)와 침입자(betörők)에 반대한 조선 인민들의 영웅적인 전투를 연상하게 함. 발레 제작자는 최승희.

6./ 〈승냥이(Farkások)〉/ 또는 〈쟈칼(Sakálok)〉/. 제작 연도 1956년. 1956년 12월 25일 개봉(premier). 한설야(Han Szer Ja)의 동일한 제목의 중단편소설(elbeszélés)[109]을 서만일(Szo Man Il)과 류기홍(Ju Gi Hon)이 희곡 버전으로 새로 썼으며, 이 희곡의 영화 버전이 이 작품이고, 역시 매우 큰 성공을 거두었음. 이 극적(劇的)인 작품에서는 영화가 주는 가능성들을 아주 잘 활용했음. 조선에서 한설야의 상기 작품은 그 모든 것이, 즉 소설, 희곡, 영화 형태로 대단히 큰 성공을 거둠. 이 작품의 줄거리(cselekmény)는 일본 압제의 1930년대를 생생하게 그려냄. 영화는 선교사의 옷을 한 야만적인 미국 승냥이들과 조선의 땅에서 그들을 보호하는 일본 압제자들에 맞선 조선 민족의 증오와 투쟁을 강렬한 묘사로(erélyes vonásokkal) 보여줌.

7./ 〈여기 백두산 정상이 보인다(Ide látszik a Pektuszan-hegy orma)〉 제작 연도 1955년. 조선의 해방을 위하여 백두산 산속에서 전개된 조

109) 각주 27) 참조.

선의 빨치산 투쟁에 관한 극영화.

8./ 〈행복으로 가는 길(A boldogsághoz vezető út)〉 제작 연도 1955/56년. 사회주의의 길로 내딛은 조선인 마을의 삶에 관한 극영화.

상기 영화들은 조선에서도 최고작들로 여김. 본청의 문서번호 26/415 sz. 공개전문에 회신하며, 이 작품들 중에서 무엇보다도 〈조선의 해방 10주년(Korea felszabadulásának 10. évfordulója)〉, 〈사도성의 이야기(Rege a szadoszáni erődről)〉, 그리고 〈승냥이(Farkások)〉라는 제목의 영화들을 상기 언급한 이유들에 기초하여 헝가리 상영(forgalmazás, 보급, 유통)으로 추천함.

언급한 문서번호의 본청 훈령에 대해 계속하여 전하길, 조선문화관계사무소(Koreai Kultúrkapcsolatok Hivatala)와 조선영화관리소(Koreai Filmfőigazgatóság)로부터 받은 정보에 기초하여 조선민주주의인민공화국(KNDK)에서는 1957년에 총 94편의 조선 영화를 상영할(forgalomba hoznak, 보급/유통시킬) 것이라고 함. 이 중 극영화는 10편/2편은 컬러(2 színes)/, 더빙 영화(szinkron film)는 3편/해외로부터/, 저녁 한 나절을 다 채우는 예술 기록 영화는 2편/1편은 컬러/, 그리고 단편 기록 영화 12편과 학술적인 내용의 영화 7편, 뉴스 영화(híradó film) 60편임.

조선 영화관의 상영 프로그램과 관련하여 지금까지 다음의 정보(adat)들을 가지고 있음. 조선 영화와 친선 국가(baráti országok)의 영화 외에 조선에서는 지금까지 단 하나의 다른 국가/예를 들면, 이태리, 프랑스 등/ 영화도 상영 프로그램에 넣지 않았음. 우리가 아는 바로는 작년에 일본의 기록 영화와 인도의 극영화 소개가 각각 한 번씩 있었는데, 이를 (전면적으로 소개하지 않고) 문화계의 단지 아주 적은 그룹들만 시청했음. (평양에 주재하고 있는 외국의) 외교 단체는 일본의 기록 영화 소개에 대해서만 대사관별로 각각 한 장씩의 초대장을 받았음. 우리가 추정하는 바, 지금까지는 조선 극장 상영 프로그램/극영화의 경우/의 10%를 조선 영화가, 60%를 소련 영화가, 10%를 중국 영화가, 그리고 10%를 여러 친선 국가/주로 체코슬로바키아, 동독, 그리고 1956년 후반기까지의 헝가리/ 영화가 채움.[110] 기록 영화와 뉴스 영화의 경우 조선 영화와 외국 영화의 비율은 1:1임.

상기의 내용은 조선에서 다양한 친선 국가들과 영화 협정 체결을 얼마나 크게 필요로 하는지를 보여 줌. 이것은(이 영화 협정은) 한편으로는 한 해 상영 프로그램에서 더 많고 더 다양한 가능성을 담보하고(eredményez), 다른 한편으로는 이를 통해(영화 협정을 통해) 점증하는 조선 노동자들의 문화적 요구들을 더욱 충족시키는 동시에 국내 영화예술의 지속적인 발전이라는 관점에서, 그리고 그 결과들의 국제적 전파라는 관점에서 적절한 도움(megfelelő segítség)을 획득할 수 있을 것임. 이 외에도 영화 협정을 체결하는 것은 친선 국가와 현존하는 우호 관계를 일정 정도 강화하게 되는 새로운 계기(állomás, 장(場))임을 의미하기도 함. 문화관계사무소(Kultúrkapcsolatok Hivatala)의 헝가리 담당인 리우련(Li U Ljon)[111] 동지로부터 받은, 현재(egyelőre) 비공

110) "1956년 후반기까지의 헝가리 영화"라는 의미는 당시 1956년 10월에 소위 '56년 헝가리 혁명' 발생 이후에는 '이데올로기 단속'의 취지에서 헝가리 영화를 상영하지 않았다는 것으로 해석할 수 있다.

111) 헝가리어로 기재된(Li U Ljon) 발음으로 추정한 인명이기에 정확한 (실제) 성명과 일치하지 않을 수도 있다.

식 정보(nem hivatalos információ)에 따르면, 조선의 동지들은 친선 국가들과 맺은 영화 협정을 통해 향후 (부수의) 계획 또한 가지고 있음. 친선 국가들을 통해 일정 기간 이후 각각의 친선 국가들에서 만든 조선의 좋은 영화들의 더빙 버전이 경우에 따라서는 일정 자본주의 국가들에서도 상영될 수 있을 정도에까지 이르기를 원함. 시장(piac)과 외화 획득(valutaszerzés)의 관점에서 해당 친선 국가와 조선 측 모두에게 도움이 되는, 유익한 것으로 이를 여김.

조선의 영화 문화계(filmkultúra élet)에서는 1957년에 조선 영화예술 발전의 과업을 의문의 여지없이 반드시 진일보 하게 하는 그런 일련의 일들이 일어나고 있음. 2월에 소련은 조선민주주의인민공화국(KNDK)에게 평양에 있는 소련수출영화사(SZOVEXPORTFILM-vállalat)를 일부 장비와 함께 완전하게 건넸음. 2월 11일에는 조선-소련 영화 교환 협정(filmcsere egyezmény)에 서명했음. 조선-중국과 조선-루마니아 관계에 있어서도 올해에 이미 (이와) 유사한 협정에 서명을 했음. 가까운 미래에 조선-체코슬로바키아와 조선-독일(német)/동독(NDK)/ 영화 협정이 서명될 예정임. 현재는 협상들과 협정안(egyezménytervezet)들의 비교, 대조 작업이 진행되고 있음. 여기 현지의 문화관계사무소(Kultúrkapcsolatok Hivatala)와 영화관리소(Filmfőigazgatóság)는 조선-헝가리 영화 협정 체결에 관한 제안에 대해 담당 헝가리 기관들이 기꺼이 수용함을 밝힌, 본청의 문서번호 26/636 sz. 공개전문을 크게 반기며 수용함. 조선의 동지들은 평양의 새로운 영화 스튜디오 건설을 올해 말로 계획하고 있는데, 조선의 11개 도(道)에 더욱 지속적인(zavartalanabb) 영화 공급이라는 관점에서 이 영화 스튜디오의 건설은 매우 큰 필요성이 있음.

본청의 관련문서번호로 보낸 공개전문에 대해 조선 측의 영화 협정안(filmegyezmény-tervezet)을 첨부하여 보고함. 참고로 말하자면, 조선-소련 영화 협정에 따르면, 조선은 한 세트의(komplett, 완전한) 영화 상영물(filmküldemény)/소리 없이 화면이 담긴 롤(képtekercs), '둡네가(Dupnega)'[112] 한 부, '사운드(saond)',[113] 즉 (음향 등) 모두 포함된 것 한 부, 그리고 완전한 포지티브 필름 복사롤(kész pozitív kópia tekercs) 2부/에 대해 서로 다른 소련의 완전한 포지티브 필름 복사본 15편을 받는데 모두 합해서는 총 335벌(példány)임. 조선-루마니아 영화 협정에 따르면, 한 세트의 조선의 영화 상영물에 대해 17편의 완전한 루마니아 포지티브 필름 복사본을, 조선-중국 영화 협정에 따르면, 반면 한 세트의 조선의 영화 상영물에 대해 7종류의 중국의 완전한 포지티브 필름 복사본을, 이렇게 합해서 (중국으로부터) 총 58벌을 조선 측이 받음. 이 때문에 조선-헝가리 영화 협정안 제7항에 한 세트의 조선 영화 상영물과 14편의 헝가리 포지티브 필름 복사본의 교환 제의가 있는 것임. 부족한 기술적 조건에 근거하여 조선민주주의인민공화국(KNDK)은 상기의, 비율에 맞지 않는(aránytalan) 교환을 필요로 하고 있는데, 만약 협정을 맺는 상대측이 일정 정도 유리한 (협정을 통해, 협정이 조선에게 불리한) 상황에 이른다 하더라도 조선은 협정을 맺을 수밖에 없을 것임. (상대국들은) 조선으로

112) 아마도 duplicate negative의 약어 형태로 북한 영화계에서 쓰던 용어로 추정된다(축약 형태로 보면 일본어식 표현일 가능성도 있음).

113) 원문에 기재된 saond는 음향을 의미하는 sound에 대한 북한 사람들의 발음대로 기재한 것으로 보인다.

부터 받은 한 세트의 영화 상영물로부터 적합한 기술적인 능력으로 필요한 만큼의 포지티브 필름 복사본을 만들 수 있음. 조선민주주의 인민공화국(KNDK)은 당분간 이렇게 할 가능성이 없으며,[114] 현재 그들에게는 즉시 여러 곳에서 상영 가능한 완전한 필름인, 포지티브 필름 복사본이 필요함.

조선문화관계사무소(Koreai Kultúrkapcsolatok Hivatala)와 조선영화관리소(Koreai Filmfőigazgatóság)는 첨부한 협정안에 대해 담당 헝가리 기관들의 회신을 무척 기다리고 있음. 그것은, 유감스럽게도 이는 기술적인 이유로 실행될 수 없지만, 이 안의 제15항에 "현재 협정은 1957년 6월 1일부터 유효하다"라고 기재한 것에서도 드러남. 우리 대사관은 협정의 빠른 체결을 심히(feltétlenül) 제안하는 바임. 우리가 알고 있는 올해에 제작 중인, 그리고 제작이 계획된 조선의 극영화 제목들과 그 영화들의 짧은 해설을 첨부했으며, 이는 여기 현지의 문화관계사무소로부터 받은 정보에 기초하여 만든 것임.

/쁘라트 까로이(Práth Károly)/

대사(nagykövet)

---

114) 당시 북한은 기술 부족 등의 요인으로 인해 다른 국가로부터 네거티브 필름을 받아서 포지티브 필름 복사본을 만들 가능성이 없다는 의미이다.

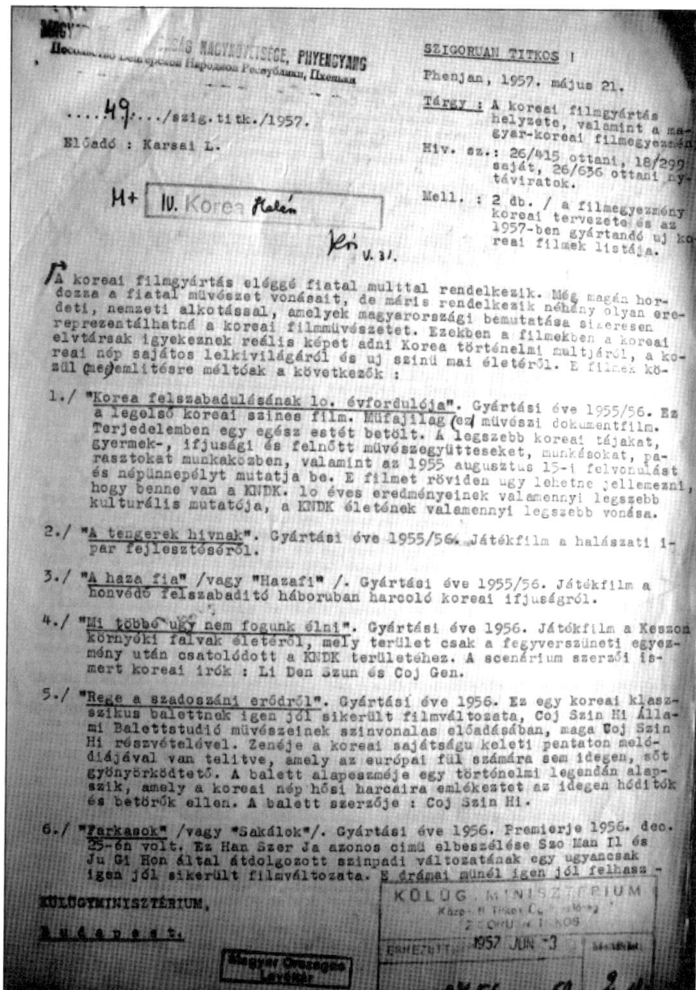

PYHENGYANG

SZIGORUAN TITKOS !

Phenjan, 1957. május 21.

....49..../szig.titk./1957.

Előadó : Karsai L.

Tárgy : A koreai filmgyártás helyzete, valamint a magyar-koreai filmegyezmény

Hiv. sz.: 26/415 ottani, 18/299 saját, 26/636 ottani nyáviratok.

IV. Korea

Mell. : 2 db. / a filmegyezmény koreai tervezete és az 1957-ben gyártandó uj koreai filmek listája.

V. 31.

A koreai filmgyártás eléggé fiatal multtal rendelkezik. Még magán hordozza a fiatal müvészet vonásait, de máris rendelkezik néhány olyan eredeti, nemzeti alkotással, amelyek magyarországi bemutatása sikeresen reprezentálhatná a koreai filmmüvészetet. Ezekben a filmekben a koreai elvtársak igyekeznek reális képet adni Korea történelmi multjáról, a koreai nép sajátos lelkivilágáról és uj szinü mai életéről. E filmek közül megemlítésre méltóak a következők :

1./ "Korea felszabadulásának lo. évfordulója". Gyártási éve 1955/56. Ez a legelső koreai szines film. Müfajilag ez müvészi dokumentfilm. Terjedelemben egy egész estét betölt. A legszebb koreai tájakat, gyermek-, ifjusági és felnőtt müvészegyütteseket, munkásokat, parasztokat munkaközben, valamint az 1955 augusztus 15-i felvonulást és népünnepélyt mutatja be. E filmet röviden ugy lehetne jellemezni, hogy benne van a KNDK. lo éves eredményeinek valamennyi legszebb kulturális mutatója, a KNDK életének valamennyi legszebb vonása.

2./ "A tengerek hivnak". Gyártási éve 1955/56. Játékfilm a halászati ipar fejlesztéséről.

3./ "A haza fia" /vagy "Hazafi" /. Gyártási éve 1955/56. Játékfilm a honvédő felszabadító háboruban harcoló koreai ifjuságról.

4./ "Mi többé ugy nem fogunk élni". Gyártási éve 1956. Játékfilm a Keszon környéki falvak életéről, mely terület csak a fegyverszüneti egyezmény után csatolódott a KNDK területéhez. A scenárium szerzői ismert koreai irók : Li Den Szun és Coj Gen.

5./ "Rege a szadoszáni erődről". Gyártási éve 1956. Ez egy koreai klasszikus balettnek igen jól sikerült filmváltozata, Coj Szin Hi Állami Balettstudió müvészeinek szinvonalas előadásában, maga Coj Szin Hi részvételével. Zenéje a koreai sajátságu keleti pentaton melódiájával van telitve, amely az európai fül számára sem idegen, sőt gyönyörködtető. A balett alapeszméje egy történelmi legendán alapszik, amely a koreai nép hősi harcaira emlékeztet az idegen hóditók és betörők ellen. A balett szerzője : Coj Szin Hi.

6./ "Farkasok" /vagy "Sakálok"/. Gyártási éve 1956. Premierje 1956. dec. 25-én volt. Ez Han Szer Ja azonos cimü elbeszélése Szo Man Il és Ju Gi Hon által átdolgozott szinpadi változatának egy ugyancsak igen jól sikerült filmváltozata. E drámai müнél igen jól felhasz -

KÜLÜGYMINISZTÉRIUM,

Budapest.

KÜLÜG. MINISZTÉRIUM

1957 JUN 3

[37] 문서번호 49/sziq.titk./1957. 자료 중 일부

목록(Lista)

1957년에 제작 중이거나 제작 계획된(gyártás alá kerülő) 조선의 신작 극영화에 대해.

1./ 〈오랑천(Orangcson)〉. 이것이 제목이 될지에 대해서는 아직 확실하지 않음. 이 제목은 해안가에 있는 조선의 한 지명임. 영화의 줄거리(cselekmény)는 오랑천의 노동자들에 관한 것인데, 그들은 미제국주의자들과 리승만주의자들(liszinmanisták)을 반대하여 싸우는 조선 인민군대의 군인들에게 후방에서 큰 도움을 제공함.

2./ 〈동쪽에서(동방에서) 날이 밝아온다(Virrad Keleten)〉.[115] 소련과 조선의 배우들이 공동으로 출연한 컬러 영화. 기본 소재(alapeszme)는 조선-소련의 친선(barátság)과 조선 인민에 대한 소련 인민의 형제적 원조임. 영화 시나리오(filmscenárium)는 조선과 소련 작가들의 공동 창작물임.

3./ 〈심청이라는 이름의 딸에 대한 이야기(Rege a Szim Cson nevű lányról)〉. 컬러 영화. 가장 유명한 조선의 전통 오페라 중 하나이며, 그것의 영화 버전이고, 줄거리는 아름다운 조선의 전설 /〈맹인의 딸(A vak ember lánya)〉/에 기초하고 있음(van felépítve).

4./ 〈청춘(Ifjúság)〉. (조선)로동당의 농촌 정책(falupolitika)[116]의 성공적인 실현을 위하여 학교를 졸업하고 시골로 일하러 가는 고등중학생

115) 이하 영화 제목은 거의 대부분 헝가리어로 기재된 내용을 바탕으로 옮긴 것이기에 정확한 (실제) 영화제목과 일치하지 않을 수도 있다.

116) 헝가리어로 표기된 "펄루(falu)"는 농어촌, 산간마을 포함하여 읍면 단위 정도의 시골을 의미한다.

(középiskolás)들에 관한 극영화.

5./ 〈서로 떨어져서도 살 수 있을까?(Lehet-e élni elszakadva egymástól?)〉. 이 질문에 대해 이 영화는 더 이상은 그렇게 살 수 없다고 답함. 예술적인 언어로 민주적인 토대에서 최대한 빠르게 조국을 통일시켜야 한다는 것에 대한 조선 인민의 소망과 결연한 의지에 대해 확신에 찬 표현을 전함. 이 영화는 인위적으로 이산된 조선 가족들의 삶에 관한 상(像, kép)을 제공하며, 그 상은 더욱 사실적으로 개인과 민족의 이익(egyéni és népérdek)이 합당하게(törvényes) 서로 결합되어짐을 강조함.

6./ 〈푸른 언덕(A zöld dombocska)〉. 무장한 조선 노동자들의 빨치산 투쟁에 관한 영화.

7./ 〈돌산들 사이에서(Bércek között)〉.[117] 조선 광부들의 빨치산 투쟁과 석탄 생산 증대를 위해 전개한 숭고한(nemes) 투쟁에 관한 영화.

8./ 영화 제목은 현재 알려지지 않았으나, 조선 어린이들의 지금의 행복한 삶에 관한 이야기가 될 것임.

9./ 임업 노동자들(erdőipari munkások)의 삶에 관한 영화. 이 제목 역시 현재 알려지지 않음.

117) 제목에서 헝가리어로 표기된 "비르쯔(bérc)"는 돌산의 산정(山頂)을 의미한다.

문서번호: 002756
수신: 훙가로필름(Hungarofilm),[118] 하르쉬(Hárs) 대표(igazgató) 동지.
발신: 외무성 언론과

부다페스트, 1957년 6월 17일

제목: 헝가리-조선 영화 협정 체결

일전에 의견을 나눈 바와 관련하여, 평양 주재(駐在) 아국(我國) 대사관의 상기 제목의 보고 복사본과 조선 측의 영화 협정안, 그리고 1957년에 제작 계획된 조선 영화들의 목록을 첨부하여 보냄.

헝가리의 영화 협정안을 최대한 빠른 시일 내에 우리에게 송부해 주길 요청함.

이와 함께, 상기한 바와 동일한 내용을 문화관계연구소와 영화관리소에도 전했음을 알림.

부다페스트, 1957년 6월 17일
/쟈로쉬 라쓸로(Gyáros László)/
언론과 과장(Sajtóosztály vezetője)

118) '헝가리 영화'라는 의미를 가진 회사명이다. '훙가로필름'은 당시 헝가리 영화의 수출과 해외 영화의 헝가리 국내 보급을 맡은 국영회사였다.

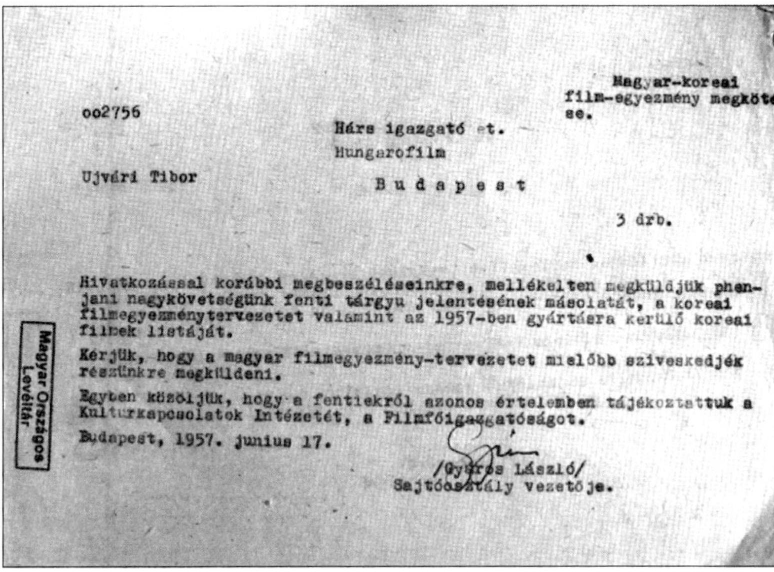

Magyar-koreai film-egyezmény megkötése.

oo2756

Hárs igazgató et.
Hungarofilm

Ujvári Tibor

B u d a p e s t

3 drb.

Hivatkozással korábbi megbeszéléseinkre, mellékelten megküldjük phenjani nagykövetségünk fenti tárgyu jelentésének másolatát, a koreai filmegyezménytervezetet valamint az 1957-ben gyártásra kerülő koreai filmek listáját.

Kérjük, hogy a magyar filmegyezmény-tervezetet mielőbb sziveskedjék részünkre megküldeni.

Egyben közöljük, hogy a fentiekről azonos értelemben tájékoztattuk a Kulturkapcsolatok Intézetét, a Filmfőigazgatóságot.

Budapest, 1957. junius 17.

/Györes László/
Sajtóosztály vezetője.

Magyar Országos Levéltár

[38] 문서번호 002756

문서번호: 002756/szig.titk.
관련문서번호: 49/sz.t.57.
수신: 평양 대사관

부다페스트, 1957년 6월 28일

제목: 헝가리-조선 영화 협정 체결

대사관의 상기 문서번호 보고와 관련하여 헝가리-조선 영화 협정의 조선 측 안을 검토하고자, 이를 영화관리소(Filmfőigzgatósága)와 문화관계연구소(Kultúrkapcsolatok Intézete)로 송부했음을 알림. 우리 측 안(案)에 대한 구상은 이 (영화관리소와 문화관계연구소의) 검토를 주시하며 현재 진행 중임. (헝가리 측 안이) 준비가 되면 즉시 (평양의) 대사관으로 송부하거나, 또는 조선 측 안과 관련하여 우리 측의 수정안에 대해 전문(電文)으로 안내할 것임.

부다페스트, 1957년 6월 28일
/꼬쉬 뻬떼르(Kós Péter)/
제4 정치과 과장(IV. Politikai Osztály vezetője)

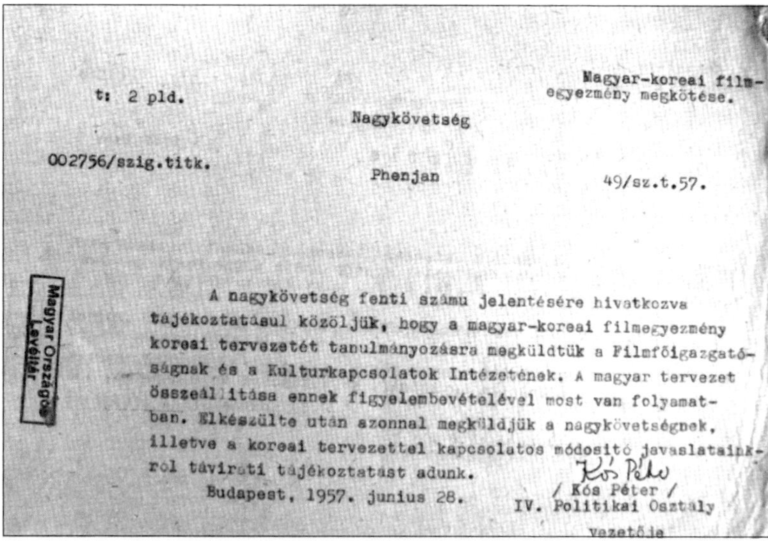

t: 2 pld.

Magyar-koreai film-
egyezmény megkötése.

Nagykövetség

002756/szig.titk.

Phenjan

49/sz.t.57.

Magyar Országos Levéltár

A nagykövetség fenti számu jelentésére hivatkozva tájékoztatásul közöljük, hogy a magyar-koreai filmegyezmény koreai tervezetét tanulmányozásra megküldtük a Filmfőigazgatóságnak és a Kulturkapcsolatok Intézetének. A magyar tervezet összeállitása ennek figyelembevételével most van folyamatban. Elkészülte után azonnal megküldjük a nagykövetségnek, illetve a koreai tervezettel kapcsolatos módositó javaslatainkról távirati tájékoztatást adunk.

Budapest, 1957. junius 28.

Kós Péter
/ Kós Péter /
IV. Politikai Osztály
vezetője

[39] 문서번호 002756/sziq.titk.

문서번호: 없음
발신: 인민교육성(Népművelési Minisztérium) 산하 영화관리소 (Filmfőigzgatósága)
수신: 외무성 언론과

부다페스트, 1957년 9월 17일

제목: 무제(無題, 조선에 헝가리 극영화 출하)

1958년에, (헝가리의 지원이라는 측면에서) 헝가리 극영화 한 편을 14편의 복사본과 함께 조선이 운용할 수 있도록(Korea rendelkezésére) 출하함을 안내함.

/꼰도르 이슈뜨반(Kondor István)/
부소장(főigazgatóhelyettes)

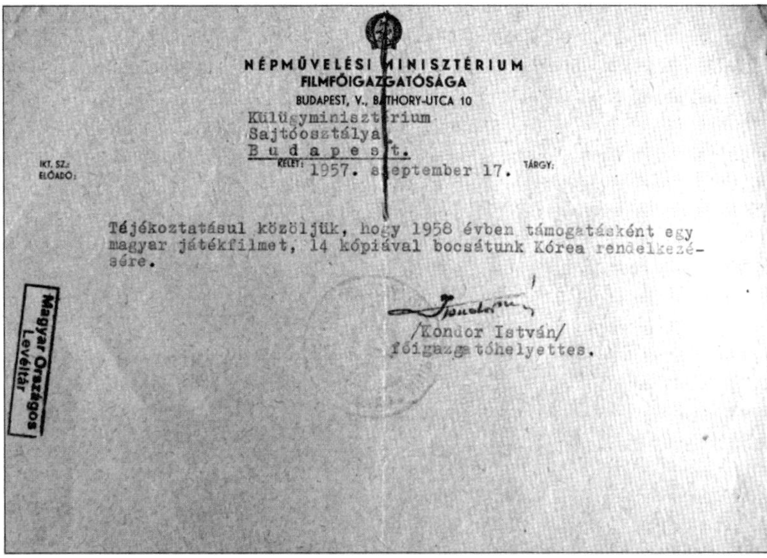

NÉPMŰVELÉSI MINISZTÉRIUM
FILMFŐIGAZGATÓSÁGA
BUDAPEST, V., BÁTHORY-UTCA 10

Külügyminisztérium
Sajtóosztálya
B u d a p e s t.

IKT. SZ.:
ELŐADÓ:
KELET: 1957. szeptember 17. TÁRGY:

Tájékoztatásul közöljük, hogy 1958 évben támogatásként egy magyar játékfilmet, 14 kópiával bocsátunk Kórea rendelkezésére.

/Kondor István/
főigazgatóhelyettes.

Magyar Országos Levéltár

[40] 헝가리 극영화의 북한 반출 관련 자료

문서번호: 002756/sz.t.
관련문서번호: 49/sz.t.
수신: 평양 대사관

부다페스트, 1957년 9월 18일

제목: 헝가리-조선 영화 협정 체결

대사관의 상기 문서번호 보고와 관련하여 담당 헝가리 영화 기관은, 헝가리 측이 1958년에, (조선에 대한) 지원으로, 헝가리의 극영화 한 편을 14편의 복사본과 함께 조선 측이 운용할 수 있도록 출하하는 것을 내용으로 한 조선의 영화 협정 제안을 수용했음을 알림. 따라서 상기한 것에 대한 내용으로, 협정의 공식적 체결은 지금이라도 가능함(sor kerülhet).

상기의 것들을 조선 측에 알리도록 요청함.

1957년 9월 18일
/쟈로쉬 라쓸로(Gyáros László)/
언론과 과장(Sajtóosztály vezetője)

Magyar-koreai filmegyezmény megkötése.

oo2756/sz.t.

Nagykövetség,

VIII.

Phenjan

49/sz.t.

Hivatkozással a Nagykövetség fenti számu jelentésére közöljük, hogy illetékes magyar filmszervek elfogadták a koreai filmegyezmény javaslatot, amelynek értelmében a magyar fél 1958 évben támogatásként egy magyar játékfilmet, 14 kópiával a koreai fél rendelkezésére bocsát. A fentiek értelmében tehát most már sor kerülhet az egyezmény formális megkötésére.

Kérjük a fentieket a koreai fél tudomására hozni.

Budapest, 1957. szeptember 18.

/Gyáros László/
Sajtóosztály vezetője

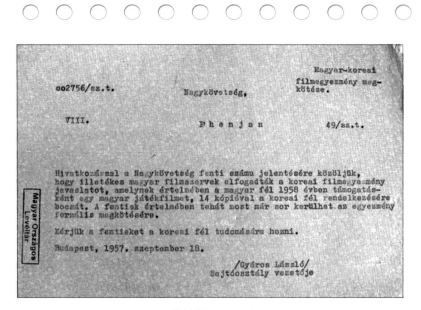

[41] 문서번호 002756/sz.t

문서번호: 82/1957.szig.titk.

평양, 1957년 9월 18일

제목: 헝가리 문학 작품들의 조선 출판

올해 헝가리 인사들이 벌써 두 번이나 직접 조선국립도서출판사를 접촉하여 조선에서 헝가리 문학 작품의 보급을 시도함. 우선 로너이 에르뇌(Rónai Ernő)[119]라는 작가가 편지로 자신의 작품들을 제의했고 /문서번호 50/1957.szig.titk. 보고서 참조/, 두 번째로 슈레끄 블라디미르(Surek Vladimir)라는 이름의 "작품 전문 번역가(műfordító)"가 역시 편지로, 아마도 작가의 위임으로, 꼬버이 뢰린쯔(Kovai Lőrinc)[120]의 작품들을 조선어로 출판할 것을 제의함. 후자는 조선 측에 아시아로의 여정에 즈음하여 조선을 방문하는 것에 대해서도 언급함/문서번호 21/620 sz.의 대사관 공개전문(nyílt-távirat) 참조/. 본청 문서번호 002755/szig.titk.의 훈령(rendelet)과 문서번호 21/2352 sz.의 공개전문에서 언급한 내용에 대해 조선해외문화관계협회(Koreai Külföldi

119) 로너이 에르뇌(Rónai Ernő, 1897-1970)는 지금의 루마니아 지역인 너지바러드(Nagyvárad, 루마니아: Oradea) 출신의 헝가리 작가로서 양차 세계 대전 때 모두 전쟁 포로가 된 적이 있었던 특이한 경력의 작가이다. 이후 전쟁 포로 때의 경험을 책으로 출판하여 헝가리에서 큰 반향을 일으키기도 했다.

120) 꼬버이 뢰린쯔(Kovai Lőrinc, 1912-1986)는 상트페테르부르크 출신의 헝가리 작가, 번역가이자 교육자이다. 약 40권의 소설을 출판했으며, 사후 발견한 미출판 원고도 그에 버금가거나 그 이상으로 알려진 다작의 작가이다. 한때는 사회주의 리얼리즘(szocialista realizmus) 작가로서 인정을 받기도 했으나, 앞서 로너이 에르뇌와 마찬가지로, 현재는 헝가리 문학사에서 작가와 그의 작품들이 뚜렷한 위상을 가지고 있지는 않다.

Kultúrkapcsolatok Társasága)에 알렸고, 이 관할 기관이 언급한 바에 기초해서 처리하였음.

본청은 언급한 문서번호의 전문에서 우리의 관할 기관이 더르버쉬 요제프(Darvas József)[121]의 〈한 농부 가족의 이야기(Egy parasztcsalád története)〉와 일리쉬 빌러(Illés Béla)[122]의 〈띠써는 불탄다(Ég a Tisza[123])〉라는 제목의 작품들을 조선어 번역으로 제안했음. 이와 관련하여 문화관계협회의 헝가리 담당자인 리우련(Li U Ljon)[124] 동지는 9월 27일에, 제안에 감사하지만 올해에는 이미 제안한 작품들을 번역할 수 없다는 조선국립도서출판사의 회신을 전해 주었음.

여기서 우리는 본청이 올해 헝가리-조선 문화 업무 계획의 III/9항에 주의를 기울일 것을 당부하는데, 이에 따르면, "양 측은 1958년 출판으로 각 한 권씩의 문학 작품을 제안하는데, 이는 1957년 8월 30일까지 각 측에 소련어, 또는 영어로 된 5부를 상호 송부하며, 이와 함께 작품과 관련된 비평들과 작가의 이력서도 보내기로 한다"고 되어 있음. 우리가 아는 바로는, 지금까지 아직 양측 모두 이 계획안을 수행하지 못한 채 마감 시한이 이미 경과했음.

상호 도서 출판과 관련하여 계속하여, 역시 9월 27일에 리우련 동

121) 더르버쉬 요제프(Darvas József, 1912-1973)는 헝가리의 작가, 출판인이자 정치가로서도 많이 알려진, 헝가리 민족작가운동(népi mozgalom)의 중심인물 중 한 명이다.
122) 일리쉬 빌러(Illés Béla)는 기자이자 소설가로서, 더르버쉬 요제프와 마찬가지로 헝가리 최고의 훈장인 꼬슈뜨 훈장(Kossuth Díj)을 두 차례나 수상한 바 있다.
123) 띠써(Tisza)강은 다뉴브(Danube, 헝가리어: Duna)강과 더불어 헝가리를 대표하는 강이며, 실제로 다뉴브 강보다 더 길게 헝가리 지역을 나누고 있다. 띠써 강은 다뉴브 강과 세르비아 북부 지역에서 합류하여 세르비아의 수도인 베오그라드로 이어진다.
124) 각주 111) 참조.

지는 다음의 것들을 언급함. 이후로는 올해 4월의 출판 편집 국제회의에서 도출한 합의의 내용에 따라 처리해야 한다는 것이 조선국립도서출판소의 의견임. 이는 편집부들이 합의 내용에 따라 서로 직접적인 관계를 유지하며, 작품의 상호 보급에 서로 직접 제안하는 것을 의미함. 언급한 국제회의는 독일민주공화국(NDK, 구 동독)에서 개최되었으며, 조선의 파견단 및 헝가리 파견단도 참가했었음.

조선 측의 제안이 매우 합리적이라는 것이 우리의 의견임. 우리 측 담당자들은 이와 관련된 것을 (본청이) 인지하고 있기를 요청함. 만약 이 이후로 조선 측의 제안에 따라 이후 헝가리와 조선의 문학 작품이 조선, 혹은 헝가리에서 보급된다면, 본청은 당해 출판사의 사장단, 혹은 편집부가 조선의 어떤, 혹은 헝가리의 어떤 문학 작품들의 상호 보급을 계획하고 있는지에 대해 우리 대사관에 안내해 주기를 제안함. 이러한 정보는 대사관의 업무를 도울 수 있을 것이며, 다른 한 편으로는, 경우에 따라서 대사관이 나름 보유하고 있는 (현지의) 관계들을 통해 상호 수용한 계획의 최대한 빠른 실현에 기여할 수 있을 것임.

지금까지 헝가리의 어떤 문학 작품들이 조선어로 출판되었는지에 대한 정보 수집을 수차례 시도했음에도 불구하고, 우리는 현재 오직 부족한 정보만을 가지고 있을 뿐임. 서만일(Szo Man Il) 동지 그 자신으로부터 여기에 대한 답변을 받지 못했고, 조선작가동맹 부위원장으로부터도, 그리고 조선 해외문화관계협회로부터도 답변을 받지 못했음. 본청에서 문서번호 26/1419번의 공개전문에 언급한 바, 즉 1945년 이후 출판된 뻬뙤피(Petőfi Sándor),[125] 어디 엔드레(Ady Endre),[126]

요제프 어띨러(József Attila)[127] 작품들의 조선어 번역본/책의 형태로든, 아니면 신문에서든/을 (본청에서) 긴급하게 요청한 바에 따라, 우리가 몇 번이나 재촉했음에도 불구하고 아직 이에 대한 회신을 받지 못했음. 올해 『뻬뙤피 시선집(Petőfi válogatott)』이 출판된 것을 우리는 알고 있음/문서번호 61/1957/.adm. 보고 참조/. — 뒤늦게 문화관계협회로부터 받은 조선어로 된 『뻬뙤피 시선집』 증정본(tiszteletpéldánya) 두 권을 첨부하였음. 흥미로운 것으로서, 언급할 만한 가치가 있다고 여기는 것은 책을 유통시키는 서점들에서 이 『뻬뙤피 시선집』은 이미 모두 판매가 되었음. — 계속하여, 1956년에 조선어로 모리츠 지그몬드(Móricz Zigmond)[128]의 〈동전 7푼(Hét Krajcár)〉이라는 제목의 중단편소설(elbeszélés)이 출판된 것을 알고 있음. 조선어로 출판된 더 이상의 헝가리 문학 작품에 대해서는 당분간 알지 못함. 반면 확실하지 않고, 공식적이지 않은 우리의 정보에 따르면, 지금까지 폴란드, 루마니아, 불가리아, 알바니아 문학 작품은 어떠한 하나의 작품도 조선어로 출판되지 않았음. 조선의 문학 작품 외에, 지금까지는 이해 가능한 이유들로 인해 주로 소련과 중국 문학 작품들만이 조선어로 출판되었음. 소련어 또는 경우에 따라 다른 언어로 번역된, 그리고 몇몇의 인민민주주의공화국의 문학 작품들의 원서

---

125) 자세한 내용은 각주 15) 참조.

126) 어디 엔드레(Ady Endre, 1877-1919)는 지금까지도 헝가리 독자들로부터 많은 사랑을 받는 20세기 초 헝가리 최고의 시인 중 한 명이다.

127) 자세한 내용은 각주 43) 참조.

128) 모리츠 지그몬드(Móricz Zigmond, 1879-1942)는 20세기 헝가리 사실문학을 대표하는 작가 중 한 명이다. 인간에 대한 따뜻하고 차분한 시선으로 지금도 많은 이들에 의해 그의 작품들이 사랑받고 있다.

는, 반면 평양의 해외 도서 서점이나 조선국립중앙도서관에서 찾을 수 있음.

외국 문학 작품의 조선어 번역본 보급에서 지금까지 주로 언어 능력의 부족이 제약을 의미했고, 이 주된 제약은 오늘날에도 여전함. 이 때문에 여러 작품들 중에서 『뻬뙤피 시선집』 역시 소련어로 된 출판물을 통해서만 조선어로 출판되어질 수 있었음.

앞으로도 조선어로 출판을 제안 받은 헝가리 문학 작품은 가능한 한 소련어로 조선의 해당 기관에 보내질 수 있도록 우리 담당 기관에 요청하는 바인데, 왜냐면 조선민주주의인민공화국(KNDK)에서는 주로 이런 방법으로만 해당 작품들을 적합한 예술적 수준에서 번역하고 출판할 수 있기 때문임.

/꺼르셔이 러요쉬(Karsai Lajos)/
임시대리대사(id. ügyvivő)

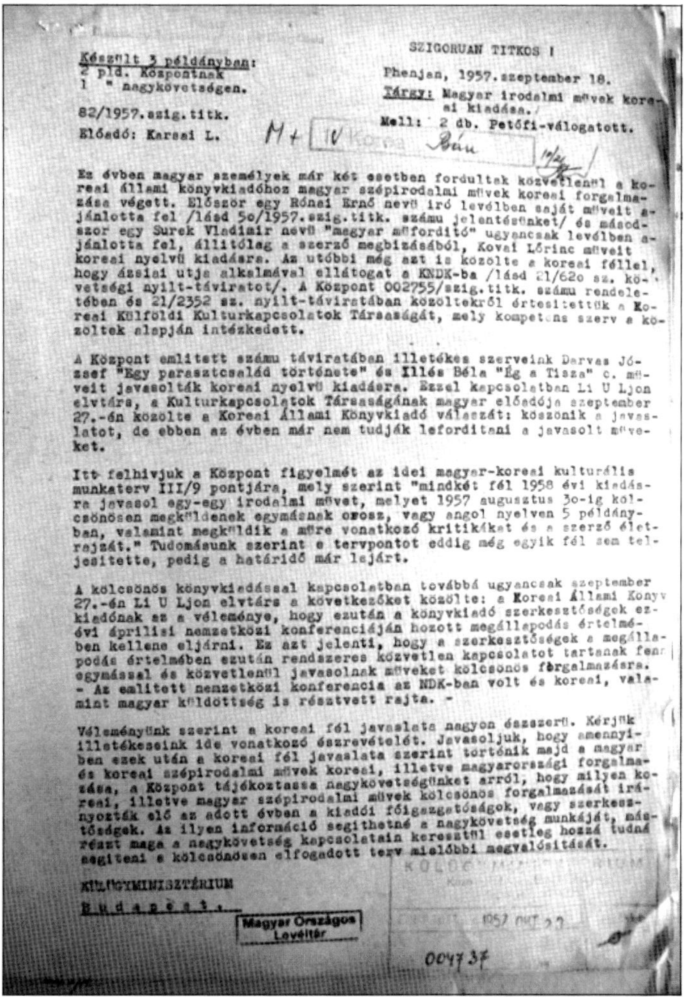

Készült 3 példányban:
2 pld. Központnak
1 " nagykövetségen.

82/1957.szig.titk.

Előadó: Karsai L.

SZIGORUAN TITKOS !

Phenjan, 1957.szeptember 18.

Tárgy: Magyar irodalmi művek koreai kiadása.

Mell: 2 db. Petőfi-válogatott.

M+ IV Korea Bán

Ez évben magyar személyek már két esetben fordultak közvetlenül a koreai állami könyvkiadóhoz magyar szépirodalmi művek koreai forgalmazása végett. Először egy Rónai Ernő nevü iró levélben saját műveit ajánlotta fel /lásd 5o/1957.szig.titk. számu jelentésünket/ és másodszor egy Surek Vladimir nevü "magyar műforditó" ugyancsak levélben ajánlotta fel, állitólag a szerző megbizásából, Kovai Lőrinc műveit koreai nyelvü kiadásra. Az utóbbi még azt is közölte a koreai féllel, hogy ázsiai utja alkalmával ellátogat a KNDK-ba /lásd 21/62o sz. követségi nyilt-táviratot/. A Központ 002755/szig.titk. számu rendeletében és 21/2352 sz. nyilt-táviratában közöltekről értesitettük a Koreai Külföldi Kulturkapcsolatok Társaságát, mely kompetens szerv a közöltek alapján intézkedett.

A Központ emlitett számu táviratában illetékes szerveink Darvas József "Egy parasztcsalád története" és Illés Béla "Ég a Tisza" c. műveit javasolták koreai nyelvü kiadásra. Ezzel kapcsolatban Li U Ljon elvtárs, a Kulturkapcsolatok Társaságának magyar előadója szeptember 27.-én közölte a Koreai Állami Könyvkiadó válaszát: köszönik a javaslatot, de ebben az évben már nem tudják leforditani a javasolt műveket.

Itt felhivjuk a Központ figyelmét az idei magyar-koreai kulturális munkaterv III/9 pontjára, mely szerint "mindkét fél 1958 évi kiadásra javasol egy-egy irodalmi művet, melyet 1957 augusztus 3o-ig kölcsönösen megküldenek egymásnak orosz, vagy angol nyelven 5 példányban, valamint megküldik a műre vonatkozó kritikákat és a szerző életrajzát." Tudomásunk szerint e tervpontot eddig még egyik fél sem teljesitette, pedig a határidő már lejárt.

A kölcsönös könyvkiadással kapcsolatban továbbá ugyancsak szeptember 27.-én Li U Ljon elvtárs a következőket közölte: a Koreai Állami Konyvkiadónak az a véleménye, hogy ezután a könyvkiadó szerkesztőségek ez évi áprilisi nemzetközi konferenciáján hozott megállapodás értelmében kellene eljárni. Ez azt jelenti, hogy a szerkesztőségek a megállapodás értelmében ezután rendszeres közvetlen kapcsolatot tartanak fenn egymással és közvetlenül javasolnak műveket kölcsönös forgalmazásra. - Az emlitett nemzetközi konferencia az NDK-ban volt és koreai, valamint magyar küldöttség is résztvett rajta. -

Véleményünk szerint a koreai fél javaslata nagyon észszerü. Kérjük illetékeseink ide vonatkozó észrevételét. Javasoljuk, hogy amennyiben ezek után a koreai fél javaslata szerint történik majd a magyar és koreai szépirodalmi művek koreai, illetve magyarországi forgalmazása, a Központ tájékoztassa nagykövetségünket arról, hogy milyen koreai, illetve magyar szépirodalmi művek kölcsönös forgalmazását irányozták elő az adott évben a kiadói főigazgatóságok, vagy szerkesztőségek. Az ilyen információ segithetné a nagykövetség munkáját, másrészt maga a nagykövetség kapcsolatain keresztül esetleg hozzá tudná segiteni a kölcsönösen elfogadott terv mielőbbi megvalósitását.

KÜLÜGYMINISZTÉRIUM

Budapest.

Magyar Országos Levéltár

1957 OKT 22

004737

[42] 문서번호 82/1957.sziq.titk. 자료 중 일부

문서번호: 519/58
수신: 쉬끄(Sík) 부장(장관), 뻬떼르(Péter) 제1 부부장(차관), 세베쉬(Sebes) 부부장(차관), 써르꺼(Szarka) 부부장(차관), 러드바니(Radványi) 과장(osztályvezető), 바르꼬니(Várkonyi) 과장

부다페스트, 1958년 9월 11일

제목: 9월 12일 뿌쉬낀 극장(Puskin filmszínház)에서 조선 영화 상영회

부다페스트 수도 시의회 집행위원회 인민교육과(Budapesti Fővárosi Tanács VB Népművelési Osztálya), 문화관계연구소(Kultúrkapcsolatok Intézete), 그리고 수도(首都) 시의회 영화제작사(Fővárosi Tanács Mozgóképüzemi Vállalata)는 조선민주주의인민공화국 창건 10주년을 기념하여 영화 상영회를 개최함.

이 기념(축하) 영화 상영회에는 〈승자전(勝者戰, Lovagi torna)〉[129]이라는 제목의 조선 영화가 소개될 예정임.

친선 국가들의 공관장(misszióvezető)들과 그 부인들을 함께 초대했음.

외무성에서 참석하는 인원:
처또르더이 까로이(Csatorday Károly) 과장(osztályvezető)
바르꼬니 뻬떼르(Várkonyi Péter) 과장(osztályvezető)

---

129) 영화 제목은 헝가리어로 기재된 내용을 바탕으로 옮긴 것이기에 정확한 (실제) 영화 제목과 일치하지 않을 수도 있다.

러드바니 요제프(Radványi József) 과장(osztályvezető)
그리고 의전과의 직원들(Protokol beosztottai)

영화 상영 일시: 9월 12일 20시 30분

부다페스트, 1958년 9월 11일
의전과
버르거 이슈뜨반(Varga István)
외교관보(外交官補, attaché)

181 f

Protokol

Varga István
attaché

Sik miniszter
Péter, a miniszter I.helyettese
Sebes miniszterhelyettes
Szarka miniszterhelyettes
Radványi osztályvezető
Várkonyi osztályvezető
Saját.

519/58

F e l j e g y z é s.

Tárgy: Koreai filmbemutató a Puskin filmszinházban, szept. 12-én.

A Budapesti Fővárosi Tanács VB Népművelési Osztálya, a Kulturális Kapcsolatok Intézete és a Fővárosi Tanács Mozgóképüzemi Vállalata a Koreai Népi Demokratikus Köztársaság kikiáltásának 1o. évfordulója alkalmából filmbemutatót rendez.

Az ünnepi filmbemutatón a "Lovagi torna" c. koreai film kerül bemutatásra.

Meghivtuk a baráti országok missziővezetőit feleségükkel együtt.

A Külügyminisztériumból résztvesznek:

Csatorday Károly osztályvezető
Várkonyi Péter "
Radványi József "
és a Protokol beosztottai

A filmbemutató ideje: szeptember 12. 2o.3o .

Budapest, 1958. szeptember 11.

[43] 문서번호 519/58

문서번호: 114/1958.szig.titk.

평양, 1958년 10월 23일

제목: 베르께시 언드라쉬(Berkesi András) 헝가리 작가의 조선 여정[130]

1958년 당해 문화 사업 계획 III/8항에 근거하여 헝가리 작가 베르께시 언드라쉬(Berkesi András)[131]가 조선을 방문했었음. 이미 알려진 바, 도착할 즈음해서 문제들이 있었는데, 이는 우리 (평양의) 대사관이 베르께시 언드라쉬 동지의 소재에 대해서(hollétéről) 시의적절한 통지를 받지 못한 데서 연유한 것임. 말하자면, 조선 측이 베르께시 동지의 조선 도착에 대해 조금 미룰 것을 요청했을 때, 그때는 이미 베르께시 동지가 중국에 있었던 것임. 조선 측의 요청은 경우에 따라 올해에는 헝가리 작가가 조선을 방문하지 못했을 수도 있을 뻔했는데, 조선 측이 베르께시 동지의 도착을 연기해달라는 요청을 부다페스트에서는 행정적인 이유들로 인해 잘못 승인을 했고, 여기에 대해 우리는 조선 측에 적극적으로 (베르께시 동지의 방문 수용에 대한 결정을 내려주길) 요청한 이후(miután kész helyzet elé állítottuk)에야 결국 조선 측이 미루었던 방문 시기에 앞선다고 해도 그의 방문을 기꺼이 수용하겠다는 표명을 했으며, 이와 관련된 아국(我國) 대사관의

130) 한국예술연구소 발행,『한국예술연구』제9호(2014년)에 게재된 내용을 수정, 보완한 것이다.

131) 베르께시 언드라쉬(Berkesi András, 1919-1997)는 군인(비밀경찰)이자 작가이며 사회주의 헝가리 시절 친(親) 정부 성향의 창작 경향으로 많은 국가적 지원을 받은 것으로 알려져 있다.

전문을 베르께시 동지는 (헝가리로 돌아가는 길이었던) 이르쿠츠크에서(Irkuckban)에서 받았음. 여러 번에 걸친 전문(電文) 교환에 근거하여 본청은 상기 문제를 알게 되었음. 우리의 의견으로서 이로부터 교훈은 조선으로도 여정이 계획되어 중국으로 출발하는 사절단의 경우, 조선 도착 예정 시각을 미리 우리 대사관에 알려주는 것이 좋다는 것임.

베르께시 동지는 9월 5일부터 10월 2일까지 조선에 머물렀으며, 10월 2일 비행기 편으로 (조선을) 떠났음. 베르께시 동지의 조선 방문은(koreai útja) 특히 유용했음. 조선의 작가들은 한 명의 매우 활동적이고 재능 있는 헝가리 작가와 경험 많은 공산주의 전사를 베르께시 동지를 통해 알게 되었음. 조선작가동맹 의장단(elnökség)의 위원들, 그리고 조선 외무성과 문화관계위원회의 책임 지도자들도 베르께시 동지가 여기 있을 그때에도, 그리고 그가 조선을 떠난 그 이후에도 이에 대해(베르께시 동지에 대한 찬사에 대해) 한두 번 강조한 것이 아님. (조선의 동지들은) 베르께시 동지가 여기 머무는 동안 조선의 유명한 곳들을 그에게 보여 주었음. 평양 외에 원산, 함흥, 금강산을 다녀왔음. 여러 곳의 대형 산업 시설들을 방문했고, 협동농장들을 다녀왔음. 개성과 판문점 방문도 있었음. 베르께시 동지는 판문점에서 받은 인상에 기초하여, 우리가 9월 24일 전문(電文)으로 본청에 송부한 그 대단한 기사를 헝가리 언론에 썼음. 그는 조선민주주의인민공화국(KNDK)[132] 창건 10주년을 맞이하여 개최한 대형 축하 행사에

132) 북한에 대한 공식적인 헝가리어 표현인 KNDK(Koreai Népi Demokratikus Köztársaság)는 '조선민주주의인민공화국'이 아니라 '조선인민민주주의공화국'을 의미한다.

참가했는데, 이와 관련하여 조선의 『문학신문(Irodalmi Újság)』 9월 11일자 판에 65줄의 기사가 「이러한 예술 공연은 본 적이 없다(Ilyen művészi előadást először láttam)」라는 제목으로 실림. 그는 이 기사에서 9월 8일의 축하 행사 이후 소개된 축일 프로그램으로부터 받은 인상들을 묘사했으며, 조선의 독자들은 대단한 애정과 만족으로 이 기사를 받아들였음.

베르께시 동지는 헝가리 신문 독자층에게 조선을 알린다는 관점에서도 매우 재치 있게(ügyesen) 이 조선 여정을 활용했음. 판문점을 주제로 한 기사 외에, 미제국주의자들의 대만 도발에 대한 항의의 표시로 진행된 9월 13일, 평양의 대규모 군중집회에 대해서도 르포(tudósítás)를 씀. 이후에는 바로 중국과 조선의 여정 중에서 얻은 경험들에 기초하여, 많은 분량의 기사형태로써 고국(헝가리)에서 벌어진 '민족(népi)' 작가에 대한 논쟁에 의견을 피력하기도 함.

조선에 머무는 동안 베르께시 동지는 조선 예술의 문제점들을 최대한 깊이 있게 알고자 노력했음. 많은 작가들, 영화 전문가들, 비평가들과 만났고, (영화)극장과 (연극)무대를 다녔으며, 조선의 일부 역사박물관과 미술박물관들도 관람했음. 그의 발언과 관련하자면, 그는 항상 거침없이 의견을 피력했고, 비판을 할 때에는 항상 도움을 주고자 하는 표시로 이를 행했음. 이 때문에 조선의 예술 노동자들은 특히 감사해 했음. 조선의 시각예술(képzőművészet)과 관련한 올바른 그의 관점을 제시했을 때 조선의 예술 노동자들은 그에게 아주 큰 감사를 표했음. 말하자면, 조선에서는 미술이 특징적이고 아주 오랜 역사의 회화 스타일 — 수묵화(tusfestészet) — 을 가지고 있음. (하지만) 이와 함께, 올바르지 않은 경향이 있는데, 이는 수묵화를 경시하고(lebecsülik), 이보다는 유화를 강요하는 것임. 베르께시 동지는 민족 전통의 전승과 발전(továbbfejlesztés)에 대해 조선의 예술 전문가들의 주의를 환기시켰음. 베르께시 동지는 조선의 작가들과 예술가들에게 문학과 일반적인 예술의 모든 분과에서 주로 도식주의(sematizmus)의 위험하고 해악한 영향들에 대해 많은 이야기를 했음. 조선에서도 도식주의에 대항한 거대한 투쟁이 전개되고 있으나, 그럼에도 도식주의는 조선 예술에서 아직 상당히 남아 있으며, 그 해악한 영향은 아직도 여전히(még mindig) 느껴짐. 이론적인 논쟁들을 통해 조선에서도 도식주의를 이겨낸 것은 사실이지만, 예술적인 실행에서는 아직도 계속해서 나타나고 있음(kisért).

9월 27일, 베르께시 동지는 조선작가동맹 본청에서 작가동맹의 부위원장으로 이후 영화 스튜디오의 원장 등을 맡게 된 서만일(Szo Man Il)을 비롯하여 약 10명의 조선 작가들의 질문에 답을 하고 조선에서 얻은 경험에 대해 이야기했는데, 이때 베르께시 동지가 조선의 작가들과 나눈 우호적 의견 교환(eszmecsere)은 아주 성공적이었음. 주로 반혁명(反革命, ellenforradalom)[133] 기간 동안 헝가리 작가들의 태도(viselkedés)와 헝가리 작가동맹 재형성의 전망이 제기된 문제의 중점(中點, középpont)에 있었음. 같은 날 저녁 작가동맹 본청에서 작가동맹 주최의 헝가리 문학의 밤(magyar irodalmi est) 행사가 있었

133) 1956년에 발발한 소위 '헝가리 혁명(1956-os forradalom)'을 의미한다. 헝가리 혁명이 진압된 후 헝가리는 체제전환 시기까지 이 헝가리 혁명을 공식적으로 '반(反)혁명'이라고 칭했다.

음. 문학의 밤 행사의 일환으로 베르께시 동지는 헝가리 문학의 짧은 역사적 고찰과 새로운 헝가리 문학의 발전에 관한 문제에 대해 특히나 생생하고 흥미로운 연설을 함. 이 문학의 밤 행사에는 약 100여 명의 작가, 시인, 신문기자들이 참석했으며, 아주 열광적으로 베르께시 동지의 연설에 호응했음.

베르께시 동지가 여기 머무는 동안 꺼르셔이(Karsai) 동지는 환영 만찬을 한 번 주최했는데, 거기에는 조선작가동맹 부위원장인 서만일(Szo Man Il), 작가동맹 세계문학분과 분과장(Írószövetség világirodalmi szekciójának vezetője)인 박영근(Pak Jon Gün), 『문학신문(Irodalmi Újság)』의 편집장(főszerkesztő)인 조벽암(Cso Pjok Am), 문화관계위원회 유럽과(課) 과장이자 헝가리 담당자인 시인 김동천(Kim Don Cson)[134]이 참석했었음. 처음에는 이 만찬을 내가 주선하고(rendezni), 문화교육성 부장(장관)이자 작가동맹 의장으로서 한설야(Han Szer ja)도 초청하고자 했음. 베이징에서는 중국 문화성 부장(장관)인 마오뚱(Mao-tung) 동지가 베르께시 동지를 환영하고자 주선된 만찬에 참석했기 때문임. 하지만 중간에 한설야 동지를 부장의 직위에서 해임시켰고, 한설야는 작가동맹의 의장 자격으로 아시아 아프리카 작가 타슈켄트 회의로 떠나게 되었음. 새로운 (문화교육성의) 부장은 조선로동당 중앙위원회 총회와 관련된 과다한 업무(elfogalaltság)를 언급하며 상기 거명한 동지들만 참석하게 되었음. 이 때문에 꺼르셔이 동지가 만찬을 주최했으며,[135] 나는 손님들에게 인사를 하기 위해 단지 저녁식사

134) 헝가리어로 기재된(Kim Don Cson) 발음으로 추정한 인명이기에 정확한 (실제) 성명과 일치하지 않을 수도 있다.

이후가 되어서야 만찬장으로 입장했음. 상기한 인사들만 왔음에도 불구하고, 이 만찬은 아주 유쾌했고, 허심탄회했으며, 우호적인 만남으로 성공적이었고, 우리 대사관은 작가동맹과의 관계 또한 계속해서 강화할 수 있었음.

베르께시 동지의 고별 만찬을 조선 측으로부터는 안막(An Mak) 동지가 주최했는데, 그는 얼마 전에 문화교육성 부부장의 직위에서 해임되었고, 작가동맹 부위원장으로 임명되었음. 이 만찬에는 서만일(Szo Man Il)도 참석했었음. 아국(我國) 대사관 측으로는 꺼르셔이 동지를 초대했음.

베르께시 동지는 헝가리를 출발하기 전에 『인민해방일보(Népszabadság)』,[136] 『삶과 문학(Élet és Irodalom)』[137] 및 다른 헝가리 잡지들에도 극동의 여행에 관한 기사와 르포들을 보낼 것이라고 약속—어느 정도는 이를 완수하기도 했음—을 했기 때문에, 그리고 봄에 조선을 다녀간 『인민해방일보』의 베이징 특파원인 파비안 페렌쯔(Fábián Ferenc)가 김일성 동지와 인터뷰를 하지 못했기 때문에, 그는(베르께시 동지는) 나의 승인으로 남일 외무성 부장(장관) 동지로부터 인터뷰를 청했음. 베르께시 동지가 도착한 이후에 외무성 제1과의 과장 대리(megbízott vezetője)인 김관석(Kim Kvan Szok) 동지

135) 왜냐면 의전상, 장관격에 해당하는 부장이 오지 않아서 이 보고를 쓴 대사가 아닌, 그 아래 급의 대사관원인 꺼르셔이 동지가 만찬을 주최했다는, 의전과 관련된 기술이다.
136) 『인민해방일보(Népszabadság, 닙써버드샤그)』는 당시 헝가리사회주의노동당(MSZMP)의 중앙 일간지였으며, 지금도 최대부수를 발행하는 헝가리의 일간지이다.
137) 『삶과 문학(Élet és irodalom, 일레뜨 이쉬 이로덜롬)』은 현재도 발행되고 있는 헝가리의 문예지이다.

를 통해 질의들을 제출했음. /질의서를 첨부하여./ 유감스럽게도 베르께시 동지 역시 인터뷰 기회를 갖지 못했음. 김관석 동지는 남일 동지가 매우 바쁘다고 /당 총회, 지방 출장(vidéki út) 등등/ 언급했음. —남일 동지는 이때 몇 주를 판문점에서 보냈고, 중립국 감독위원회의 지속적인 유지 보장과 관련하여 중립국 감독위원회 사절단과 친선의 사적 대화를 지속해서 나누었으며, 이에 대한 것은 공표되지 않았고, 당분간 공표되지 않을 것임.[138] —남일 동지가 나중에 서면으로 질의에 답변할 것이라고 우리는 이후 의견을 조율함. 하지만 10월 20일에 김관석 동지가 전하길, 한편으로는 이미 답변이 늦어졌기도 하고, 다른 한편으로는 질의들이 이미 실제성(aktuálitás, 시사성, 현실성, 사실성)을 잃었기에, 이런 이유로 서면 답변을 제공하는 것이 적절하지 않은 것으로 판단한다고 함. 우리는 동의를 전함과 동시에 지금 벌써 두 번이나 헝가리 기자가 조선의 지도자들과 인터뷰를 하지 못했고, 헝가리 매체에서는 이러한 인터뷰가 아직 없었기 때문에 더욱 아주 유용했을 것임에도 불구하고 그렇게 되지 못한 것에 대한 유감 또한 표명했음. 상기한 내용에 기반 하여 베르께시 동지와『인민해방일보』편집장에게 인터뷰 질의에 대한 차후 답변을 조선 측으로부터 기다리지 말기를 전해 주도록 요청함.

상기 보고에 기초하여 베르께시 동지에 대한 조선의 환대가 이미 전한 우리의 앞선 평가와 이후 언급한 사실들이 서로 반대 된다는 의견도 충분히 제시될 수 있을 만함.[139] 하지만 이러한 의견은 우리가

138) 외무성 부장 남일의 '지방 출장'에 대한 문서 작성자의 보충 설명 내용이다.
139) 이에 대해서는 관련 문서에 대한 약간의 설명이 필요하다. 베르께시는 헝가리에 돌

보는 바로는 합당하지 않은 것이라고 할 수 있음. 조선에서는 베르께시 동지를 실제로 크게 환대했으나, 만찬에 부장[140]이 불참한 사실이나, 조선문화관계위원회와 외무성의 담당자들이 인터뷰 일정을 잘 잡지 못한 점 등, 이 모두는 우리의 도움으로 될 것이 아니었으며, 우리와 시간을 조율하지 못한 점은 그들이 사과를 하며 인정하기도 했음.

우리가 아는 바로 베르께시 동지는 조선작가동맹으로부터 아주 멋진 선물을 받았으며, 조선 여정에 앞선 혼란스러운 여건 때문에 조선에 줄 것으로 생각하고 그가 가져 왔던 모든 선물을 중국에서 이미 배포했던 이유로 유감스럽게도 베르께시 동지 혼자서는 이에 맞는 선물을 증정할 수 없었음. 조선작가동맹에는 『10월의 폭풍(Októbri vihar)』이라는 제목의 장편소설 전권을 선물로 줄 수 있었고, 우리 대사관은 헤렌드(Herend)[141]의 '꾸루쯔(Kuruc)'[142] 도자기상과 『미술박물관의 진수(眞髓)들(Szépművészeti Múzeum remekei)』,[143] 그리고 데르꼬비치(Derkovics)의 『도저 시리즈(Dózsa-sorozat)』[144]라는 제목의 각각의 앨범 두 권으로 이를 보충했음.

아간 이후, 조선 방문에서 겪었던 일들에 대해 상당히 부정적인 반응을 보였기에 헝가리 외무성 본청에서 평양으로 베르께시의 방문과 관련된 보고를 요청한 것이다.

140) 장관. 한설야 후임의 문화교육성 부장을 의미한다.

141) 헝가리의 도시명이며, 세계적인 도자기 회사이자, 그 회사의 제품명이다.

142) 17-18세기 합스부르크에 반대해서 싸웠던 헝가리 군대의 비공식 명칭이다.

143) '미술박물관'에 대해서는 각주 68) 참조.

144) 본명은 데르꼬비츠 쥴러(Derkovits Gyula)이며, 20세기 초반에 활동한 유명한 헝가리의 화가이다. 그의 도저 죄르지(Dózsa György) 시리즈는 16세기 초 농민전쟁의 상징적 인물 도저 죄르지의 싸움을 형상화한 판화 시리즈이다.

/빠쓰또르 까로이(Pásztor Károly)/

/대사 동지(大使 同志, nagykövet et.)/

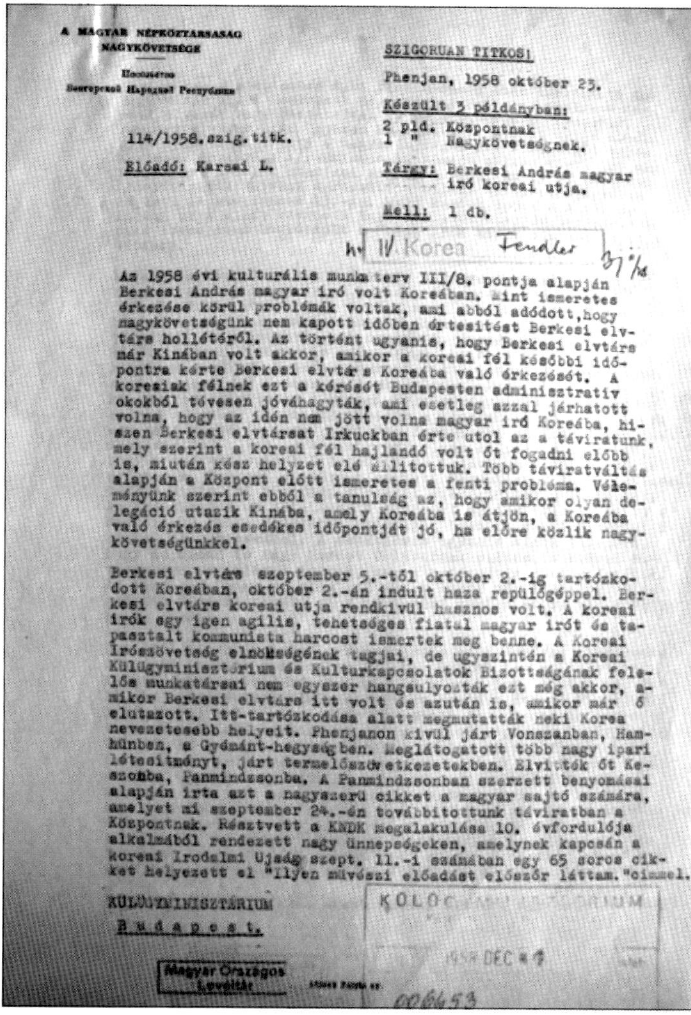

A MAGYAR NÉPKÖZTÁRSASÁG NAGYKÖVETSÉGE

SZIGORUAN TITKOS!

Phenjan, 1958 október 23.

Készült 3 példányban:
2 pld. Központnak
1 " Nagykövetségnek.

114/1958.szig.titk.

Előadó: Karsai L.

Tárgy: Berkesi András magyar iró koreai utja.

Mell: 1 db.

Az 1958 évi kulturális munkaterv III/8. pontja alapján Berkesi András magyar iró volt Koreában. Mint ismeretes érkezése körül problémák voltak, ami abból adódott, hogy nagykövetségünk nem kapott időben értesitést Berkesi elvtárs hollétéről. Az történt ugyanis, hogy Berkesi elvtárs már Kinában volt akkor, amikor a koreai fél későbbi időpontra kérte Berkesi elvtárs Koreába való érkezését. A koreaiak félnek ezt a kérését Budapesten adminisztrativ okokból tévesen jóváhagyták, ami esetleg azzal járhatott volna, hogy az idén nem jött volna magyar iró Koreába, hiszen Berkesi elvtársat Irkuckban érte utol az a táviratunk, mely szerint a koreai fél hajlandó volt őt fogadni előbb is, miután kész helyzet elé állitottuk. Több táviratváltás alapján a Központ előtt ismeretes a fenti probléma. Véleményünk szerint ebből a tanulság az, hogy amikor olyan delegáció utazik Kinába, amely Koreába is átjön, a Koreába való érkezés esedékes időpontját jó, ha előre közlik nagykövetségünkkel.

Berkesi elvtárs szeptember 5.-től október 2.-ig tartózkodott Koreában, október 2.-án indult haza repülőgéppel. Berkesi elvtárs koreai utja rendkivül hasznos volt. A koreai irók egy igen agilis, tehetséges fiatal magyar irót és tapasztalt kommunista harcost ismertek meg benne. A Koreai Irószövetség elnökségének tagjai, de ugyszintén a Koreai Külügyminisztérium és Kulturkapcsolatok Bizottságának felelős munkatársai nem egyszer hangsulyozták ezt még akkor, amikor Berkesi elvtárs itt volt és azután is, amikor már ő elutazott. Itt-tartózkodása alatt megmutatták neki Korea nevezetesebb helyeit. Phenjanon kivül járt Vonszanban, Hamhünben, a Gyémánt-hegységben. Meglátogatott több nagy ipari létesitményt, járt termelőszövetkezetekben. Elvitték őt Keszonba, Panmindzsonba. A Panmindzsonban szerzett benyomásai alapján irta azt a nagyszerü cikket a magyar sajtó számára, amelyet mi szeptember 24.-én továbbitottunk táviratban a Központnak. Résztvett a KNDK megalakulása 10. évfordulója alkalmából rendezett nagy ünnepségeken, amelynek kapcsán a koreai Irodalmi Ujság szept. 11.-i számában egy 65 soros cikket helyezett el "Ilyen müvészi előadást először láttam." cimmel.

KÜLÜGYMINISZTÉRIUM
Budapest.

Magyar Országos Levéltár

[44] 문서번호 114/1958.szig.titk. 자료 중 일부

문서번호: 114/1/1958.szig.titk.

평양, 1958년 11월 17일

제목: 문서번호 114/1958.szig.titk. 보고 보충

11월 15일의 다른 루트로 보낸 전문에서 언급한 훈령에 대해 우리는 베르께시 언드라쉬 작가의 조선 여정에 대해 긍정적으로 여긴다는 것을 보고함. 이를 문서번호 114/1958.szig.titk.에서 자세하게 분석했었음. 조선에 머무는 동안 보여준(tanúsított) 그의 행동에 대해 조선의 단체들은 오직 긍정적인 의견만을 피력했으며, 이에 대해 관련 문서번호의 우리 보고에서도 같은 내용을 전했음.

베르께시 동지는 조선에 있을 때, 자유 시간의 대부분을 아국(我國) 대사관에서 보냈으며, 여기에서 기사를 썼고, 우리 대사관의 관원들과 기꺼이 자신의 책에 대해 얘기를 나누었었음. 이 대화들과 관련하여 화제(話題)가 된 정치적인 문제들에서 베르께시 동지는 항상 긍정적인 입장을 견지했음.

/도보지 가보르(Dobozi Gábor)/
임시대리대사(id. ügyvivő)

A MAGYAR NÉPKÖZTÁRSASÁG
NAGYKÖVETSÉGE

Посольство
Венгерской Народной Республики

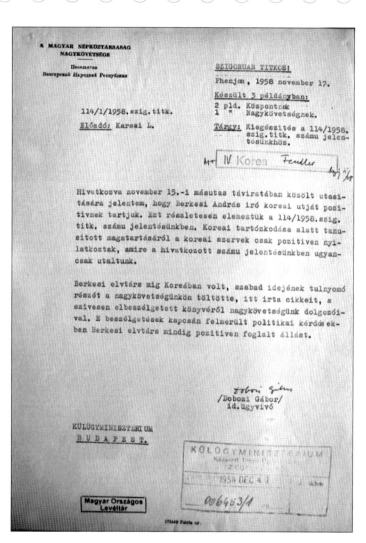

SZIGORUAN TITKOS!

Phenjan, 1958 november 17.

Készült 3 példányban:
2 pld. Központnak
1 " Nagykövetségnek.

114/1/1958.szig.titk.

Előadó: Karsai L.

Tárgy: Kiegészités a 114/1958. szig.titk. számu jelentésünkhöz.

IV Korea Feuller

Hivatkozva november 15.-i másutas táviratában közölt utasitására jelentem, hogy Berkesi András iró koreai utját pozitivnek tartjuk. Ezt részletesen elemeztük a 114/1958.szig. titk. számu jelentésünkben. Koreai tartózkodása alatt tanusitott magatartásáról a koreai szervek csak pozitiven nyilatkoztak, amire a hivatkozott számu jelentésünkben ugyancsak utaltunk.

Berkesi elvtárs mig Koreában volt, szabad idejének tulnyomó részét a nagykövetségünkön töltötte, itt irta cikkeit, s szivesen elbeszélgetett könyvéről nagykövetségünk dolgozóival. E beszélgetések kapcsán felmerült politikai kérdésekben Berkesi elvtárs mindig pozitiven foglalt állást.

Dobozi Gábor
/Dobozi Gábor/
id.ügyvivő

KÜLÜGYMINISZTÉRIUM
B U D A P E S T.

KÜLÜGYMINISZTÉRIUM
1958 DEC 4
006453/1

Magyar Országos Levéltár

[45] 문서번호 114/1/1958.szig.titk.

문서번호: 006453/1/szig.titk.
관련문서번호: 114/1 sz.t.
수신: 평양 대사관

부다페스트, 1959년 1월 5일

제목: 문서번호 114/58.szig.titk. 보고 보충

(헝가리)문화관계연구소로부터 받은 연락에 따르면, 베르께시 헝가리 작가가 극동의 여정에 관련하여 조선의 경험들에 대해 "좋은 것은 알지 못하고, 반면 나쁜 것에 대해서는 얘기하기 싫다"고 언급하며, 공개적으로 보고를 하려 하지 않음. 동시에 조선과 관련하여 부정적인 정치적 발언들을 함./"개인 우상(személyi kultusz)" 등/ 이 때문에 로저(Rózsa) 여성 동지는 조만간 꼬슈뜨 클럽(Kossuth Club)에서 개최되는 조선의 밤(Koreai est) 행사에 베르께시 동지가 등장하는 것에 대해 적합하지 않다고 여김.

위의 정보에 기초해서 다른 루트로 베르께쉬의 조선 여정(tartózkodás)에 대해 요청했었음. 이에 만약 위의 사실들에 주목하여 관련문서번호의 보고를 보충하고자 한다면 다음 외교행낭(futár)에 그것을 보고해 주길 대사 동지에게 요청함.

보고는 오르반(Orbán), 어칠(Aczél), 디네쉬(Dénes) 동지에게 발송했음.

부다페스트, 1959년 1월 5일

/러드바니 야노쉬(Radványi János)/

제4 정치과 과장(a IV. Politikai Osztály vezetője)

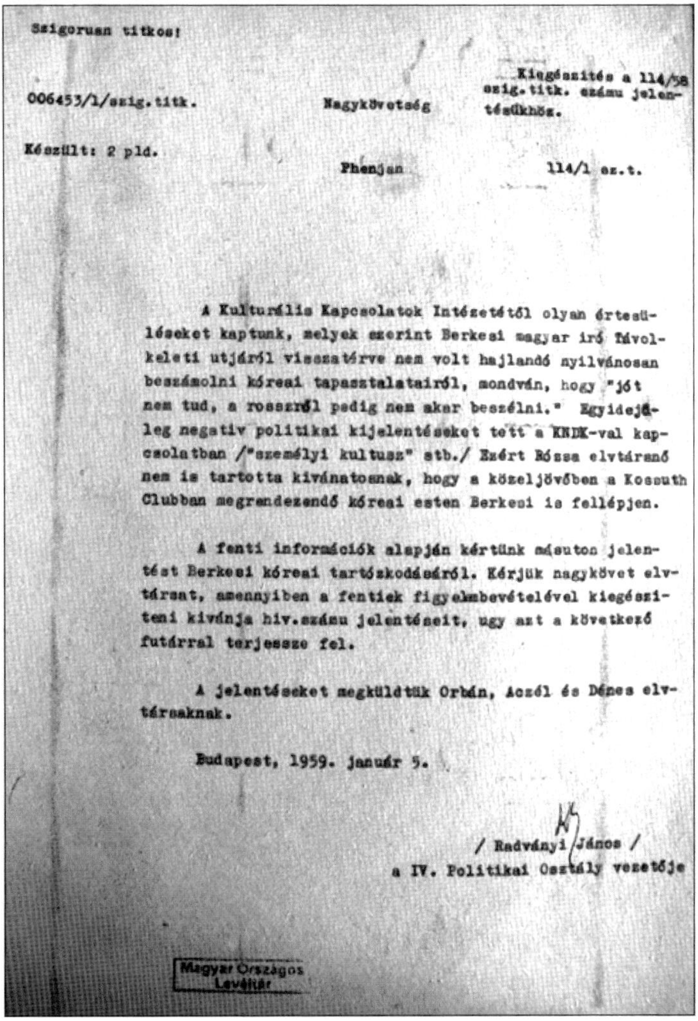

Szigoruan titkos!

006453/1/szig.titk. Nagykövetség

Kiegészités a 114/58 szig.titk. számu jelentésükhöz.

Készült: 2 pld.

Phenjan 114/1 sz.t.

A Kulturális Kapcsolatok Intézetétől olyan értesüléseket kaptunk, melyek szerint Berkesi magyar iró Távol-keleti utjáról visszatérve nem volt hajlandó nyilvánosan beszámolni koreai tapasztalatairól, mondván, hogy "jót nem tud, a rosszról pedig nem akar beszélni." Egyidejüleg negativ politikai kijelentéseket tett a KNDK-val kapcsolatban /"személyi kultusz" stb./ Ezért Rózsa elvtársnő nem is tartotta kivánatosnak, hogy a közeljövőben a Kossuth Clubban megrendezendő koreai esten Berkesi is fellépjen.

A fenti információk alapján kértünk másuton jelentést Berkesi koreai tartózkodásáról. Kérjük nagykövet elvtársat, amennyiben a fentiek figyelmbevételével kiegésziteni kivánja hiv.számu jelentéseit, ugy azt a következő futárral terjessze fel.

A jelentéseket megküldtük Orbán, Aczél és Dénes elvtársaknak.

Budapest, 1959. január 5.

/ Radványi János /
a IV. Politikai Osztály vezetője

[46] 문서번호 006453/1/sziq.titk.

문서번호: 20/1960. 001709

평양, 1960년 2월 10일

제목: 조선의 문화교육성 문화과(文化課) 과장과의 대화[145)]

1959년의 조선 문화 예술계의 발전에 있어서 내부적인 문제점(belső probléma)과 지금까지 이룩한 주된 결과물(fontosabb eredmény)들, 당면한 문제점(fennálló nehézség)들, 문화계 내에 현존하는 이데올로기적 투쟁(ideológiai harc)들, 그리고 계획된 과업들 등에 대해 우리에게 알려줄 것을 당 라인이든, 혹은 문화교육성 라인이든 해당 조선인 전문가와의 만남을 여러 번에 걸쳐 요구했음. 외무성 제1과의 헝가리 담당자(magyar referens)인 김전권(Kim Zan Gun) 동지가 개괄적인 상황은 당 중앙에서 알려줄 수 있다고 솔직하게 얘기했지만, 당 중앙의 학술문화과 과장이자, 중앙위원회 의장단의 단원인 하안천(Ha An Csen) 동지는 의전의 관점에서 꺼르셔이(Karsai) 동지를 접견할 수 없다고 함. 꺼르셔이 동지는 만약 하안천 동지가 안내를 해준다면, 물론 (대사인) 본인이 직접 갈 것이라고 알렸음. 이에 대해 하안천 동지는 일반적으로 항상 바쁘다고 함.

연말인 12월 28일에 김전권 동지 /조선 외무성 헝가리 담당자/ 는 문화교육성 예술과(藝術課) 과장인 조련철(Cso Rjon Csul) 동지가 12월

145) 한국예술연구소 발행, 『한국예술연구』 제9호(2014년)에 일부 게재된 내용을 수정, 보완한 것이다. 본문에 실린 내용은 전문(全文)이다.

30일 오전 10시에 조선에서 제기된 일련의 질의에 대해 답변하고자 꺼르셔이 동지를 접견하고자 한다고 전함.

조선 문화교육성 예술과는 극단 및 음악, 그리고 일반적인 무대 공연 예술을 담당함. 이 때문에 최련철 동지는 우선 (이 이외의) 다른 예술 분야에 대해서는 단지 개괄적으로만 다룬다는 것에 대해 안내를 했음. 우리 생각으로는, 여기에는 또 다른 하나의 관점이 기여를 했을 법함. 말하자면, 조선의 동지들에 따르면 1959년에, 이 분야(극단, 음악, 무대 공연 예술 분야)에서 가장 큰 결과가 도출되었기에, 이 때문에 바로 이 분야에 대한 안내를 기획했을 것임.

조련철 동지의 안내: 1959년에 조선은 예술계의 모든 영역에서 다시금 큰 성공을 거두었음. 이 해 전반에 걸쳐 많은 새로운 문학, 연극, 음악, 무용, 영화, 미술 작품들이 세상의 빛을 보게 되었음. 특히 무대 예술 분야에서 성공이 괄목할 만 함. 1959년에 처음으로 '창조적(건설적) 봄(Alkotó tavasz)'이라는 이름의 예술 시즌을 기획했는데, 이 행사로써 8월 15일의 전국 예술 축제에 (참여할) 작품들과 창작물들이 제작되었음. /조선에서는 국가 경축일을 맞이하여 매해 전국 예술 축제를 개최함./ 이 예술 축제를 빌어 〈장엄한 조국(Dicsőséges Hazánk)〉이라는 제목의 교향 무용곡이 두 번에 걸쳐 소개되었는데, 이 작품에는 3,000명의 등장인물 /발레리나, 합창단원, 음악가, 낭독가/이 참여함.

성공의 핵심 요인: 예술 종사자들은 예술 속에서 당의 정책 노선에 기대어 더욱 더 철저하게 오늘날의 현실적인 문제들을 보여주며, 조선 민족의 특수성을 확신에 찬 표현으로 나타냄. 그리고 이 모든 것

을 질적으로 더욱 훌륭하고, 더욱 높은 수준의 묘사 수단들로써 표현해냄. 사회주의를 건설하는 새로운 인간이 조선 예술의, 논쟁이 필요없는 주된 영웅으로 됨. 이는 당이 대중들 사이에서 수행하는 공산주의자 양성 과업을 상당하게 지원하는 것임. 특히 주된 영웅의 묘사에서도 조선 민족의 특수성을 두드러지게 하는 것은 대단한 성공을 거둠. 이 관점에서, 그리고 특히 대중을 공산주의자로 양성한다는 관점에서 30년대 조선 빨치산 항쟁의 영웅들, 우선 김일성 동지에 대한 예술적 묘사는 매우 큰 중요성을 지님.

현재, 오늘날 예술적 묘사의 문제들은 일부 친선 사회주의 국가들의 예술에 있어 가장 시급한 문제들과 동일함. 이 문제에 있어서 조선에서는 매우 노력을 들이고 있음. 1959년 봄에 그러한 현상들과 목소리들이 있었는데, 오늘날의 (극히 시의(時宜)적인) 주제들을 표현하는 것은 절대 불가능하며, 더 나아가, 예를 들면, 발레의 경우 오히려 해가 될 수 있다는 것이었음. (작품 내용상 용광로가 등장해야 하는 경우) 용광로를 무대로 옮기는 것, 그리고 그 앞에서 무용을 하는 것은 불가능하며, 단지 예술의 천박함을 초래할 수 있다는 그런 의견들도 있었음. (예술가들은) 이 옳지 않은 관점들, 의견들과 소위 여기에 (뿌리박힌) '신화(mithos)'들과 싸워 물리쳤으며, 새 조선 발레예술의 멋진 복원과 우수함을 나타내듯, 〈붉은 심장(Vörös szív)〉,[146] 그리고 〈천리마(Csollima)〉라는 제목의 무용극을 대단한 성공으로 선보였음. 이 작품들의 소개는 한 걸음 진보했음을 의미함. 이 작품들 이후

146) 이하 작품명은 거의 대부분 헝가리어로 기재된 내용을 바탕으로 옮긴 것이기에 정확한 (실제) 작품명과 일치하지 않을 수도 있다.

〈동지들(Elvtársak)〉, 〈불사조(Halhatatlan madár)〉라는 제목의 연극과 〈숲이여 울어라(Zugjatok erdők)〉, 〈마지막 나룻배(Utolsó csónak)〉라는 제목의 새로운 양식의 오페라, 그리고 〈동틀 녘(Virradat)〉, 〈붉은 넥타이(Vörös nyakkendő)〉라는 제목의 발레 작품들이 이어졌음. 이 모든 작품들은 30년대 빨치산 항쟁의 혁명적 전통을 생생히 환기시킴. 주된 영웅들은 그들 모두에 있어서 공산주의자의(그것인), 도덕적으로 가장 높은 수준을 의인화했으며, 노동자 대중들에게 그 예시를 보여주고 있음.

하지만 많은 성공에도 불구하고 아직 부족한 점들도 많음. 예술 노동자들은 충직하게 당이 제시한 노선을 따른다고 할지라도, 현실의 사실들을 예술적으로 표현함에 있어 부족함과 할 일들이 아직 많다고 조련철 동지는 평함. 사실들을 더욱 현실적으로 묘사할 필요가 있다고 함. 예술의 과업은 30년대 혁명 전통을 생생히 되살리는 데에 있는 것만이 아니라, 오늘날의 주제들, 오늘날의 표현에도 그것은 있는 것임. 오늘날 (우리의 사회주의는) 아직 완벽하지 않기 때문에, 그렇기 때문에 더욱 그것이 (예술의 과업이) 존재하는 것임. '천리마의 기수들(csollima-lovasok)', 즉 오늘날의 조국 번영을 묘사하는 것은 현재 중요한 과업임. 조선에서는 이 과업을 즉시 수행하는 데 있어서 이데올로기적인 문제는 없음. 조선의 예술 노동자들은 어떤 의미로서는 완전하게 당의 문화 정책을 지지하고, 사회주의 리얼리즘(szocialista realizmus)의 예술적 방법을 지체 없이 적용시킴. 한편 이 외에 계속해서도 예술 노동자와 노동자 대중 간의 지속적인 관계를 강화시키는 것이 필요함. 예술가와 예술 노동자들은 앞으로도 쉼 없이 당의 정책을 연구하고, 더 높은 수준에서 육체적인 노동을 져야함(részt kell vállalniuk). 현재 아주 많은 작가들, 예술 노동자들이 지방 여기저기를(kint a tartományokban) 다니며, 작업장, 공장, 그리고 협동조합에서 다른 노동자들과 함께 육체노동을 하고, 이와 더불어 창작 활동도 수행하고 있음. 향후 시기에는 예술의 형태적 완벽함과 오늘날의 주제 및 문제에 대해 질적으로, 예술적으로 더욱 높은 수준의 묘사가 이루지는 데 무게를 둬야 함. 이 후자의 목표로 60년대에는 집단 공모와 개인 공모(kollektív és egyéni pályázatok)를 할 것임.

조련철 동지는 이후 〈장엄한 조국(Dicsőséges Hazánk)〉이라는 제목의 음악과 무용시(tánckölteményy)의 중요성에 대한 해석으로 (화제의) 방향을 돌림. 약 70명의 작곡가와 지휘자의 집단적 창작의 결과물인 이 대단한 작품은 서정적 공연의 새로운 형태임(új formája a lírai előadásnak). 이 장르는 사회주의 사회에 완벽하게 부합하며, 이러한 작품의 탄생은 조선에서는 최근 몇 년에 그 모습을 드러낸, 사회주의 건설에서 그 특히 높은 수준에서만 가능한 것이라고 함. 작품 속에서는 사회주의 리얼리즘의 원칙이 지체 없이 효과를 거두며, 충실하게 인민의 연민(nép páthosa)을, 위대한 투쟁 속에서 태어난 사회주의 건설의 결과들을 반영하고 있음.

조련철 동지는 이상의 설명 이후 민족적 특수성과 현 시기의 묘사 외에 조선 예술계의 가장 중요한 문제를 가지고 있는 질적인 문제에 대한 분석으로 화제를 돌렸음.

예술에 있어서 민족의 특수성이 유효함을 가지게 된다는 점과 관련하여 이미 지금까지도 무시할 수 없는 결과가 도출되었는데, "김일성 동지의 가르침에 기초하여, 말하자면 다른 민족 문화의 기계적인 도입이나 모방에 (우리의, 예술 노동자들의) 과업이 있는 것이 아니라 마르크스-레닌주의에 입각한 조선 민족 문화의 지속적인 발전 속에 그것이(우리 예술 노동자들의 과업이) 있다는 것에 (조선 인민들은) 항상 주목해 왔고, 지금도 염두에 두고 있다"고 그는 강조함. 조선 예술 노동자들은 오늘날 강도 높게 옛 조선의 문화와 전통을 연구하고 있음. 그 예로 다음의 것을 언급함. 조선의 바이올린 연주자 — 바이올린 연주는 일반적으로 유럽에서 유래하고 있는 것임에도 불구하고 — 는 어떤 국적의 작곡가이든, 그의 어떤 작품을 연주하던 간에 바이올린의 현에서 '조선 민족의 자랑스러운 기질'이 울려 나오기 위해서 우선 조선 민족 예술의 전통을 충분히 익혀야만 하고, 그리고 먼저, 옛날과 현재에도 연주되는 조선 민족 악기들을 다룰 줄 알아야 함. 이 방면에는 아직 많은 어려움들과 마주하고 있는 상황이지만, 작년의 결과는 이 분야에서도 확실한 성공을 거두었음을 추론할 수 있다고 조련철 동지는 말함. 현재 오페라 예술 분야에서 의미 있는 연구들이 진행되고 있음. 과업으로써 하나의 오페라 작곡과 공연을 기획했는데, 그것의 주제는 30년대 빨치산 항쟁을 생생히 묘사하면서도, 형식적인 면에서는 〈맹인의 딸(Vak ember lánya)〉 /〈심청전(Sim-Cson Dzon)〉/ 이라는 제목의 조선 고전 민속 오페라의 형식과 일치함. 이 오페라는 이미 거의 완성된 상태임. 이 새로운 주제의, 하지만 옛날 고전 오페라가 고전 음악의 형태, 또는 스타일 중 어떤 편곡으로 무대에 올라야 하는지에 대해서는, 즉 '서창(recitativ)' 형식인지, 또는 '가락이 더 강조된(melodikusabb)' 형식인지에 대해서는 아직 얼마간의 논쟁이 진행되고 있음. 조선 전통 민속 오페라에는, 말하자면, 이 두 종류의 양식이 지금까지 알려져 있음. '서창' 스타일을 하고 있는 것은 예를 들면, 〈맹인의 딸〉이라는 제목의 민속 오페라인데, 이 작품은 지금까지 알려진 작품들 중에서 시간적으로도 가장 오래된 것이며, '가락이 더 강조된' 스타일을 하고 있는 작품은 예를 들면, 〈장화와 홍련(Cso-Hva és Hon-Rjon)〉 /〈두 명의 고아 자매(Két árva nővér)〉/ 이라는 제목의 민속 오페라인데, 시간적으로도 어느 정도 우리와 (헝가리와, időben is hozzánk) 가까운 작품임. 뮌니히(Münnich) 동지가 이끈 헝가리 당정(黨政) 사절단에게 이 후자의 오페라를 공연한 바 있다고 조련철 동지가 언급함.

예술에 있어서 1959년에는 민족적 양식의 성공 외에도 다수의 진보적인 해외 고전 음악가들의 작품들 또한 성공적으로 공연함. 이렇게 여러 작품들 중에서도 베토벤의 9번 교향곡, 쇼스타코비치의 11번 교향곡, 〈숲이 노래하다(Dalolnak az erdők)〉[147]라는 제목의 오라토리오, 그리고 현대 중국 작곡가의 〈황하(黃河)에 대한 노래(Ének a Hvajha folyóról)〉라는 제목의 오라토리오를 성공적으로 공연함. 베토벤의 교향곡과 중국 오라토리오의 경우, 조선에서 우정출연(vendégszereplő)하고 있는 두 명의 양국 지휘자가 작품을 숙독하는 데 많은 도움을 줌. 조련철 동지는 이 부분에서 헝가리의 발레단 또한 아주 크고 가치 있는 경험들을 조선의 발레 예술가들에게 전수했음을 강조함.

147) 이하 작품명은 거의 대부분 헝가리어로 기재된 내용을 바탕으로 옮긴 것이기에 정확한 (실제) 작품명과 일치하지 않을 수도 있다.

예술가들의 창작과 공연의 질적 향상에 대해 언급하며 조련철 동지는 조선 예술 노동자들이 예술에서도 적용 가능한 당의 모든 일련의 결정과 관련된 덕목(tanulságait)을 대단한 열성으로 학습하고 있다고 강조함. 이미 15년 동안 조선에서는 이러한 경향이 있었으며, 조선로동당 중앙위원회 1959년 2월 총회 이후에도 이는 지속됨. 2월 총회는 경제생활의 각 분야에 있어서 생산의 질적 향상에 대한 필요성을 총론과 각론으로 제기했음. 이 결정은 예술계에서도 그 효력을 담보하게 되었는데, 이에 대한 결과로써 예술 노동자들의 창작 계획을 당의 목표 설정과 결부시켰고, 예술가의 창작 과업을 육체적인 노동과 결부시켰으며, 다양한 '창작 파견(alkotó kiküldetés)' 대신 생산 속에서의 유용성과 지속적인 현장 거주(kinttartózkodás)를 선택하였음. 이를 통해 생산 그 자체에 도움을 주었으며, 예술가의 비판 능력과 자아비판(önkritika) 또한 향상되었음. 만약 비판과 자아비판이 없다면, 생활의 모든 영역에 있어서, 특히 예술에 있어서는 형식주의가 지배할 수 있음. 조선에서는 모든 영역에서 미래의 가장 중요한 과업이 질적인 향상임.

비엔나에서 개최된 제7차 세계청년축제(VIT)에서도 조선 예술은 커다란 성공을 거두었음. 거의 한결같은 의견으로 '조선의 예술-황금 예술(a koreai művészet-arany művészet)'임이 울려 퍼졌음. 조선의 젊은이들은 비엔나의 세계청년축제에서 소련의 젊은이들 다음으로 가장 많은 1등과 가장 많은 금메달을 획득했음. /우리가 아는 바로는 30개 이상의 금메달 획득/.

해외의 전문가들에 따르면 〈장엄한 조국〉이라는 제목의 음악과 무용시(táncköltemény), 즉 소위 조선의 대형 콘서트(koreai nagykoncert)는 "지금까지 세상에서 가장 큰 예술 창작(a világ eddigi legnagyobb művészi alkotása)"이었다고 조련철 동지가 강조함. 김일성 동지는 큰 성공에도 불구하고 "모두들 자아비판을 하고, 지금까지의 잘못을 다시 저지르지 말라(legyenek önkritikusak és ne kövessék el az eddigi hibákat)"는 특별 교시를 예술 노동자들에게 내림.

꺼르셔이 동지의 질문: 실제적으로 지금까지 어떤 잘못이 있었는가? 김일성 동지는 왜 이 발언을 했는가? 조선의 예술계에 있어서 어떠한 논쟁이 있는가?

조련철 동지의 답변: 조선의 예술 노동자들 사이에서 이데올로기적인 논쟁은 없음. 당의 정책과 김일성 동지의 가르침을 모두 한결같이 자신의 것으로 여김. 하지만, 그럼에도 불구하고 예술가는 작품 제작에 있어서 부족한 점들이 있는데, 그 원인들은 이론이나 이데올로기에서 연유한 것이 아닌, 기교적인 결여의 결과들임. 현 시기에 대한 묘사 시에 일정 형식주의와 민족의 특수성을 간과하는 경우가 나타났음. 예를 들면, 일부 작가들은 30년대의 빨치산 항쟁 묘사 중 단지 좋은 것들만, 대다수는 주된 영웅만 부각시키고, 그 배경을 묘사하지 않았는데, 주제의 실제적인 묘사와 예술가적 진실의 효과라는 관점에서 배경의 사실적인 등장—좋고 나쁜 측면 모두—은 매우 큰 중요성을 가지고 있음. 계속하여, 공산주의자 인간 유형에 대한 묘사를 함에, 민족을 위한 투쟁과 당 창건을 위해 15년간 지속된 전투 묘사에 있어서 일률적이고 일방적인 것이 나타나기 시작했음. 각각의 작업

장, 공장의 옛날과 오늘날의 생활에 대한 묘사에서도 유사한 현상이 나타났음. 조선의 예술계에서 1960년대의 슬로건은 '용감하게 찾고, 연구하고, 생각하고 창조할 것!(Bátran keresni, kutatni, gondolkodni és alkotni!)'임. 비엔나 세계청년축제에 앞서 김일성 동지는 조선 예술을 다음과 같이 평가했음. "이 예술은 민족의 예술이다. 민족으로부터 왔으며, (조선) 민족이 그것을 (이 조선 예술을) 계속 발전시키는 것이다. (조선의 예술은) 조선 민족의 마음에 들기에, 이 때문에 오스트리아와 그 어떤 민족에게도 마음에 들 것이다(Ez a művészet a nép művészete. A népből jött, a nép műveli tovább. Ezért tetszik a koreai népnek és ezért fog megtetszeni az osztrák és bármilyen népnek is)." 이것이 사회주의 리얼리즘에 대한 조선의 이해를 의미한다고 조련철 동지는 강조함. 이후 조련철 동지는 꺼르셔이 동지가 중간에 제기한 질문에 답하면서 사회주의 리얼리즘의 조선적인 해석은 예술의 집단성을, 집단 창작의 방법을, 그리고 집단 작곡과 공연의 방법을 의미하며, 지금까지 가장 멋있고, 지금껏 어디에서도 존재하지 않았던 이것의 (사회주의 리얼리즘의 조선적인 해석의) 명작은 〈장엄한 조국〉이라는 제목의 음악과 무용시임.

질문: 조선로동당 내부의 종파가 예술에 해로운 영향을 주었는지? 만약 그렇다면, 그것은 어떤 식으로 표출이 되었는지? 이에 대해 어떻게 투쟁을 했는지? 그 투쟁의 결과는 어땠는지?

조련철 동지의 답변: 휴전협정이 체결되고 얼마 지나지 않아 당은, 많은 것들 중에서도 문학의 당성을 부정하고, 문화는 모든 시기에 전(全)

사회의 문화를 의미한다고 주창하며 계급 없는 문학의 슬로건을 내세웠던 종파적인 집단을 밝혀냈음. 이 종파의 자락에는 전(前) 국방성 부장(nemzetvédelmi miniszter) 박헌영(Pak Hen Jon), 조선로동당 중앙위원회 전 비서 리승엽(Li Szin Jen), 작가 임화(Lim Hva), 그리고 작가 김남천(Kim Nam Csol)이 있었음. 당은 이 종파를 적절한 시기에 청산할 수 있었고, 그 영향들 또한 철저하게 제거했음. 1956년 가을에도 역시 적절한 시기에 박찬옥(Pak Cson Ok)과 최창익(Coj Csan Ik)류의 반당종파(反黨宗派, pártellenes frakció)를 드러내 보일 수 있었는데, 만약 그 반당종파들을 처리하지 않았다면, 조선에서도 헝가리와 유사하게,[148] 또는 그 영향력에 있어서는 그보다 더 무시무시한 반(反)혁명(ellen forradalom)이 터졌을 것임. 여럿 중에서도 이 종파는 조선 예술의 민족적 특징을 부정했음. 이 종파는 모든 민족의 예술이 좋고 아름다운데, 단지 조선 민족의 예술만은 나쁘고, 아주 뒤처져 있다고 주장했음. 이 종파의 지도자들은 책임 있는 고위 직위로부터 조선 예술의 민족적 특징의 결정화(結晶化)를 훼방하고 막았음. 이 종파의 해악한 행동에도 불구하고, 적절한 때에 발각이 되었기에 (이들은) 조선 예술 노동자들의 운명을 방해할 수 없었음. 꾸밈없는 조선의 노동자들이 우선적으로 그들의 지도자에 대해, 김일성 동지의 말씀에 대해 경청하는 것과 마찬가지로 조선의 예술가들도 그러하기 때문에 그들은(반당종파들은) 역시 훼방을 놓을 수 없었음.

반면, 조선의 예술 노동자들과 조선의 예술 그 자체도 완전히 부르

148) 각주 133) 참조.

주아의 잔재로부터 탈피했다고 생각해서는 안 됨. (가끔씩은) 이러한 것이(부르주아의 잔재들이) 드러나기도 하지만 예술가들의 생활에서도, 그리고 예술 그 자체에서도 그 출현은 긴 생명력을 가지고 있지는 않음. 1958~59년도에 당의 지도노선에 따른 감독과 관련하여 일부 예술가들과 예술 노동자들의 인성 및 사적(私的)인 이해(理解)가 일정 부르주아 잔재들로 점철되어 있음이 드러난 바 있음. 일부에게서는 그런 이기주의, 물질만능, 출세 지상주의, 거만함, 대중으로부터 단절의 나쁜 특성이 세상에 드러나게 되었는데, 이러한 것들은 당의 협조로 성공적으로 제압되고 있거나 이미 제압되기도 했음. 예술 그 자체에서도 당의 노선에 반하는 그런 작품들은 오랜 생명력을 가지지 못하는데, 이 반당적인 것은 조선 노동자들의 미적 감각과 정신에 부합하지 않음. 이 후자의 예는 안막(An Mak)의 〈백향전(Pak Hjon Dzon)〉이라는 제목의 발레임. 이 발레는 한 조선 사찰의 죄에 찌든 삶을 보여주는데, 그곳에는 백향전[149]이라는 한 평범한 농부의 딸이 하녀로서 짐승 같은 본능을 가진 승려들의 쾌락에 바쳐짐. 그의 연인은 민중의 도움으로 즉시 그녀를 사찰 밖으로 내보내려고 하지만, 승려들과 반란을 진압하는 궁정의 특수 기병들이 그녀를 죽여 버림. 주된 영웅은 그러니까, 승리를 거두는 것이 아니라, 나쁜 절대 다수와 대항하여 피를 흘리고, 봉기는 진압됨. 조선로동당 중앙위원회는 염세주의(pesszimizmus)를 이유로 이 발레를 무대에서 내리게 했고, 모두 합하여 단 한 번만 상연이 되었음. 이 발레는 조선의 민중이 생각

149) 이 보고서의 작성자 꺼르셔이의 오해로 '백향'이라는 이름의 등장인물이 '백향전'이라는 이름으로 기록된 듯하다.

하는 영웅의 기질에 부합하지 않고, 작가는 조선 사람들의 삶을 살피지 않았으며, 조선 예술의 특징들 또한 염두에 두지 않았다고 조련철 동지가 강조함. 안막을 이 발레의 작가로 보는 이유는 이 발레의 리브레토(대본)를 그가 썼고, 감독(rendező)의 업무를 그가 지휘했고(irányította), 그의 부인 최승희(Coj Szin Hi)는 단지 발레의 한 장면의 지도에만 참여했기 때문임. 문화계에서 맡았던 지도자의 직무를 남용하여 안막이 이 발레를 무대로도 옮긴 것임. 지도적인 작품 비평가로서 안막은 조선의 예술사를 다루었으며, 동시에 문화교육성 부부장이기도 했고, 이후 문화관계위원회의 부의장과 작가동맹의 부의장이었던 반면 그의 부인 최승희는 국립 발레 스튜디오(Állami Balett-Studió)의 원장이었음. 현재 안막은 어떤 직위도 맡지 않고 있으며, 반면 노련한 발레 예술가이자 감독으로서 최승희는 국립 발레 스튜디오의 한 명의 선생임.

질문: 현재 조선에서 가장 뛰어나고 가장 알려진 예술 노동자는 누구인가?

조련철 동지의 답변: 작가 - 한설야, 리기영(Li Gi Jon), 무대감독 - 황철(Hvan Csol), 안연옥(An Jon Ol),[150] 최권(Cső Kvon), 박민(Pak Min), 리소현(I Szo Hjon), 발레예술가와 감독 - 리문선(Li Mun Szon), 안선희(An Szon Hi), 최승희(Coj Szon Hi), 강옥채(Kan Ok Cse), 천지수(Cson Dzi Szu). 연극배우 - 황철(Hvan Csol), 리영(Re Jon), 리단(Li Dan), 박연

150) 헝가리어로 표기된 인명 'An Jon Ol'은 'An Jon Ok'의 오기(誤記)로 보이며, 이하 등장하는 인명은 거의 대부분 헝가리어로 기재된 내용을 바탕으로 옮긴 것이기에 정확한 (실제) 성명명과 일치하지 않을 수도 있다.

승(Pak Jon Szin), 한진선(Han Dzin Szon). 영화배우 - 문예봉(Mun Je Bon), 황민(Hvan Min). 오페라가수 - 김완우(Kim Van U)(베이스 - 바리톤), 류운경(Rju Un Kjon) (소프라노). 전통 조선 오페라감독 - 김연희(Kim Jon Hi). 음악작곡가 - 리면상(Li Men Szan), 리천옥(Li Cson On), 신도선(Szin Do Szon), 바이올린 예술가 - 백고산(Pek Ko Szon).

조련철 동지는 언급한 명단을 일부 보충하여 조선 문화계에 대해 우리가(헝가리측이) 더 많은 정보를 보유하는데 조력하고자 가까운 시일 내에 상기 예술가들에 대해서 문서로 건네주겠다고 약속함. 꺼르셔이 동지가 짧게 우리(헝가리) 문화계에서 이루어진 비교적 빠른 공고화의 주요한 노정(gyors konszolidáció fontosabb állomása)[151]들에 대해, 특히 헝가리사회주의노동자당(MSzMP)의 문화 정책 노선의 중요성과 헝가리 예술계의 실제적 영향에 대해 주안을 둬서 설명하자, 헝가리 예술계에 대해 (조련철 동지는 자신이 한 것과) 유사한 안내를 부탁함. 이후 부다페스트의 북조선 대사관 담당 관원이 헝가리 교육성으로부터 유사한 정보를 요청할 것이라는 안(案)을 조련철 동지가 언급함. 헝가리 해방 15주년 축하 행사에서 어떠한 헝가리 고전 음악 작품이 어렵지 않게 준비될 수 있는가라는 조련철 동지의 질의에 꺼르셔이 동지는 리스트 교향곡 2번 헝가리 랩소디와 같은 리스트[152]의 서곡(Preludes)을 제안했으며, 그와 동시에 만약 다른 곡들을

151) 1956년 헝가리 혁명 이후의 문화계 상황과 관련된 표현이다. 이 혁명에 대해서는 각주 133) 참조.

152) 리스트 페렌츠(Liszt Ferenc, 1811-1886). 헝가리 출신의 음악가로서 19세기 낭만주의를 대표하는 음악가 중 한 명이자, 시대를 넘어 최고의 피아노 연주가 중 한 명으로 손꼽힌다.

조선 측이 원한다면, 또는 헝가리 국가 축일에 대해 조선의 축하 행사와 관련하여 조선 측의 구체적인 계획이 있고, 그 계획의 수행에 우리의 도움이 필요하다면 대사관을 찾아줄 것을 요청했으며, 우리 모두로서는 최대한으로 도움이 될 수 있도록 하겠다고 했음.

조련철 동지는 곧 헝가리 국가 축일에 대한 조선 측 축하 행사의 구체적 계획을 준비해서 전화상으로, 또는 개인적으로 찾을 것이라고 약속함.

요약: 조련철 동지의 안내와 우리의 경험은, 사회주의를 건설하는 다른 국가에서의 당의 과업처럼 조선에서는 예술을 사회주의의 승리를 이루기 위해 진행되는 투쟁의 유기적인 부분으로 간주하며, 조선의 동지들 또한 예술과 민족 문화 발전에 있어서 중요한 성과를 달성했다고 추론해 볼 수 있음. 실제로 작년에 무대 예술 분야에서 가장 큰 성과를 거둔 것과 〈장엄한 조국〉이라는 제목의 음악 무용시는 지금까지 가장 훌륭한 새로운 조선 예술의 창작물인 점이 사실임. 하지만 조선의 동지들은 예술 분야에서 지나치게 그 결과들을 높이 평가한다는 것이 우리의 생각임. 예를 들면, "지금까지 세상에서 가장 큰 예술 창작품(világ eddigi legnagyobb művészi alkotása)"이라는 표현에서 우리는 그런 생각을 했는데, 이 표현은 단지 조련철 동지만 사용하는 것이 아닐 것임. 단지 이런 과장된 평가 분위기 속에서 사회주의 리얼리즘의 독자적인 조선의 해석이 탄생할 수 있으며, 이 해석의 원인은 조선의 예술 분석 학문이 약하다는 데에 있고, 그 근본적 원인은 이데올로기적인 통찰(tisztánlátás, 또는 직시)의 부재임. 예술에

서 주된 영웅 외에 그 주변(배경)들 또한 실제적으로 묘사해야 한다는 이 새로운 진술은 조선 예술계의 발전이 더욱 올바른 방향으로 전환함을 의미하는데, 우리의 견해에 따르면, 조선로동당 중앙위원회 1959년 12월 총회에서 국가 경제 발전의 관점으로부터 특별 긴급 결정안(rendkívüli nagyjelentőségű határozatai)들과 그 자리에서 도모된 건전한 비평 정신이 이를 도출했음.

/쁘라트 까로이(Práth Károly)/
대사(Nagykövet)

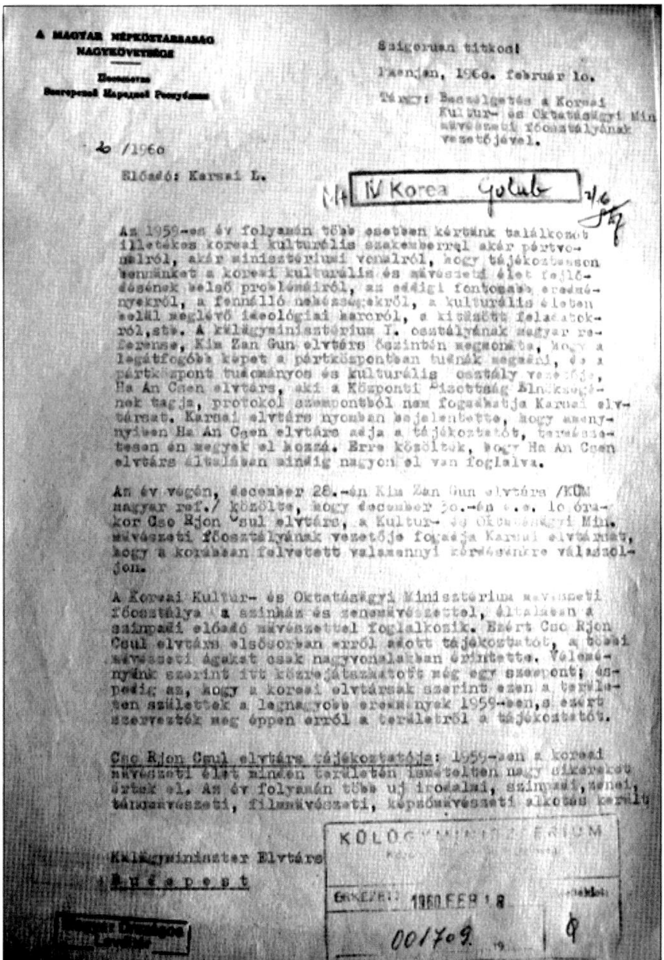

A MAGYAR NÉPKÖZTÁRSASÁG NAGYKÖVETSÉGE

Szigorúan titkos!

Phenjan, 1960. február 10.

Tárgy: Beszélgetés a Koreai Kultur- és Oktatásügyi Min. művészeti főosztályának vezetőjével.

20 /1960

Előadó: Karsai L.

IV Korea Golub

Az 1959-es év folyamán több esetben kértünk találkozót illetékes koreai kulturális szakemberrel akár pártvonalról, akár minisztériumi vonalról, hogy tájékoztasson bennünket a koreai kulturális és művészeti élet fejlődésének belső problémáiról, az eddigi fontosabb eredményekről, a fennálló nehézségekről, a kulturális életen belül meglévő ideológiai harcról, a kitűzött feladatokról, stb. A külügyminisztérium I. osztályának magyar referense, Kim Zan Gun elvtárs őszintén megmondta, hogy a legátfogóbb képet a pártközpontban tudnák megadni, de a pártközpont tudományos és kulturális osztály vezetője, Ha An Csen elvtárs, aki a Központi Bizottság Elnökségének tagja, protokol szempontból nem fogadhatja Karsai elvtársat. Karsai elvtárs nyomban bejelentette, hogy amennyiben Ha An Csen elvtárs adja a tájékoztatót, természetesen én megyek el hozzá. Erre közölték, hogy Ha An Csen elvtárs általában mindig nagyon el van foglalva.

Az év végén, december 28.-án Kim Zan Gun elvtárs /KÜM magyar ref./ közölte, hogy december 30.-án d.e. 10 órakor Cso Rjon Csul elvtárs, a Kultur- és Oktatásügyi Min. művészeti főosztályának vezetője fogadja Karsai elvtársat, hogy a korábban felvetett valamennyi kérdésünkre válaszoljon.

A Koreai Kultur- és Oktatásügyi Minisztérium művészeti főosztálya a szinház és zeneművészettel, általában a szinpadi előadó művészettel foglalkozik. Ezért Cso Rjon Csul elvtárs elsősorban erről adott tájékoztatót, a többi művészeti ágakat csak nagyvonalakban érintette. Véleményünk szerint itt közrejátszhatott még egy szempont; éspedig az, hogy a koreai elvtársak szerint ezen a területen születtek a legnagyobb eredmények 1959-ben, s ezért szervezték meg éppen erről a területről a tájékoztatót.

Cso Rjon Csul elvtárs tájékoztatója: 1959-ben a koreai művészeti élet minden területén ismételten nagy sikereket értek el. Az év folyamán több uj irodalmi, szinpadi, zenei, táncművészeti, filmművészeti, képzőművészeti alkotás került

Külügyminiszter Elvtárs

Budapest

KÜLÜGYMINISZTÉRIUM

Érkezett: 1960 FEB 18

001709

9

[47] 문서번호 20/1960. 001709 자료 중 일부

문서번호: 1/14/1961

평양, 1961년 4월 1일

제목: 사리원 방문

1961년 4월 1일, 마뜨러이(Mátrai) 동지가 사리원의 병원[153]에서 4월 4일 기념행사[154]에 참여하여 아래와 같이 알림.

병원장은 그간 도달한 목표와 과업에 대해 알렸음. 현재 병상은 450개로 늘었고, 잘 운영되고 있는 뢴트겐 기계와 우리가 제공한 병원 설비들에 대해 매우 자랑스러워함. 학술적으로 광범위하게 "동방" 침술("keleti" tűszúrásos gyógymód)을 적용하는데, 이는 상당한 성과를 보임. 조선로동당 제4차 당 대회[155]를 기념하여 그들은 "함흥"의 시도("hamhüni" kezdeményezés)를 도입하게 되었는데, 이는 가장 심각한 환자라 하더라도 치유를 위해서 최후의 수단까지 그 모든 것을 행하며, 이 외에도 치료 기간 동안 환자의 정치적 교화 또한 다루어져야 한다는 것임. 신체적 치유뿐만 아니라, 사상적으로도 또한 건강한 인간으로 병원 문을 나서야 한다는 것이 이것의 목적임.

제약 분야에서도 괄목할 만한 성과를 거두었음. 병원에서는 현재

---

153) 전시에 헝가리의 지원으로 건설된 야전병원이 이후 사리원에서 일반병원으로 개원을 하게 되고, 1957년까지는 헝가리의 전적인 지원하에 운영이 되었으나, 이 보고서가 작성된 1961년에는 이 병원이 이미 북한 사람들이 자체적으로 운영하고 있을 시기이다. 각주 1) 참조.

154) 각주 71) 참조.

155) 평양에서 1961년 9월 11일부터 동월 18일까지 진행되었다.

어떤 신약의 임상(kisérleti alkalmazás)이 이루어지고 있는데, 어린이가 4세까지 이 약을 정기적으로 복용하면, 성장 후 일정 질환에 대해서는 면역이 생긴다고 함.

의사들은 김일성 동지의 가르침과 반일 빨치산 투쟁 시기에 얻은 경험들이 그들의 과업을 수행하는데 얼마나 많은 도움을 주고 있는지에 대해서 이야기함. 김일성 동지는 오래 전부터 증명된 치료 방법(rég bevált gyógyítási módszer)[156]들과 약초(gyógynövény)들을 과감하게 적용할 것에 대해서 주의를 환기시킴. 이러한 가르침은 의사뿐만 아니라 환자에게도 좋은 영향을 주었고, 이러한 실제적 적용으로 벌써 (얼마 되지 않은) 지금까지도 아주 주목할 만한 결과를 보여줌.

사리원시 정치위원회 의장은 전쟁 시기 아주 큰 참화를 겪었던 사리원이 오늘날은 이미 10만의 인구가 되었다고 함. 7개년 계획하에서 2만 5천 개의 주택을 짓고 있으며, 주변의 산업지역과 주거지역을 통합, 발전시켜서 상 · 하수도, 전기, 수도 등의 생활 편의 시설 및 녹지까지 제공하는, 발전된 산업을 갖춘 인구 20만의 현대 도시를 건설할 예정이라고 함.

그들의 계획에서도 알 수 있듯이, 개성과 마찬가지로 여기서도 (주민들의) 대단한 열성을 경험할 수 있음. '붉은 편지(vörös levél)'[157]가 그들에게 얼마나 대단한 것을 의미하는지 그들의 말에서 느낄 수 있음. 동시에 그들은 희생을 감수하며 환자 치료와 조선의 동료 교육에

156) 이는 문맥상 전통적인, 한의학적 방법을 가리킨다.
157) 1958년 9월 조선로동당 중앙위원회에서 채택되었으며, 사회주의 건설 속도를 높이기 위하여 전체 당원들에게 전해진 호소문이다.

헌신한 (헝가리) 의사들을 자주 언급하며 — 많은 경우 인사(人士)를 차례대로 호명하며 — , 그들에게 베푼 다방면의 지원과 관련하여 헝가리 정부에 대해 여러 번이나 감사와 고마움을 표시함.

뻐라트 까로이(Práth Károly)
/대사(Nagykövet)/

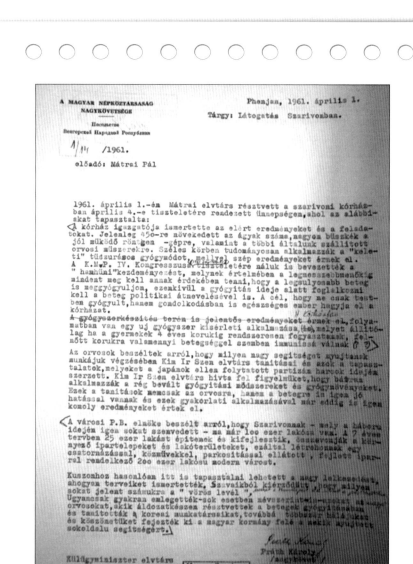

A MAGYAR NÉPKÖZTÁRSASÁG
NAGYKÖVETSÉGE

Посольство
Венгерской Народной Республики

1/14 /1961.

előadó: Mátrai Pál

Phenjan, 1961. április 1.

Tárgy: Látogatás Szarivonban.

1961. április 1.-én Mátrai elvtárs résztvett a szarivoni kórházban április 4.-e tiszteletére rendezett ünnepségen, ahol az alábbiakat tapasztalta:

A kórház igazgatója ismertette az elért eredményeket és a feladatokat. Jelenleg 450-re növekedett az ágyak száma, nagyon büszkék a jól müködő röntgen -gépre, valamint a többi általunk szállitott orvosi müszerekre. Széles körben tudományosan alkalmazzák a "keleti" tüszuráso gyógymódot, mellyel szép eredményeket érnek el.
A K.M.P. IV. Kongresszusa tiszteletére náluk is bevezették a "hamhüni" kezdeményezést, melynek értelmében a legmesszebbmenőkig mindent meg kell annak érdekében tenni, hogy a legsulyosabb beteg is meggyógyuljon, ezenkivül a gyógyitás ideje alatt foglalkozni kell a beteg politikai átnevelésével is. A cél, hogy ne csak testben gyógyult, hanem gondolkodásban is egészséges ember hagyja el a kórházat.
~~A gyógyszerkészités terén is jelentős eredményeket érnek el,~~ folyamatban van egy uj gyógyszer kisérleti alkalmazása, (ie) melyet állitólag ha a gyermekek 4 éves korukig rendszeresen fogyasztanak, felnőtt korukra valamennyi betegséggel szemben immunissá válnak (? ?)

Az orvosok beszéltek arról, hogy milyen nagy segitséget nyujtanak munkájuk végzésében Kim Ir Szen elvtárs tanitásai és azok a tapasztalatok, melyeket a japánok ellen folytatott partizán harcok idején szerzett. Kim Ir Szen elvtárs hivta fel figyelmüket, hogy bátran alkalmazzák a rég bevált gyógyitási módszereket és gyógynövényeket. Ezek a tanitások nemcsak az orvosra, hanem a betegre is igen jó hatással vannak és ezek gyakorlati alkalmazásával már eddig is igen komoly eredményeket értek el.

A városi P.B. elnöke beszélt arról, hogy Szarivonnak - mely a háboru idején igen sokat szenvedett - ma már 100 ezer lakósa van. A 7 éves tervben 25 ezer lakást épitenek és kifejlesztik, összevonják a környező ipartelepeket és lakóterületeket, ezáltal létrehoznak egy csatornázással, közművekkel, parkositással ellátott, fejlett iparral rendelkező 200 ezer lakósu modern várost.

Kuszonhoz hasonlóan itt is tapasztalni lehetett a nagy lelkesedést, ahogyan terveiket ismertették. Szavaikból kiérződött, hogy milyen sokat jelent számukra a " vörös levél ",
Ugyancsak gyakran emlegették-sok esetben név szerint-azokat az orvosokat, akik áldozatkészen résztvettek a betegek gyógyitásában és tanitották a koreai munkatársaikat, továbbá többször hálájukat és köszönetüket fejezték ki a magyar kormány felé a nekik nyujtott sokoldalu segitségért.

Práth Károly
/nagykövet/

Külügyminiszter elvtárs
Budapest

Magyar Országos
Levéltár

[48] 문서번호 1/14/1961

문서번호: 004517/1

평양, 1961년 7월 1일

제목: 조선의 문화계에 있어 몇 가지 새로운 현상

관련 문서번호의 보고서에서 이미 조선의 문화계에 있어 주요한 정치적, 조직적(구조적, szervezeti) 문제들과 '주체(csucshe)'와 관련된 현상들을 알린 바 있음. 이는 최근 1월, 2월을 거치면서 선전 형태(kampányjelleg)를 띠며, 일부 하위 지역에서는 일정 지나칠 만한 일들도(지나칠 정도로 심한 일들도) 발생했을 법하지만, 아마도 정치위원회는 적절한 시기에 이를 교화했을 것임. 이에 '주체' 문제가 최근 몇 달 동안 조금 약해지고, 이와 동시에 문서번호 2/15번 보고서에서 전한 '주체'의 핵심에 대한 새로운 정의를 추론해 볼 수 있음. 이 '주체'의 핵심에 대한 새로운 정의는 이전의 언론 기사들과는 달리 오로지 조선의 전통 수호로 제한되는 것이 아니라, 진보적이며 활용 가능한 외국의 문화적인 성과에 대한 연구와 그 수용 또한 강조되고 있음. /이전에 보고한 당 교육 팸플릿 또한 '주체'와 관련된 올바른 당의 입장을 반영하고 있음./

이상의 것들에 주목하여 최근 두서너 달 동안 조선의 문화계에 몇 가지 새로운 현상을 언급하고, (조선의 문화계가 행하는) 올바른 방향의 시도(helyes kezdeményezés)를 감지할 수 있는데, 조금 앞선 것일 수 있지만 이에 대한 것들을 요약해서 평가함.

2번 보고서에 이미 평양의 5월 1일, 노동절 행사를 알린 바 있음. 소년단(Úttörő Szövetség) 창단 기념으로 외교 단체의 많은 사절단에 행한 기념행사 역시 그 보고와 비슷한 인상이었음. 평양과 지방의 소년단 공연에 외교 단체의 장(長)들 및 그 소속 인원들도 초대하였음. 수준 높은 어린이 프로그램이라는 것이 눈에 띄었지만/참석한 폴란드 교육성 부부장(차관)의 의견에 따르면 외국 공연도 충분히 할 만한 수준/, 그보다 더한 것은 프로그램의 정치적 편성이었음. 약 3시간의 프로그램으로, 일반적인 조선의 전통 음악과 현대 음악, 합창, 관현악단, 무용과 기타 노래를 선보였으며, 전통적인 양식으로 습득한 곡들이 외국의 스타일을 한 채, 하지만 현대 조선의 곡들로 조화롭게 이어졌음. /신의주 고등중학교의 발레 등/ 조선 인민의 전통에서 연유하는 노래들 /빨치산 춤곡 등/ 또한 이전의 공연과는 달랐음. 등장인물들을 통해 나타난 붉은 깃발들에는 단지 레닌의 초상, 또는 다른 휘장이 있었음.

코시긴(Koszigin) 동지가 이끈 소련 파견단 기념 만찬 행사 초청 공연 프로그램도 정치적으로 이와 유사했음. 최고의 조선 예술가들의 참석으로 아주 풍부하고 수준 있는 프로그램이 구성되었으며, 그 프로그램에는 조선 민족의 노래들 외에도 많은 소련과 서방의 곡들 역시 있었음. /모이세예프 공연단(Mojszejev-együttes)의 빨치산 춤곡, 베르디(Verdi) 등의 오페라 아리아들/

변화는 『문학신문』의 편집에서도 감지됨. 이전까지—약 1960년 후반부터 올해 봄까지 — 이 잡지는 거의, 또는 전혀 해외 문학과 관련된 기사, 연구, 번역에 대해 다루지 않았는데, 지금까지 두 달 동안은 점점 더 자주 해외 문화 소식들을 알리고 있으며, 게다가 문학의 문제점을 다루는 기사들 또한 조직적으로 소련 작가들의 글로부터 싣고 있음.

대략적으로 라디오 프로그램 정책들에 있어서는 상황의 변화가 없음/최소한 지금까지는/. 최근 펜들레르(Fendler) 동지가 헝가리에서 유학했던 국영 라디오(Rádió)[158] 외무과 직원인 최천열(Csö Cson-Jol) 동지와 얘기를 나누었는데, 그는 다시금 말하길, 남한의 상황 때문에 임시로 거의, 오로지 조선 음악들만 방송한다고 함. 이 경향은 작년 4월 혁명(április felkelés)[159] 이후부터 유지되는데, 이로써도 남한에서 민족적인 감정을, 그리고 반미 분위기를 유지하고 지원하기 위해서, 또한 그곳 현지의 '주체' 노선(irányzat)을 지원하기 위해 대부분 해외 음악을 방송하는 서울의 라디오에 반하여 균형을 맞추는 것이라고 함.

상기 인식들은 이미 언급한 바, 이미 예측한 내용이며, 이 문제는 계속하여 연구할 필요가 있음. 지속된 연구와 관련하여, 이후 개최될 조선로동당 제4차 당 대회(Pártkongresszus)[160]를 기념하여 지금 시작되었고, 8월에 결선이 이루어질 전국 예술 대회가 큰 도움이 될 것임. 언급한 대회와 다른 출처를 통해서 /공연, 언론 등/ 조선과 조선로동

158) '라디오(Rádió)'를 대문자로 표기한 것으로 봐서 북한의 국영 라디오 방송국을 의미한다고 볼 수 있다.
159) 한국의 4·19 혁명을 의미한다.
160) 각주 155) 참조.

당의 문화 정책에 각별한 주의를 기울일 것이며, 이에 관하여 지속적으로 보고할 것임.

/마뜨러이 빨(Mátrai Pál)/

임시대리대사(id. ügyvivő)

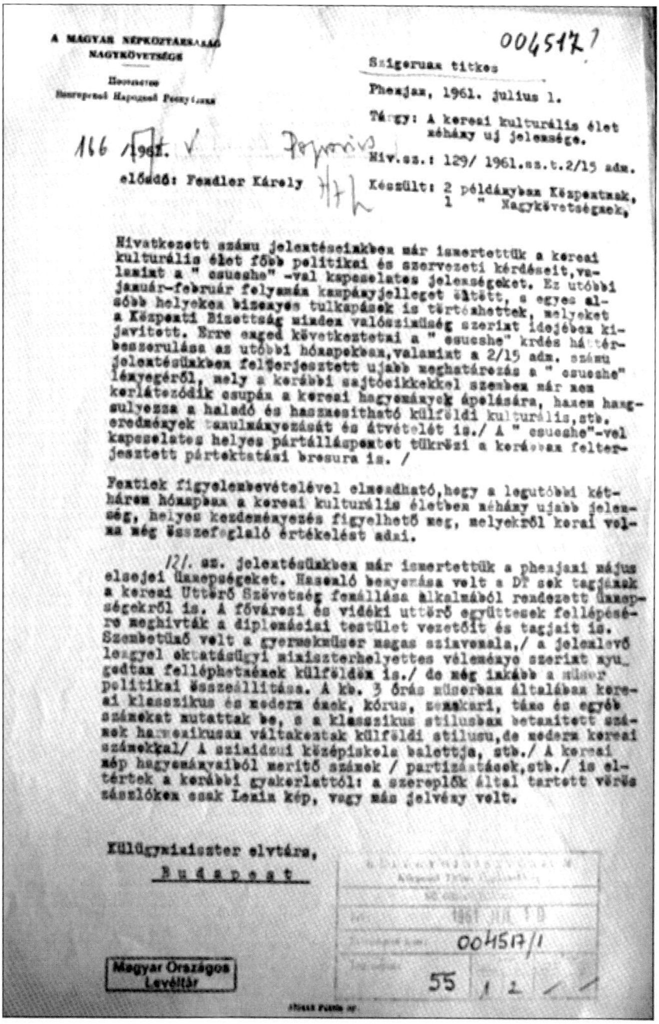

A MAGYAR NÉPKÖZTÁRSASÁG
NAGYKÖVETSÉGE

004517/1

Szigorúan titkos

Phenjan, 1961. julius 1.

Tárgy: A koreai kulturális élet néhány uj jelensége.

166 /1961. √ Pojoniv

Hiv.sz.: 129/ 1961.sz.t.2/15 adm.

előadó: Fendler Károly

Készült: 2 példányban Központnak,
1 " Nagykövetségnek,

Hivatkozott számu jelentéseinkben már ismertettük a koreai kulturális élet főbb politikai és szervezeti kérdéseit, valamint a " csucshe" -val kapcsolatos jelenségeket. Ez utóbbi január-február folyamán kampányjelleget öltött, s egyes alsóbb helyeken bizonyos tulkapások is történhettek, melyeket a Központi Bizottság minden valószinüség szerint idejében kijavított. Erre enged következtetni a " csucshe" krdés háttérbeszorulása az utóbbi hónapokban, valamint a 2/15 adm. számu jelentésünkben felterjesztett ujabb meghatározás a " csucshe" lényegéről, mely a korábbi sajtócikkekkel szemben már nem korlátozódik csupán a koreai hagyományok ápolására, hanem hangsulyozza a haladó és hasznosítható külföldi kulturális, stb. eredmények tanulmányozását és átvételét is./ A " csucshe"-vel kapcsolatos helyes pártálláspontot tükrözi a korábban felterjesztett pártoktatási brosura is. /

Fentiek figyelembevételével elmondható, hogy a legutóbbi kéthárom hónapban a koreai kulturális életben néhány ujabb jelenség, helyes kezdeményezés figyelhető meg, melyekről korai volna még összefoglaló értékelést adni.

121. sz. jelentésünkben már ismertettük a phenjani május elsejei ünnepségeket. Hasonló benyomása volt a DT sok tagjának a koreai Uttörő Szövetség fennállása alkalmából rendezett ünnepségekről is. A fővárosi és vidéki uttörő együttesek fellépésére meghivták a diplomáciai testület vezetőit és tagjait is. Szembetünő volt a gyermekműsor magas szinvonala,/ a jelenlevő lengyel oktatásügyi miniszterhelyettes véleménye szerint nyugodtan felléphetnének külföldön is./ de még inkább a műsor politikai összeállitása. A kb. 3 órás műsorban általában koreai klasszikus és modern ének, kórus, zenekari, tánc és egyéb számokat mutattak be, s a klasszikus stilusban betanitott számok harmonikusan váltakoztak külföldi stilusu, de modern koreai számokkal/ A szinidzui középiskola balettja, stb./ A koreai nép hagyományaiból meritő számok / partizántáncok, stb./ is eltértek a korábbi gyakorlattól: a szereplők által tartott vörös zászlókon csak Lenin kép, vagy más jelvény volt.

Külügyminiszter elvtárs,
Budapest

Magyar Országos Levéltár

1961 VII 10

004517/1

55

1 2

[49] 문서번호 004517/1 자료 중 일부

문서번호: 44/1962. 002292

평양, 1962년 1월 18일

제목: 문화 개요

문화계와 관련하여 작년 초 보고에서 '주체(csucse)' 슬로건의 적용이 문화계에 어떤 영향이 있었는지, 그리고 곳곳에 어떠한 부정적인 결과가 있었는지를 보고했음. 그로 인해 완전히 폐쇄적이 되었으며, 외국의 연극, 혹은 영화 등은 말하자면, 거의 소개되지 않고, 고전 작품들 또한 무대에 올려지지 않았으며, 대신 지나치게 시사적인 주제들을 다루는 것 /광부들의 삶, 천리마 운동, 협동농장 운동 등/으로 이 부정적인 결과가 나타났음.

여름을 거치면서 외국 음악과 고전들의 경우 공연이 시작되었으며, 문학잡지 여기저기에 외국의 단편소설들과 기사들 또한 언급이 됨.

동시에 조선로동당 제4차 당 대회[161] 준비가 총력을 다하여 진행되었고, 문화계에서도 이는 반영되어 나타났음. 이것은 물론, 문화계를 자극하는(élénkítő) 영향을 주었고, 당 대회 이전과 그 기간 동안 전국적으로 왕성한 문화 활동이 전개되었으며, 특히 수도인 평양에서는 더욱 그랬음. 아주 많은 공연단이 무대에 올랐으며 /산업체 학생(üzemi diák), 청년, 소년단 등/ 풍부하고, 다양하며 수준 높은 프로

161) 각주 155) 참조.

그램이었다고 할 수 있음. 공연 음악 중에서는 고전적인 것과 현대적인 것을 포함하여 외국의 것들도 있었음. /시사적인 주제를 가졌음/ 하지만 당 대회 이후 이 문화 활동이 줄어들기라도 한 듯, 극단의 프로그램은 빈약하고, 천편일률적으로(egyoldalúvá) 바뀌기 시작했음. 다시금 시사적인 주제들이 등장했음. 여기 저기 등장한 각각의 해외 공연단이 연극 무대를 다양하게 만듦. /이에 대해서는 차후 언급하겠음/ 작년 말 마지막 한두 달 동안 몇 가지 새로운 현상들을 다시금 감지할 수 있었음. 예를 들면, 이전에는 각각의 연극 무대에서 어떤 작품을 공연할 지 전혀 알 수가 없었음. 11월 중에 한 일간지인『평양신문』이 정기적으로 연극 무대 작품을 공표하기 시작했음. /어떤 무대에서 어떤 작품을 공연하는지, 그 작품이 언제까지 공연되는지/ 또 다른 현상은 고전 작품들과 해외 작품 또한 선보인다는 것임. 아사프예프(Aszafjev)의 〈바흐치세라이의 분수(Bahcsiszeráji szökőkút)〉, 뿌쉬낀(Puskin)의 〈예브게닌 아녜긴(Jevgenyin Anyegin)〉, 〈크레믈의 시계탑(A Kreml toronyórája)〉과 〈맹인의 딸(A vak ember lánya)〉이라는 제목의 조선 동화(심청전을 의미), 최선희(Cső Szon Hi)의 〈계오련(Keoljan)〉 등이 그것임. 무대 예술가 동지들은 아주 높은 수준의 무대를 선보인다는 것도 반드시 언급할 내용인데, 특히 오페라하우스의 극단들이 그러함.

물론 문화계의 다른 분야들도 있음. 영화 분야는 예를 들면, 거의 배타적으로 현재의 /또는 빨치산 투쟁과 한국전쟁 시기/ 주제들을 다루는 조선 영화들의 상영이 일반적 현상임. 가끔 한두 편의 외국 영화들도 선보임. /주로 중국과 소련의 영화들이지만, 예를 들면 헝가

리 영화라든가 한두 편의 사회주의 국가들의 영화 또한 있음/

하지만 상기의 부정적인 현상들을 넘어 대중들의 문화 활동은 결코 무시하지 못할 규모를 띄었다는 사실도 간과해서는 안 됨 /물론 여기 현지의 특수한 상황을 감안해야겠지만/. 조선에서는 현재 육체 노동자, 사무 노동자, 학생 등 약 1,300만 명의 구성원을 가진 6만 2천 개의 문학, 예술단체가 운영되고 있음. 작가와 예술가들이 이 단체들의 과업을 지원하고 있음 /도시뿐만 아니라 시골에서도/. 여기에다 종종 강연자들은 평양에서 전국의 모든 마을에까지 내려가서 문학, 예술, 음악, 민속 예술 등의 강연을 하고 있음. 이 외에도 국내에 엄청난 수의 아마추어 극단이 있으며, 이들의 예술적 수준도 무시할 수 없고, 몇몇은 해외에서도 경쟁할 만한 수준임. 이 아마추어 극단들은 현재 평양에서 전국 경연 대회를 개최 중임.

최근 몇 년 사이 미술 분야에서도 아주 많은 창작이 이루어짐. 작년 11월에 미술박물관(Képzőművészeti Múzeum)에서 〈현대 미술(Modern Festészet)〉이라는 이름의 전시회가 개최됨. 전시회에 소개된 작품들은 아주 다양한데, 그중에서는 매우 수준 높고, 훌륭한 작품들도 있었음. /풍경화, 정물화 등/ 미술 작품들의 대부분은 조선의 현재 생활을 묘사했으며, 이들 중 아주 많은 상투화(상투적인 작품, sablonos festmény)들 또한 있었는데, 거대한 화면에 김일성 동지의 그룹과 함께 각각의 노동자들, 농민들, 또는 광부들, 아이들, 부인들의 모습이 묘사됨. 상당한 수의 작품들이 빨치산 항쟁과 한국전쟁의 (일련의) 소재(epizód)를 다루고 있으며, 손에 잡힐 듯 각각의 전투 장면과 영웅적 행동을 그리고 있음. 풍경화는 산, 계곡, 강, 폭포 등과 하루의

각기 다른 순간 및 각 계절을 다양하게 묘사하며, 상당한 수준의 작품들임. 이 전시회는 조선의 삶의 거의 모든 분야 /산업, 농업, 학교, 문화, 조선인들의 삶, 각양의 조선 풍경 등/를 다루고 있다고 말할 수 있으며, 상투화들(sablonos képek)은 비교적 많은 수임에도 불구하고 아주 매력 있고 풍부한 묘사를 하고 있음.

외국과 관련된 문화 행사들.

이미 각각의 보고는 했지만, 종합적으로도 알리고자 몇 개의 행사들에 대해 언급하고자 함.

소련공산당 제22차 당 대회와 위대한 10월 사회주의 혁명 44주년을 맞이하여 개최된 조선-소련 친선의 달(Koreai Szovjet Barátsági hónap)은 문화적인 관점에서도 1961년 전반에 걸쳐 조선에서 돋보이는 행사였음. 이 친선의 달 형식을 빌려 많은 문화 행사가 평양과 지방에서 개최되었음. / 문서번호 1/61/1961. 행정기밀문서 보고 참조/ 친선의 달 행사로 현지에 다녀간 옴스크(Omszk)의 음악, 무용극단의 공연은 양국 사이의 친선을 강화하는데 큰 기여를 했음.

가을에 걸쳐(ősz folyamán) 조선에서 공연한 상하이 오페라 극단과 인도네시아 예술 극단의 공연 역시 꼭 언급할 만한 것임. /이에 대해서도 마찬가지로 각 보고서에서 알렸음/

가을에는 많은 전시회 또한 개최되었는데, 그중 몇 개를 들자면, 소련의 목판화(fametszet)전, 벨라루스(Bjelorusz)의 사진전, 알바니아의 사진전, 체코슬로바키아의 스포츠 사진전, 헝가리의 사진전 등이 있었음.

이 전시회의 관람객들은 느낄 수 있을 정도로 동원된 사람들로 구성되었었는데, 그들은 개최사를 듣고, 전시회를 보고, 어떤 특별한 감상도 없이 자리를 떠났음. 리스트[162]-버르똑[163](Liszt-Bartók) 기념식의 관객들과 관련해서도 이와 같음을 알 수 있었음.

몇 가지 더 중요한 문화 행사에 대해서도 언급을 하고자 함. 11월과 12월에 92명으로 구성된 조선의 음악, 무용단이 소련, 폴란드, 체코슬로바키아에서 초청 공연을 가졌음. 아주 높은 수준의 이 공연단은 다양한 프로그램으로 공연 길을 떠나 무대에 올랐고, 상기 언급한 3국의 관중들에게 분명 대단한 성공을 거두었음. /한편 이 공연단은 헝가리 의회 사절단 축하 공연에 상기 순회 프로그램과 동일한 프로그램으로 무대에 올랐던 공연단이며, 우리도 이 공연단의 높은 수준을 확인할 수 있었음/

원래는 이 공연단이 쿠바도 방문하려고 계획했으나 중간에 원정길을 바꾸어 쿠바로는 가지 않았음. 그 실제 원인에 대해서는 아직 정확하게 알 수 없지만, 아래와 같은 여러 종류의 이야기들을 들을 수 있음.

1. 공연단의 몇몇 단원들이 (순회공연) 도중 건강이 안 좋아짐.
2. 쿠바의 기후, 날씨가 공연단의 건강에 좋지 않음.
3. 쿠바의 내정 상황 때문에 공연단의 쿠바 방문을 권하지 않음.

162) 각주 152) 참조.
163) 각주 9) 참조.

4. 쿠바는 단 15명으로 구성된, 작은 공연단의 방문을 초청하고자 했으나 조선 측에서 이에 동의하지 않음.

물론 상기의 원인 중에서 어떤 것이 진짜인지 알 수는 없지만, 어떻게든 공연이 이루어졌다면, 공연단의 쿠바 공연은 양국의 관계를 확대, 심화시키는데 큰 역할을 했을 것임.

종합적으로 1961년의 문화계는 부정적이고 긍정적인 현상이 서로 교차하면서 가끔씩의 변동(들쑥날쑥함)이 /이것은 한편 생활의 다른 부분에서도 또한 느낄 수 있는 것임/ 건강한 문화적 활기의 형성을 퇴보시켰으며, 용감하게, 진보적인 외국의 경험들에 의지하고 많은 해외의 작품들을 무대에 올리는 것에 대해서 지금도 조선의 동지들이 항상 지나치게 경직되어 있는 것 또한 이러한 퇴보의 원인임.

이 분야(문화 분야)에 있어서 당분간 근본적인 변화는 일어나지 않을 것으로 보이고, 어쨌든 문화계의 현상에 대해서 계속해서 주목할 것과, 지금보다 더 근본적이고 통찰력 있게 이를 다룰 것이며, 인지하는 바에 대해 정기적으로 보고할 것임.

대사

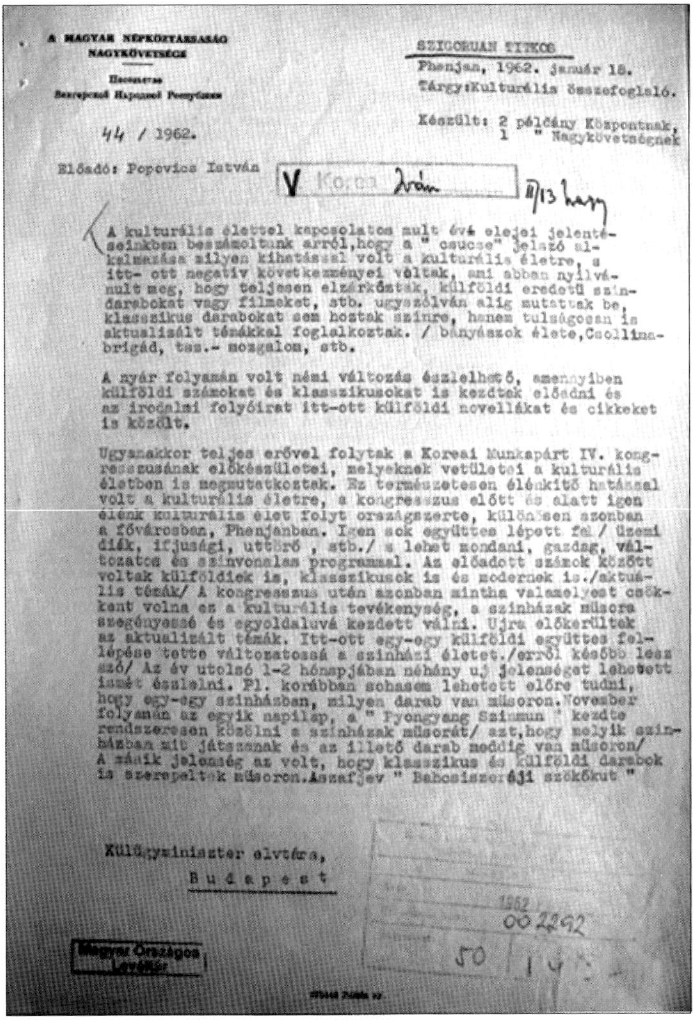

A MAGYAR NÉPKÖZTÁRSASÁG
NAGYKÖVETSÉGE

SZIGORUAN TITKOS

Phenjan, 1962. január 18.

Tárgy: Kulturális összefoglaló.

44 / 1962.

Készült: 2 példány Központnak,
1 " Nagykövetségnek

Előadó: Popovics István

A kulturális élettel kapcsolatos mult évé elejei jelentéseinkben beszámoltunk arról, hogy a " csucse" jelszó alkalmazása milyen kihatással volt a kulturális életre, s itt- ott negativ következményei voltak, ami abban nyilvánult meg, hogy teljesen elzárkóztak, külföldi eredetű szindarabokat vagy filmeket, stb. ugyszólván alig mutattak be, klasszikus darabokat sem hoztak szinre, hanem tulságosan is aktualizált témákkal foglalkoztak. / bányászok élete, Csollima-brigád, tsz.- mozgalom, stb.

A nyár folyamán volt némi változás észlelhető, amennyiben külföldi számokat és klasszikusokat is kezdtek előadni és az irodalmi folyóirat itt-ott külföldi novellákat és cikkeket is közölt.

Ugyanakkor teljes erővel folytak a Koreai Munkapárt IV. kongresszusának előkészületei, melyeknek vetületei a kulturális életben is megmutatkoztak. Ez természetesen élénkitő hatással volt a kulturális életre, a kongresszus előtt és alatt igen élénk kulturális élet folyt országszerte, különösen azonban a fővárosban, Phenjanban. Igen sok együttes lépett fel / üzemi diák, ifjusági, uttörő , stb./ s lehet mondani, gazdag, változatos és szinvonalas programmal. Az előadott számok között voltak külföldiek is, klasszikusok is és modernek is./aktuális témák/ A kongresszus után azonban mintha valamelyest csökkent volna ez a kulturális tevékenység, a szinházak műsora szegényessé és egyoldaluvá kezdett válni. Ujra előkerültek az aktualizált témák. Itt-ott egy-egy külföldi együttes fellépése tette változatossá a szinházi életet./erről később lesz szó/ Az év utolsó 1-2 hónapjában néhány uj jelenséget lehetett ismét észlelni. Pl. korábban sohasem lehetett előre tudni, hogy egy-egy szinházban, milyen darab van műsoron. November folyamán az egyik napilap, a " Pyongyang Szinmun " kezdte rendszeresen közölni a szinházak műsorát/ azt, hogy melyik szinházban mit játszanak és az illető darab meddig van műsoron/ A másik jelenség az volt, hogy klasszikus és külföldi darabok is szerepeltek műsoron. Asszafjev " Bahcsiszeráji szökőkut "

Külügyminiszter elvtárs,

Budapest

[50] 문서번호 441962. 002292 자료 중 일부

문서번호: 185/1962 (관리번호 006780)

평양, 1962년 7월 25일

제목: 조선 영화의 체코슬로바키아 비평 건(件)

얼마 전 대화 중에 두르차끄(Durcsák) 체코슬로바키아 2등 서기관(II. titkár)은 올해 카를로비-바리 국제 영화제(karlovy-vari nemzetközi filmfesztivál)에 조선의 동지들이 〈국경의 마을(Határmenti falu)[164]〉이라는 제목의 예술 영화를 출품하였다고 함 /이 영화는 비교적 훌륭한 조선 영화에 속하는데, 휴전선을 따라 자리하고 있는 마을에서 전개되며(játszódik le), 몇 달 전 (평양 현지의) 외교 단체[165]를 대상으로 상영되기도 했었음/. 영화 상영 후, 체코슬로바키아의 일간지『믈러다 프론타(Mladá Fronta)』는 영화제에 관한 보도 기사에서 중국 영화 한 편을 비판하고(kritizált), 이후 언급한 조선 영화를 전하며 "이 영화가 심사 위원단(zsűri) 앞으로 오르게 된 것은 잘못된 것이었다(filmnek a zsűri elé való bocsájtása hiba volt)"라고 쓰며, 이 영화를 예술성이 없는 것으로 낙인찍음.

이로부터 얼마 지나지 않아 대중적으로 잘 알려진 드라마 작가(dramaturg)이자, 문화관계위원회(Kulturális Kapcsolatok Bizottsága)

164) 이 영화의 제목은 '국경을 따라 줄지어 있는 마을'을 의미한다. 영화 제목은 헝가리어로 기재된 내용을 바탕으로 옮긴 것이기에 정확한 (실제) 영화제목과 일치하지 않을 수도 있다.

165) 각주 103) 참조.

의장, 그리고 중앙위원회(KB) 회원인 손연(Szon Jon) 동지는 평양에서 행한 문화 행사를 맞아 사회주의 국가 노선에서는 허락되어 질 수 없는 것(megengedhetetlen)으로 여기는, 『플러다 프론타』가 언급한 비평 때문에 두르차끄 동지에게 화를 내며 항의함. 두르차끄 동지는 답변을 피하고 화제를 돌렸는데(kitért a válasz elől), 왜냐면 대사관은 그때(까지) 아직 언급된 그 신문을 받지 못했기 때문임.

두르차끄 동지에 따르면, 언급한 그 보도 기사는 조선 영화에 대해 기술한 직후 곧 〈한 방울 꿀(Egy csepp méz)〉[166]이라는 제목의 영국 영화를 긍정적으로 평가했는데, 이것도 그들의 영화에 대한 비판에서 조선의 동지들이 과도하게 화를 낸 이유로 볼 수 있다고 함.

/펜들레르 까로이(Fendler Károly)/

임시대리대사(id. ügyvivő)

166) 원문에는 '(물)방울'을 의미하는 'csepp' 대신 'csep'로 표기되어 있는데 이는 'csepp'의 오기(誤記)로 보인다.

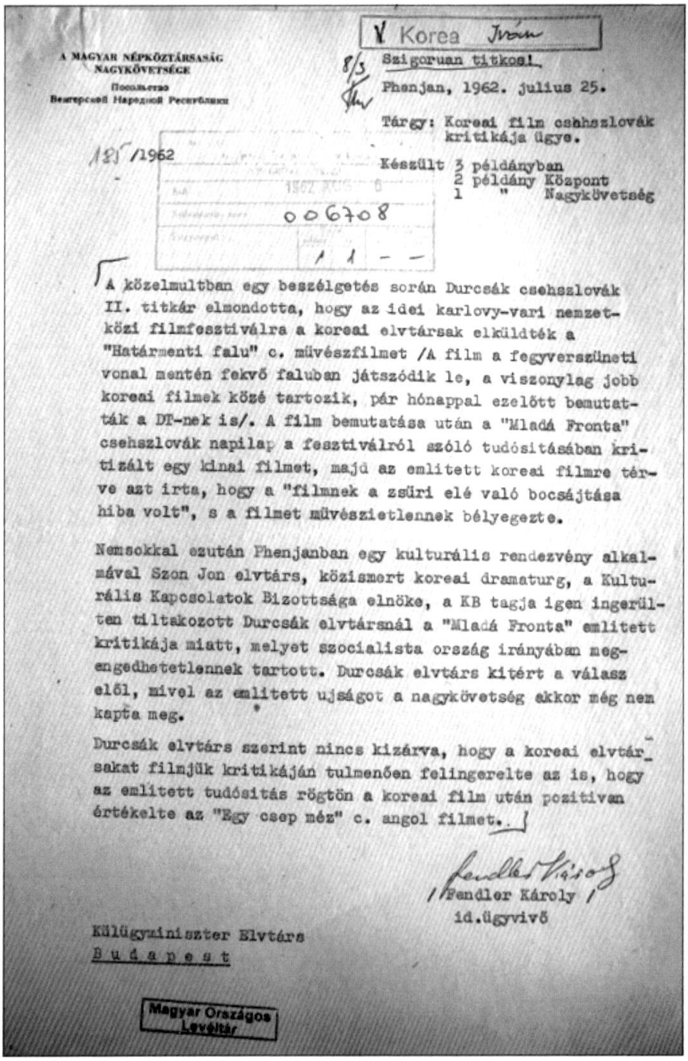

V Korea Iván

A MAGYAR NÉPKÖZTÁRSASÁG
NAGYKÖVETSÉGE

Посольство
Венгерской Народной Республики

8/3

Szigoruan titkos!

Phenjan, 1962. julius 25.

Tárgy: Koreai film csehszlovák kritikája ügye.

185/1962

Készült 3 példányban
2 példány Központ
1 " Nagykövetség

1962 AUG 6

006708

1 1 – –

A közelmultban egy beszélgetés során Durcsák csehszlovák II. titkár elmondotta, hogy az idei karlovy-vari nemzetközi filmfesztiválra a koreai elvtársak elküldték a "Határmenti falu" c. müvészfilmet /A film a fegyverszüneti vonal mentén fekvő faluban játszódik le, a viszonylag jobb koreai filmek közé tartozik, pár hónappal ezelőtt bemutatták a DT-nek is/. A film bemutatása után a "Mladá Fronta" csehszlovák napilap a fesztiválról szóló tudósitásában kritizált egy kinai filmet, majd az emlitett koreai filmre térve azt irta, hogy a "filmnek a zsüri elé való bocsájtása hiba volt", s a filmet müvészietlennek bélyegezte.

Nemsokkal ezután Phenjanban egy kulturális rendezvény alkalmával Szon Jon elvtárs, közismert koreai dramaturg, a Kulturális Kapcsolatok Bizottsága elnöke, a KB tagja igen ingerülten tiltakozott Durcsák elvtársnál a "Mladá Fronta" emlitett kritikája miatt, melyet szocialista ország irányában megengedhetetlennek tartott. Durcsák elvtárs kitért a válasz elől, mivel az emlitett ujságot a nagykövetség akkor még nem kapta meg.

Durcsák elvtárs szerint nincs kizárva, hogy a koreai elvtársakat filmjük kritikáján tulmenően felingerelte az is, hogy az emlitett tudósitás rögtön a koreai film után pozitivan értékelte az "Egy csep méz" c. angol filmet.

Fendler Károly
/Fendler Károly /
id.ügyvivő

Külügyminiszter Elvtárs
Budapest

Magyar Országos Levéltár

[51] 문서번호 185/1962

문서번호: 006708/sz.t./1962.
발신: 외무성
수신: 프라하 대사관

부다페스트, 1962년 8월 14일

제목: 조선 영화의 체코슬로바키아 비평 건

평양 아국(我國, 헝가리) 대사관에서 상기 제목과 관련한 보고의 복사본을 안내의 목적으로 첨부하여 송부함.

부다페스트, 1962년 8월 14일
/로저 이린(Rózsa Irén)/
일등 참사(I. Osztály. tanácsos), 국장(局長, főosztályvezető)

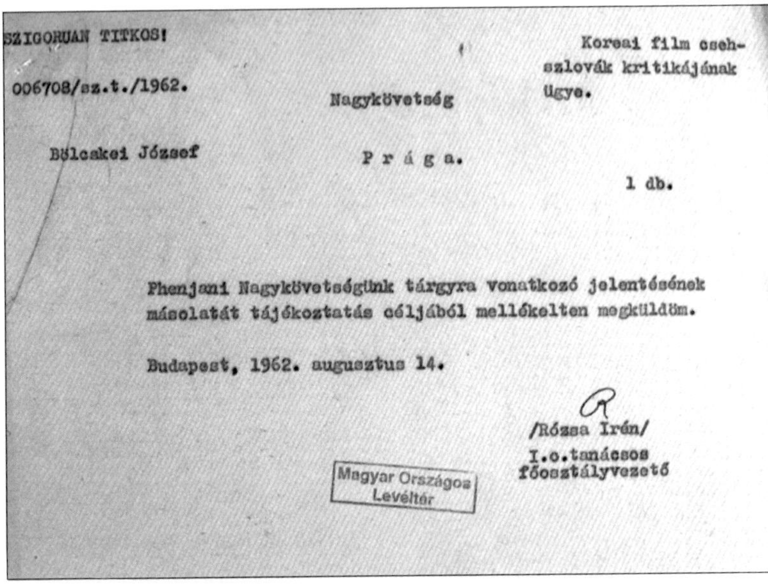
SZIGORUAN TITKOS!

006708/sz.t./1962.

Bölcskei József

Nagykövetség

P r á g a.

Koreai film csehszlovák kritikájának ügye.

1 db.

Phenjani Nagykövetségünk tárgyra vonatkozó jelentésének másolatát tájékoztatás céljából mellékelten megküldöm.

Budapest, 1962. augusztus 14.

R

/Rózsa Irén/
I.o.tanácsos
főosztályvezető

[52] 문서번호 006708/sz.t./1962

마이크로필름 번호: 롤번호-53692 프레임번호-0000 0000 1854
문서번호: 245/1962
관련문서번호: 120 sz. 다른 경로의 전문

평양, 1962년 10월 10일

제목: 한설야 건(韓雪野 件)

조선작가동맹의 의장(Koreai Írószövetség elnöke)이자, 최고인민회의 의장단의 부위원장(Legfelsőbb Népi Gyűlés Elnökségének elnökhelyettese)이고 평화위원회 의장(Békebizottság elnöke)인 한설야(Han Szer Ja) 건에 대해 슈나이데빈트(Schneidewind)와 모쓰코프스키이(Moszkovszkij) 동지들로부터, 그리고 아국(我國) 장학생[167]으로부터 아래의 정보를 받음.

해당인(該當人)을 대상으로 당 라인에서 조치가 진행 중인데, (그는) 아마도 작가들, 예술가들, 배우들을 구성원으로 한 반혁명적이고 반동적인 모임을 조직했음.

올해 생일 축하 행사를 맞아 거기 참석한 소모임에서 한설야는, 그는 이미 나이가 들었기에, 이제는 친구들과 이런 모임이 적게 될 것이라고 밝힘. 살아오며 인민에게 많다고는 할 수 없는 남길 만한(불후의) 작품들을 썼고, 미래의 세대는 이 작품들을 간직하지 않을 것이라고 함. 참석자들은 이 발언을 담당 조직들에게 보고했고, 이러한

167) 당시 북한에 유학 중인 헝가리 학생들이 평양 소재 헝가리 대사관에 정보를 제공하고는 했다.

발언에 대해 그를 상대로 고발이 이루어짐.

우리의 정보에 따르면 김일성 동지는 조선로동당의 문화 정책 노선과 어느 정도나 일치하지 않는지, 당 지도자들 앞에서 그(한설야)가 입장을 표명할 수 있도록 정치위원회의 한 석상으로 (그의) 출두를 명했음. 한설야는 이 중앙위원회 석상에 나타나지 않았음.

김일성이 9월 전반기, 지방에 있었을 때, 김창만(Kim Csan Man)은 평양 당위원회(városi pártbizottság)에서 한 소모임의 회의를 주재했었는데, 거기에는 리혜선(Li Hje Szun)168) 정치위원회 위원도 참석했었음. 이 자리에서 김창만은 반혁명적이고 반동적인 분자로 한설야와 그의 동료들을 낙인찍었으며, 이후 그들은 구치됨.

김일성이 평양으로 돌아온 이후 수감자들을 석방하고 가택연금을 명함. 새로운 소식들에 따르면 해당인들은 교화 과업(javító-nevelő munka)으로 북부 지역(északi tartomány)에 이송됨.

정치위원회는 한설야와 그의 동료 건을 조사하고자 하나의 위원회에 이를 위임했으며, 아마 조사 결과들은 올해 말에 공개될 것임.

꼬바치 요제프(Kovács József)

대사(Nagykövet)

168) 헝가리어로 기재된(Li Hje Szun) 발음으로 추정한 인명이기에 정확한 (실제) 성명과 일치하지 않을 수도 있다.

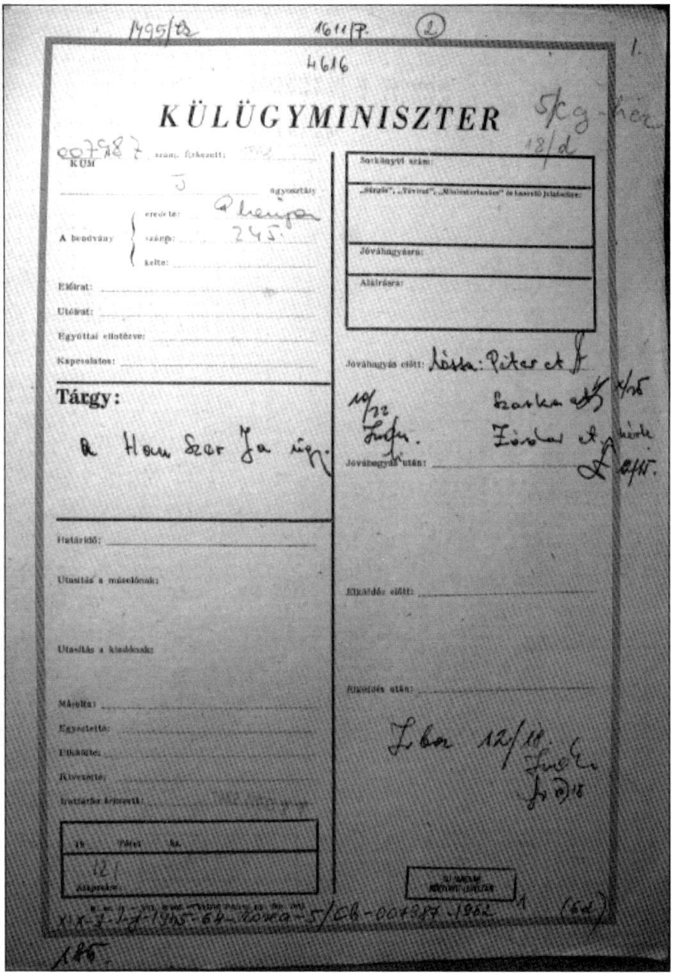
1995/tb 1611/P. (2)

4616

KÜLÜGYMINISZTER

007987 KÜM szám. Iktatott:

J ügyosztály

A beadvány — eredete: Phenjan — száma: 245. — kelte:

Előirat:

Utóirat:

Együttal elintézve:

Kapcsolatos:

Tárgy:

a Han Szer Ja ügy.

Határidő:

Utasítás a másolónak:

Utasítás a kiadónak:

Másolta:

Egyeztette:

Elküldte:

Kivezette:

Irattárba helyezett:

Sorkönyvi szám:

Jóváhagyásra:

Aláírásra:

Jóváhagyás előtt:

Jóváhagyás után:

Elküldés előtt:

Elküldés után:

XIX-J-1-j-1945-64-Korea-5/Cb-007987-1962

[53] 제목 한설야 건 자료 표지

문서번호: 3/21-1/1963.
첨부: <알바 레기아(Alba Regia)>라는 제목의 영화

평양, 1963년 5월 13일

제목: 영화 상영(filmellátás, 영화 제공)의 문제

4월 4일[169]을 맞이하여 송부한 〈알바 레기아(Alba Regia)〉[170]라는 제목의 헝가리 영화를 첨부하여 제출함.

참고로 말해 둘 것은, 이 영화는 아래의 이유들로 인해 상영할 수 없었음.

1./ 영화의 많은 부분이 (밝기가) 너무 어두웠기에 상영에 적합하지 않았고, 몇몇 부분들의 암전(sötétség)은 영화의 이해도를 떨어뜨림.

2./ 많은 곳에서 음향이 왜곡되는 것을 보면, 아마도 이미 많은 상영이 이루어진 영화 필름으로 추정됨.

상기 이유들로 인해 영화 상영을 하지 않았음.

더불어 영화 상영(filmellátás, 영화 제공)과 관련하여 나의 견해는 아래와 같음.

1962년 한 해 동안 조선영화보급사(Koreai Filmforgalmazási Vállalat)

169) 각주 71) 참조.
170) 1961년 헝가리 제작 영화로 제2회 모스크바 국제 영화제에서 은상을 수상한 영화이다. 제2차 세계대전 중 헝가리 의사와 소련 여성(알바 레기아(Alba Regia) 역(役), 타티아나 사모일로바(Tatiana Samoilova))과의 사랑 이야기이다.

는 아래의 극영화들을 훙가로필름(Hungarofilm)[171]으로부터 받았음.

1. 〈엽총과 비둘기(Puskák és galambok)〉
2. 〈소나기(Zápor)〉
3. 〈추떠끄와 회색 말(Csutak és a szürke ló)〉[172]
4. 〈시운전(試運轉, Próbaút)〉
5. 〈빙판 위의 햇살(Napfény a jégen)〉[173]
6. 〈군악(Katonazene)〉
7. 〈사랑스런 언너(Édes Anna)〉[174]

상기 극영화 가운데서 〈군악〉이라는 제목의 영화만 여기 현지의 외교 단체(대사관 등을 의미)와 조선의 관람객들에게 상영되었음. 우리가 영화 상영을 할 수 있는 기회를 얻었을 때, 이 영화들은 이미 헝가리에 있는 영화사에 반환된 이후였음/새 대사관 건물로 입주한 이후에는 단지 〈군악〉과 〈사랑스런 언너〉라는 제목의 영화만 평양에 있었음/.

이미 여러 차례 영화상영의 문제점들을 제기하였으나, 본청으로부터의 반응은 매우 수동적이었음. 호르바트 야노쉬(Horváth János) 동

171) 각주 118) 참조.
172) 추떠끄(Csutak)는 등장인물인 어린 소년 이름이다.
173) '예그(jég)'는 '얼음' 혹은 '빙판'을 의미하는데, 주인공 중 한 명이 아이스링크에서 피겨스케이터로 등장한다.
174) 헝가리의 대문호(大文豪), 꼬쓰똘라니 데죄(Kosztolányi Dezső, 1885-1936)의 대표적인 동명의 소설을 영화한 것이다.

지와 여기에서 이 문제점들에 대해 많은 의견을 나누었는데, 그는 문제 해결을 어렵게 하는 것들이 재정적인 것이라고 언급함. 우리는 이에 대해 충분히 이해하지만, 바로 이 때문에 일정 정도의 해결을 찾아야 함. 예를 들면, 베이징의 아국(我國, 헝가리) 대사관으로 보낸 영화들 중에서 최소한 몇 개를 조선 주재(駐在) 아국 대사관으로 보내는 것도 해결의 한 방법이 될 것임. 이와 관련해서는 (본청이) 훈령을 베이징에 보내야 함. 만약 여기 현지의 영화 보급사에 적합한 헝가리 영화들이 실재하고, 우리가 (필요할 때에) 그것들을 (조선영화 보급사로부터) 대여할 수 있다면, 그것도 문제를 해결할 수 있는 방안이 될 것임. 반면 이와 관련하여 문제가 되는 것은 올해에 /1963년에/ 조선의 영화 보급사가 훙가로필름(Hungarofilm)[175]으로부터 단 한 편의 영화도 받지 못한 것임. 여러 번에 걸친 우리의 문의에 대해 조선의 영화 보급사는 헝가리로부터 아직 영화가 도착하지 않았다는 회신을 주었음.

호르바트 동지는, 만약 극영화들을 우리가 준비하지 못한다면, 기록 영화들로 영화 상영회를 가지자는 제안을 했음. 충분한 편수와 적합한 기록 영화들이 있다면, 이 방법도 가능할 것임. 올해 본청으로부터 아래의 기록 영화들을 수령했음.

1. 〈피터와 로봇인간(Peti és a robotember)〉
2. 〈데브레첸[176] - 갈망의 도시(Debrecen - a szomjúság városa)〉

175) 각주 118) 참조.
176) 데브레첸(Debrecen)은 부다페스트 다음으로 큰 헝가리의 도시이다.

3. 〈황혼과 새벽(Alkonyok és hajnalok)〉

세 편의 기록 영화 모두는 훌륭하고, 상영에 적합하기도 하지만 분량이 적어서 세 편을 함께 상영한다고 해도 30분을 넘기지 못함.

따라서 우리의 요청은 본청이 적합한 극영화를 계속해서도 우리 대사관에 송부해 달라는 것임. 여기 현지의 다른 대사관들과 비교해서, 실제(jóformán) 영화 상영회 개최 문제에 있어서 우리 헝가리가 가장 열악함(mi állunk az utolsó helyen). 모든 것은 다 (준비되어) 있으니, 단지 영화만 필요할 뿐임.

우리가 활용할 수 있는 가능성의 틀 내에서 상기한 것들을 유념해 주고, 근거 있는 우리의 요구를 들어 주길 요청함.

꼬바치 요제프(Kovács József)

/대사(Nagykövet)/

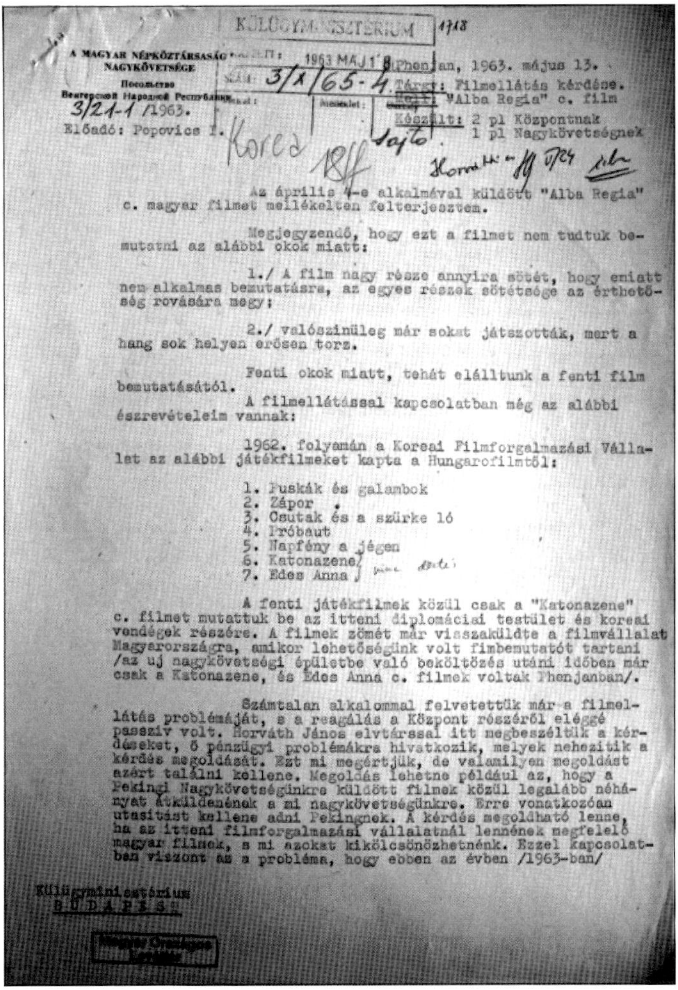
KÜLÜGYMINISZTÉRIUM 1718

A MAGYAR NÉPKÖZTÁRSASÁG NAGYKÖVETSÉGE
Посольство Венгерской Народной Республики
3/21-1 /1963.
Előadó: Popovics I.

1963 MÁJ 1 8
SZÁM: 3/x/65-4.

Korea 1844 Sajtó

Phenjan, 1963. május 13.
Tárgy: Filmellátás kérdése.
Mell: "Alba Regia" c. film
Készült: 2 pl Központnak
1 pl Nagykövetségnek

Az április 4-e alkalmával küldött "Alba Regia" c. magyar filmet mellékelten felterjesztem.

Megjegyzendő, hogy ezt a filmet nem tudtuk bemutatni az alábbi okok miatt:

1./ A film nagy része annyira sötét, hogy emiatt nem alkalmas bemutatásra, az egyes részek sötétsége az érthetőség rovására megy;

2./ valószinüleg már sokat játszották, mert a hang sok helyen erősen torz.

Fenti okok miatt, tehát elálltunk a fenti film bemutatásától.

A filmellátással kapcsolatban még az alábbi észrevételeim vannak:

1962. folyamán a Koreai Filmforgalmazási Vállalat az alábbi játékfilmeket kapta a Hungarofilmtől:

1. Puskák és galambok
2. Zápor
3. Csutak és a szürke ló
4. Próbaut
5. Napfény a jégen
6. Katonazene
7. Edes Anna

A fenti játékfilmek közül csak a "Katonazene" c. filmet mutattuk be az itteni diplomáciai testület és koreai vendégek részére. A filmek zömét már visszaküldte a filmvállalat Magyarországra, amikor lehetőségünk volt fimbemutatót tartani /az uj nagykövetségi épületbe való beköltözés utáni időben már csak a Katonazene, és Edes Anna c. filmek voltak Phenjanban/.

Számtalan alkalommal felvetettük már a filmellátás problémáját, s a reagálás a Központ részéről eléggé passziv volt. Horváth János elvtárssal itt megbeszéltük a kérdéseket, ő pénzügyi problémákra hivatkozik, melyek nehezitik a kérdés megoldását. Ezt mi megértjük, de valamilyen megoldást azért találni kellene. Megoldás lehetne például az, hogy a Pekingi Nagykövetségünkre küldött filmek közül legalább néhányat átküldenének a mi nagykövetségünkre. Erre vonatkozóan utasitást kellene adni Pekingnek. A kérdés megoldható lenne, ha az itteni filmforgalmazási vállalatnál lennének megfelelő magyar filmek, s mi azokat kikölcsönözhetnénk. Ezzel kapcsolatban viszont az a probléma, hogy ebben az évben /1963-ban/

Külügyminisztérium
BUDAPEST

[54] 문서번호 3/21-1/1963. 자료 중 일부

ㄱ

ㄴ

ㄷ

ㄹ

ㅁ

ㅂ

ㅅ

ㅇ

ㅈ

ㅊ

ㅌ

ㅍ

ㅎ

❖ 김보국

마산고등학교 졸업
한국외국어대학교 헝가리어과 졸업
한국외국어대학교 일반대학원 동유럽어문학과 졸업
헝가리 데브레쩬 소재 데브레쩬대학교(DE) 수학
헝가리 부다페스트 소재 외트뵈시 로란드 대학교(ELTE)에서 박사학위 취득

(전) 헝가리 부다페스트 소재 외트뵈시 로란드 대학교(ELTE) 한국학과 전임강사
(전) 서울대학교 강사
(전) 스코틀랜드 글래스고 대학교(University of Glasgow) 러시아 & 중동부유럽학 연구소 초빙 연구원
(전) 성균관대학교 성균중국연구소 박사 후 연구원
(현) 한국외국어대학교 강사
(현) 성균관대학교 동아시아학술원 대동문화연구원 책임연구원

「에지뻬르쩨쉬 단편집(*Egyperces Novellák*)의 번역관련 문제와 대안적인 번역 방법에 대한 연구」, 「차쓰 기저(Csáth Géza)의 단편소설 마법사의 정원(*A varázsló kertje*) 연구」 등 다수의 문학 관련 논문과 「헝가리 외교기밀문서 중 1950년대 북한 예술인 관련 자료 해제」, "Forgotten era, forgotten people: The North Korean diaspora" 등 다수의 헝가리 문서보관소 소장 남북한 자료 관련 논문 게재.

조세희 소설, 『난장이가 쏘아 올린 작은 공』 헝가리어 번역(*A törpe*), 나더쉬 삐떼르(Nádas Péter) 소설, 『세렐렘(*Szerelem*)』 한국어 번역, *Metaegyperces*, 『남북한 관련 헝가리 외무부 기밀 외교문서 목록집(1945-1993)』 등 다수의 저서, 역서 출판(헝가리어, 한국어).